U0936607

教育部人文社会科学研究规划
基金项目（13YJA751072）

广东省哲学社会科学“十二五”规划
学科共建项目（GD12XZW）

嘉应学院中国语言文学学科学术丛书

文化先驱的矫健身姿

——黄遵宪在中国新文学建构中的历史地位研究

周晓平 著

中国社会科学出版社

图书在版编目(CIP)数据

文化先驱的矫健身姿：黄遵宪在中国新文学建构中的历史地位研究／周晓平著．—北京：中国社会科学出版社，2014.6
ISBN 978-7-5161-4488-6

Ⅰ.①文… Ⅱ.①周… Ⅲ.①黄遵宪（1848～1905）—人物研究②黄遵宪（1848～1905）—文学研究 Ⅳ.①K827=52 ②I206.5

中国版本图书馆 CIP 数据核字(2014)第 147562 号

出 版 人　赵剑英
责任编辑　关　桐
责任校对　王福仓
责任印制　王炳图

出　　版　中国社会科学出版社
社　　址　北京鼓楼西大街甲 158 号（邮编 100720）
网　　址　http：//www.csspw.cn
　　　　　中文域名：中国社科网　010－64070619
发 行 部　010－84083685
门 市 部　010－84029450
经　　销　新华书店及其他书店

印　　刷　北京君升印刷有限公司
装　　订　廊坊市广阳区广增装订厂
版　　次　2014 年 6 月第 1 版
印　　次　2014 年 6 月第 1 次印刷

开　　本　880×1230　1/32
印　　张　10.375
插　　页　2
字　　数　273 千字
定　　价　35.00 元

凡购买中国社会科学出版社图书，如有质量问题请与本社联系调换
电话:010－64009791

序

钱振纲

晓平的博士学位毕业论文修订后准备出版，嘱我写几句话。2008 年至 2011 年，他在北京师范大学文学院攻读中国现当代文学专业的博士学位期间，我是他的指导教师。写序的要求，似乎没有理由推托。谈些什么呢？思来想去，觉得还是谈一下他这篇论文的选题过程，或许会有助于读者。

这篇论文的选题是我与晓平一起商量确定的。选这个论题时考虑的因素之一是晓平具有研究这个题目得天独厚的条件。晓平进入北师大学习之前，是广东梅州市嘉应学院的教师。梅州市是著名的“客家之乡”。那里人杰地灵，曾涌现出不少对中国现代政治文化发展产生过重大影响的客家民系的杰出人才。黄遵宪是其中之一。晓平身在梅州的高等学府，有研究客家文化和黄遵宪的有利条件。而且据我所知，他在此前已经对客家文化和黄遵宪有了一定的研究。

当然，我们将黄遵宪确定为晓平博士论文的选题，并不仅仅因为他具有研究这个题目的学术优势，同时也因为黄遵宪这位重要的文化人物仍有较大的研究空间。无可否认，此前的黄遵宪研究已经取得了较大成就。这方面最值得称道的自然是新加坡华人学者郑子瑜的开拓之功。20 世纪 80 年代以来学界对黄遵宪的研究也不可忽视。诸如黄遵宪的外交活动、政治活动、政治改革思想、文化变革思想、诗歌创作、诗学理论以及他的思想和创作与客家文化的关系，等等，几乎都有学者进行过专门的探讨。然而虽然如此，我们却认为仍有一些问题需要深入研究；从文学史研究的角度，最值得探讨的就是黄遵宪在中国新文学建构中的历史地位。

众所周知，在很长一段时间内，中国文学史研究界是将中国文学史划分为古代文学、近代文学、现代文学和当代文学四个大的段落的。这种可以被称为“四分法”的断代方法至今仍然在学术界有着不小的影响。但这种断代方法不是通过分析中国文学自身发展的阶段性获得的，而是将某种社会史的断代结论硬套在中国文学史上而形成的。依据这种断代方法所建立的研究格局，不利于探讨中国文学由旧到新的变革过程，因而也不利于探讨黄遵宪在中国文学由旧到新的变革过程中所发挥的历史作用。在这种文学史研究框架中，前有龚自珍，后有梁启超，黄遵宪不过是中国近代文学史当中一位较为重要的作家而已。如果抛弃这种人为割裂文学史的断代方法，依据实际情况去考察中国新文学的发生过程，黄遵宪在中国新文学建构中的特殊地位就会得到更为充分的彰显。

从文学自身变化的角度考虑，1840 年的中英鸦片战争不应当作为给中国文学断代的一个标志。不错，作为一个主要因西方文化的冲击而引发内应并从而发生现代化变革的国家，鸦片战争的确是一个重要的历史事件。这一事件标志着中国开始进入半殖民地半封建社会，并预示着中国此后将发生一系列现代化变革。然而这一事件并不意味着中国文学已经发生了划时代的变化。一些文学史著作为了说明 1840 年鸦片战争立即给中国文学带来了巨大变化，不惜将 1841 年就离世的龚自珍作为中国近代文学的开山作家，将龚自珍大多写于 1840 年之前的诗文作为中国近代文学的开山之作。这显然是非常牵强的。龚自珍深受明代后期重情、重个性、重童心等人本主义思想的影响，又接受了明末清初“经世致用”的思想传统，在封建末世大放了“怪魁”的异彩。他在中国近古文学史中自有其重要的地位。但他的创作基本与鸦片战争无关，对此后中国新文学的建构影响也很小。就实际情况而言，黄遵宪才是在西学东渐大环境下为中国新文学建构提供理论和创作资源的第一人。1868 年，他在《杂感》一诗中就提出“我手写我口”的创作主张。在完成于 1887 年而刊行于 1895 年的《日本国志》一书中，他又对言文一致的重要性做出了论述：“盖语言与文字离，则通文者少；语言与文字合，则通文者多，其势然也。”如果我们说他的这些主张和论述为此后中国文学变革的某些方面指明了方向，应当不是无中生有，夸大其词。同时他还创作了大量“新派诗”。这些“新派诗”虽然还没有完全打破旧体诗词形式上的束缚，但思想和语汇的现代色彩已经十分明显。晚清文学改良运动的发生不能说与黄遵宪的种种影响和参与无关；而晚清文学改良运动又是真正催生了中国新文学的五四文学革命的先声。因此，如果拨开“四分法”断代格局的迷雾，黄遵宪作为中国新文学报春第一燕的历史定位应当是毋庸置疑的，从中国新文学建构的视角对其文学主张和创作实践进行研究也应当是有意义的。

正是出于上面这些考虑，我与晓平感到可以将探讨黄遵宪在新文学建构中的历史定位和具体影响作为他博士论文的基本切入角度。选题确定后，晓平就投入了认真和艰辛的撰写过程。由于有完成这一课题的优势，他不仅圆满完成了论题预设的任务，并且新见迭出，尤其在黄遵宪受客家文化影响和对民间文学资料吸收方面。可以认为，这部专著的出版将是对黄遵宪研究一个不小的推进。当然，如果按高标准要求的话，论文中也仍有一些可推敲和润色之处。

晓平为人很热情真诚。我们既是师生，也是朋友。我为他博士论文的出版，感到由衷的高兴。

2013 年 1 月 4 日于北京

目　录

绪　论

中国文学的现代性发生，是指中国文学在西方文学的影响下由古典走向现代的问题，包括文学的社会运行机制、文学观、文学的创作语言、体裁、题材、艺术方法等形式与内容向现代的转化，即中国文学的现代性问题。正如王瑶先生认为："思想的现代化"、"语言的现代化"、"人的现代化"三个层次总结"五四"追求的现代性，强调"我们今天仍然处在现代化的过程中"①。中国文学势必也仍然处在正在进行时，本书无意也无力于断定和预测中国文学现代性所有问题，故将视点定格在此问题的其中一个关键点——"新文学建构"，即主要把视点锁定在中国文学现代性发生的开端与确立的初级阶段，它恰恰为整个中国文学现代性走向奠定了根本的基调，也是其生存、发展赖以存在的源泉。本书从"人的思想现代化"出发，试图发掘黄遵宪在中国新文学现代性转型过程中所肩负的历史关键角色及其学术建构的历史贡献。

以黄遵宪在中国新文学建构中的历史地位作为研究论题，目的是想通过对黄遵宪在中国文学现代性转变的关键性阶段其启蒙思想、文学思想的探讨，认识中国文学是如何移步换形地变化、发展的。具体到诗歌方面，印证黄遵宪与"诗界

---

① 王瑶：《在东西古今的碰撞中——对"五四"新文学的反思》，中国城市经济社会出版社 1989 年版，第 3 页。

革命”的关系；与现代白话文变革及其建构；与现代文体变革、艺术形式的创新；与诗歌美学的现代性阐释……诸如此类的学术问题。从而论证黄遵宪在这个特定的转型时期所扮演的不可替代的历史角色，及其在中国新文学建构中的历史地位。

一　学术回顾：黄遵宪的文学思想研究

黄遵宪（1848—1905），字公度，别署人境庐主人、任斋主人、东海公、岭东故将军、拜鹃人、老少年国之老少年、观日道人等。广东嘉应州（今梅州）客家人。祖上因典肆发家。他的祖父黄际升经商。父亲黄鸿藻（字砚宾，号逸农）1856年中举，先后做过京城与地方官，著有《逸农随笔》、《退思书屋诗文稿》等。[①] 家庭的熏染，使其在少年时代就显示了诗歌天赋，被当地人喻为“神童”。10岁时私塾曾以杜甫“一览众山小”命题令其作诗，年幼的他当即破题：“天下犹为小，何论眼前山”[②]，出语之大气，使塾师甚感惊讶。此事表现了黄遵宪的艺术天才，同时体现了他从小就有的宏伟之志。

清光绪十七年（1891）黄遵宪出使新加坡总领事。那个时候梁启超、康有为对黄遵宪诗歌都有些许的评论，周作人对黄遵宪的诗歌也有所评价。

对于黄遵宪的研究，还得从郑子瑜先生谈起。郑子瑜出生于1916年，由于战乱的原因，成年的郑子瑜迁徙于新加坡，并成为新加坡公民。郑子瑜对黄遵宪的诗歌很感兴趣，广泛地收集黄遵宪史料，并咨询熟悉黄遵宪生平事迹的有关

① 参见郑海麟《黄遵宪与近代中国》，三联书店1998年版，第2页。

② 黄遵楷：《先兄公度先生事实述略》，载《人境庐集外诗辑》，中华书局1960年版，第119页。

人士，如华侨长辈、黄遵宪的侄子伯陶及王仲厚等人。他著有《诗人黄公度羁马事迹考》、《谈黄公度的南游诗》等。1959年，郑子瑜写就第一本黄遵宪研究专著《人境庐丛考》，蜚声海内外，引起巨大反响。郑子瑜借助早年从事学术活动的平台——南洋学会，发表了部分学术成果。1958年，王赓武先生接任学报主编，因了解郑子瑜在黄遵宪诗歌方面的研究成就，请他担任黄遵宪专号主编，并在60年代提出“黄学”研究。

事实上，对于黄遵宪的研究，三四十年代为初发，及五六十年代尚具规模。60年代初，郑子瑜先生倡导建立“黄学”，引起海内外专家的重视，并得到学者的趋同。“文革”期间曾一度中断。20世纪80年代以来，黄遵宪的研究基本上是围绕反思、超越和突破郑子瑜所开创的“黄学”而展开的。历经一个甲子，“黄学”研究的范围在不断扩大，从诗歌文学到政治思想、历史文化诸领域。而其中评判更多的是从史学的角度对黄遵宪的政治活动、维新思想展开论述。对黄遵宪的研究在诗歌文学方面的理论研究也取得了一定的成绩，但尚有深入研究的空间。在新的世纪里，研究这位19世纪末20世纪初的文化和文学巨人，具有独特的价值和典型的意义。

本书对于黄遵宪的研究定位在文学方面，对于黄遵宪在史学方面的研究则不做过多的论述，以免节外生枝。

从文学的角度研究黄遵宪，取得了不少成果。主要以论文的形式出现，据不完全统计大约100多篇。讨论的重点问题有①：第一，在客家文化、民间文学视野下，论述黄遵宪的诗歌创作。学者认为黄遵宪的诗歌创作深受客家文化的影响；黄遵宪的诗歌

① 参见黄升胜《黄遵宪评传》，南京大学出版社2006年版，第21—27页。

创作也与日本民歌有深厚渊源。[①] 张正吾、钟贤培、黄保真、管林、张永芳相当程度地阐述了黄遵宪与民间文学的关系，黄遵宪始终如一地重视民歌和主张诗歌的通俗化；张永芳指出“民歌对黄遵宪创作‘新体诗’也确有启发”。第二，黄遵宪诗歌理论与诗歌创作成就。[②] 一些论文深入探讨了黄遵宪在不同时期提出的诗论，对其诗歌理论、创作成就和爱国主义思想进行了分析论证并做出评价；对黄遵宪诗歌在语言、意象、形式等方面的艺术创新做了阐释，评价其对中国诗歌现代化所建立的历史功绩；研究者指出黄遵宪早年提出“我手写我口”主张的文学史价值与

① 管林：《黄遵宪与民间文学论丛》；张永芳：《黄遵宪与日本民歌》，《北京晚报》1982 年 6 月 12 日；夏晓红：《黄遵宪的“新派诗”与民歌》，《民间文学论坛》1984 年第 1 辑；谭赤子：《黄遵宪诗歌中的客家风情及其它》，《岭南文学史》1985 年第 1 期；钟俊昆：《客家山歌的文化阐释》，《嘉应大学学报》1996 年第 5 期；周晓平：《客家文化土壤中一枝鲜艳的奇葩——论作为重要课题研究的客家民间文学》，《赣南师范学院学报》2010 年第 4 期等。

② 管林：《辟新诗境、创新诗风的黄遵宪》，《广州研究》1984 年第 3 期；黄保真：《黄遵宪文学思想简论》，《社会科学辑刊》1983 年第 6 期；郭延礼：《黄遵宪的开放意识及其诗歌的审美取向》，《嘉应大学学报》2004 年第 5 期；张应斌：《嘉应诗人与诗界革命》，《嘉应大学学报》2005 年第 2、4 期；魏中林：《黄遵宪、梁启超诗歌改革异同论》，《内蒙古大学学报》1983 年第 1 期；林衡勋：《“诗外有事，诗中有人”——黄遵宪诗美学纲领》，《文艺理论研究》1986 年第 4 期；谢冕：《19 世纪中国最后一位诗人——黄遵宪》，《嘉应大学学报》1992 年第 2 期；左鹏军：《钱钟书论黄遵宪述说》，《华南师大学报》1999 年第 3 期；杨宗泽：《黄遵宪诗品钩沉》，《嘉应大学学报》2000 年第 1 期；龚喜平：《融入异帮之新声　汲取民间之营养——黄遵宪对中国诗歌近代化的两大贡献》，《中州学刊》2001 年第 1 期；张永芳：《试论黄遵宪诗歌创作的成就》，《嘉应大学学报》2001 年第 1 期；张永芳：《黄遵宪和“新世界诗”》，《辽宁大学学报》2001 年第 5 期；张永芳：《黄遵宪与诗界革命》（上、下），《辽宁广播电视大学学报》1992 年第 2 期；刘冰冰：《不为诗人成诗名——论黄遵宪及其诗歌创作》，《东岳论丛》2001 年第 2 期；郭真义：《黄遵宪和他的故乡诗友》，《湖南社会科学》2004 年第 2 期；关爱和：《黄遵宪的诗学理论》，《东岳论丛》2005 年第 2 期；周晓平：《黄遵宪与客家民间文学的互动》，《济宁学院学报》2011 年第 1 期等。

意义；剖析了其政治思想与文学思想之间的关系，高度评价了黄遵宪作为晚清一个重要诗人走出国门、面向世界所建立的历史功勋；从比较研究的角度分析了黄遵宪、龚自珍、梁启超等人诗歌改革理论之异同，揭示中国文学发展的脉络。第三，黄遵宪与“诗界革命”的关系。梁启超《饮冰室诗话》中将黄遵宪尊崇为晚清“诗界革命”的代表性人物的观点，在学术界形成了有效的“交集”。认为黄遵宪的诗歌对革新主张、诗歌创作实践与晚清“诗界革命”乃至中国文学的历史转型均产生重大影响。第四，《日本杂事诗》研究。一些学者从《日本杂事诗》与《日本国志》的对比关系研究中，考证了《日本杂事诗》初刻本与定本的异同，从不同时期的不同阶段，考察了黄遵宪文学理论发展的心路历程。第五，《人境庐诗草》研究。它主要体现为黄遵宪“新派诗”的主要思想和内容，集中表现了黄遵宪“新派诗”的创作成就；涉及《人境庐集外诗辑》的相关作品，不少论文对黄遵宪诗歌的内容题材、创作道路、艺术特色进行了深入研究；研究者认为，从诗歌中可以看出黄遵宪历史变易观和晚清文化觉醒的思想历程。[①] 第六，专门对黄遵宪有关小说的建设性意见进行了充分的肯定[②]，

---

① 吴剑青《黄遵宪的诗歌理论和〈人境庐诗草〉》的内容包含五个方面：宽广的诗歌题材；忧国忧民的精神；铺叙和刻画各种人物；“伸缩离合之法”以入诗；取法民歌格调与民歌精神。张永芳《黄遵宪诗艺散论二题》则从两个方面阐释人境庐诗的特点：一是组诗和长诗；二是散文化的努力。管林《辟新意境、创新诗风的黄遵宪》对人境庐诗的艺术形式进行了三个方面的概括：题材广而新；体裁多而杂；句子与篇幅长。指出，黄遵宪是“新派诗”理论与创作的重要实践者；是晚清至现代转型时期的杰出诗人。钟贤培《论黄遵宪的诗歌》认为其诗“为五四时期白话诗的出现起了先驱作用”。

② 任访秋尝在《黄遵宪》中指出，其诗歌创作主张现实主义，小说要反映现实生活，有人有事。借鉴中国古典小说和西方名著中有价值的东西。蔡景康《黄遵宪小说见解述略》指出，清光绪十三年（1887 年）在《日本国志》中论及小说的重要意义，认为黄遵宪是小说理论的先行倡导者。《黄遵宪致梁启超书》中的思想观点，为小说发展提供了重要的理论价值。

对其散文相关主张进行了高度评价。[①] 认为黄遵宪“热情鼓吹‘小说界革命’，在理论上纠正了梁启超的某些偏颇；在翻译问题上所陈述的一系列主张，颇能补充严复的不足，应该说是‘文界革命’理论的重要文献”。论文以一种实事求是的态度，客观地评价黄遵宪的小说见解，认为其见识高于严复、夏曾佑、梁启超等人。第七，黄遵宪诗歌作品研究赏析、辑佚及其他。钱仲联与尤振中合作撰写了《黄遵宪评传》，比较全面地论述了黄遵宪的生活、思想的发展轨迹，对其诗歌理论、诗歌创作成就、诗歌作品的理论色彩、文学艺术的变化、不同风格的表现等进行了有的放矢的阐释。

文学论著方面也有一些，徐永端《黄遵宪》主要从文学史的角度介绍黄遵宪的生平事迹、诗歌理论、创作成就及其独特的诗歌艺术，并旁及其他的变法活动；张永芳《黄遵宪研究》、《黄遵宪新论》、《诗界革命与文学转型》等多部论著，其研究主要集中于其诗歌理论、诗歌创作、作品赏析、佚作钩稽等方面。还有研究者以黄遵宪作为硕士或博士的学位论文的选题。[②] 论文尚且不多，但这些选题从不同侧面深化了黄遵宪文学思想的研究。

20 世纪 80 年代以来对黄遵宪的研究，基本上是围绕反思、超越和突破郑子瑜所开创的“黄学”而展开的。然而，在研究黄遵宪的过程中，由于人们的思维习惯和功利选择，不可避免地会出现误读现象，或套现、或嫁接、或生发、或淡化、或遗忘。

---

① 黄保真《黄遵宪文学思想简论》指出：“黄遵宪虽然没有提出‘白话文’一词，但在中国近代要算是最早的先驱了。”

② 主要有黄升任《黄遵宪与晚清“自改革”思潮》（复旦大学历史系 2000 年博士论文）、刘冰冰《在古典与现代性之间——黄遵宪诗歌研究》（山东大学中文系 2003 年博士论文）、邢丽凤《黄遵宪与客家民间文化》（山东大学中文系 2003 年硕士论文）等。

这种研究困境的存在，就使得黄遵宪的研究有待较深的挖掘。深感遗憾的是：无论在思想史还是在文学史方面，学术界都没有把黄遵宪置放在一个应有的高度进行研究。比如，在思想方面，谈到戊戌维新变法，人们自然会想起维新人士康有为、梁启超，而对作为维新变法的思想启蒙家和领袖之一的黄遵宪了解甚少（维新变法的思想其实质源于黄遵宪的《日本国志》的观点。在某种程度上黄遵宪是维新变法幕后的倡导者与引导者。对此问题，本书没有过多地展开讨论，以免节外生枝）。比如，诗文领域，在古代到现代诗歌转型中，因为过分强调梁启超的作用而误置了黄遵宪的历史地位（笔者认为，梁启超是一个了不起的宣传家、鼓动家，这是事实，但诗歌创作并不多。当然他有一些值得借鉴的有关诗歌的理论。黄遵宪无论在诗歌的创作，还是于诗歌的理论建构都有实质的成就，这是梁启超难以企及的。正文将展开详细论证）；甚至有人认为黄遵宪并不是"诗界革命"的实际代表者；另有论者认为黄遵宪的诗学革命和实践与"五四"新诗的发生是两种不同路上的诗歌变革，不宜定位为直接的源流关系……这些疑难，都需要研究者进行认真严肃的辨析。又比如，黄遵宪在谈到《日本国志》的时候，他提出"西学墨源"论这样重要的思想，研究者讳莫如深，或者避重就轻，或者避而不谈。"西学墨源"由晚清至现代在中国文化的转型中有何影响？又有何现实导向意义？诸如此类问题，尚需人们进一步去开拓新的研究空间。带着这些疑难，笔者以本论题为中心，试图进一步揭开历史的面纱，追根溯源，抛砖引玉，从而把对黄遵宪的研究提升到一个应有的新水平。

目前对于黄遵宪的文学思想的研究尚处于进一步升华阶段。对于黄遵宪在学术史、文学上的地位，一直处于众说纷纭、莫衷一是的尴尬境地，并未形成有效的"交集"。尤其对其在中国新文学建构中的历史作用研究不多，研究成果捉襟见肘。对于黄遵宪文学思想的研究，尚缺乏将其置于中国古代、现代转型历史文化的大背景中，从而对其价值与地位做出更科学的估价；对黄遵宪诗文思想内容、艺术特征的评价，也只是零零碎碎散见在一些论文里，而鲜有从传承创新与艺术审美的高度对其进行系统的论述；尤其少有研究者将其文学思想与创作实绩还原到中国古代、现代新旧交替、中西杂糅的极具特色的文学氛围中进行讨论，从而认识他对中国诗文的继承与发展，对中国现代新文学的建构与启迪①。

其次，黄遵宪思想观、文学观的形成依据是什么？这也是一个长期困扰在人们心中的难题。笔者认为，黄遵宪思想观、文学观的形成依据，一是社会环境为其创造了有利的发展契机，这是外部条件；二是客家“母根文化”的影响为其奠定了深刻的思想理念，这是内在依据。黄遵宪作为第一个走向世界的中国古典诗人，他的诗歌反映的现代文化意识与客家人特性不无密切关系。从中国客家乡土社会走出来的黄遵宪，其精神品格里具有浓厚的中国农业文化的价值取向，这不但丝毫无碍于他作为一个从古代过渡到现代特定时代的晚清关键人物的条件规定，恰恰折射了身临传统文化与现代文化裂变之间的中国知识分子的思想与文化、感情与志趣等心理特征。文化的转型真正预示着未来发展的价值取向。从旧营垒中走出来的人们都带着一个与传统无法彻底割断的影子，历史与现实、人生与宇宙、感情与理智、价值判断与思维定式的方方面面，构成了那个时代的阵痛，这也是许多人一直存在着矛盾心境的深刻原因。在这种矛盾的心境中，黄遵宪时时受着失落与痛苦的煎熬。或痛苦、或欢乐，这在他的诗歌创作中都是自然而然地和盘托出。但是，可以肯定地说，黄遵宪从

① 参见左鹏军《黄遵宪与岭南近代文学丛论》，中山大学出版社 2007 年版，第 150 页。

古代到现代的转型文化的建构意义上，借用传统文化的积极精神资源，以促进文化的转型，不仅是对“五四”文化的承前启后，而且在方向上更富现代性。

黄遵宪是晚清到现代的一位杰出的诗人，他的文学主张主要体现在诗歌的理论创新上。在出国以前，他就提出了“别创诗界”的理论，包括：一是主张全面改革文学语言，提出用俗语进行写作；二是强调文学创作必须描写现实生活，抒发真实感情。在他担任驻外使者之后，由于受到进化论思想的影响，更加坚定了进行文学变革的决心：主张诗歌要表现新思想、新事物、新意境；主张“言文合一”；重视诗歌革新，致力于文学的通俗化、口语化。黄遵宪开时代风气之先，最早提出书面语变革的思想，提出了“言文一致”的理论，其地位是崇高的，影响是深远的。他为后来者提供了许多有价值的经验与思考，具有标识性与方向性作用。“言文一致”不仅是个文学难题，更是一个关系国计民生的巨大社会问题。继黄遵宪之后衍发了许多的关于“言文一致”的长达几十年的研讨与激烈的交锋。“五四”时期，胡适提倡“文学的国语”与“国语的文学”，这正是以黄遵宪早年提倡的“言文一致”为突破口，并取得“五四”白话文运动的最后胜利。

值得注意的是，黄遵宪晚年被放归故里之后，意志弥坚，尤其对文学特别关注，主要内容有：一是在理论上和实践上，对“诗界革命”问题进行了新的探索；二是支持“文界革命”，批评严复的保守观点，补充了严复的翻译理论；三是热情鼓吹“小说界革命”，在理论上纠正了梁启超的某些偏颇。黄遵宪一生，不屑以诗人自居，但诗歌却是他一生的主要成就，其诗歌不仅题材广泛、叙事形象、语言别具一格，而且内容丰富，它是对历史的真实记录。在文学史上，中国诗歌从古典到现代之间，经历了一个现代化过程，黄遵宪就是这一过程中最为典型的代表，并以其走向世界和取自民间的现代化探索为这一进程建立了不朽的功勋。

黄遵宪的诗歌革新是“五四”文学的前哨，他是新文化的启蒙导师。

黄遵宪《杂感》等诗文不仅论述了实质上的“诗界革命”思想，而且还涉及深层次的文化思想和文化制度问题。他目光深邃、高瞻远瞩。他的思想大踏步地走在时代的前面。在黄遵宪看来，“诗界革命”不能孤立进行，它必须以社会体制革命和文化思想革命为前提。他从语言、诗体、科举制度到封建的意识形态对封建文化思想进行了全面的批判，他的诗论是全面变革封建文化思想的文化革命论。这充分表现出黄遵宪“诗界革命”思想的系统性和深刻性。康有为说：“公度岂诗人哉！”这确实是一种精辟的见解。黄遵宪并非仅仅是个诗人，他是一个思想家、政治家。这使他的诗论更具有巨大的历史感和深刻的现实感，也使得他的诗论具有革命的彻底性和理论的系统性，因为历史的厚度和现实的迫切性赋予他诗论反传统的深刻性和变革诗坛的勇锐之气。因而他的《杂感》是中国19世纪后半叶中出现的一幅宏伟的反封建文化的思想画卷，它不仅展现了黄遵宪“诗界革命”论产生的思想文化背景，而且也表现了他的胆识，使他的诗歌革新理论达到了前所未有的思想高度。

从重要历史人物的角度考察中国文学的现代转型，是一个重要而有研究意义的课题。以黄遵宪作为研究对象，并把“文化先驱的矫健身姿——黄遵宪在中国新文学建构中的历史地位”作为论著进行研究，无疑具有典型性。它是笔者研究现代文学继续开垦耕耘的园地。研究它，既可以为当下的文学转型研究提供经验和教训，或许还可以对中国现当代的思想文化走向提供启示。

二　问题与方法：黄遵宪文学地位研究

本书第一次正面地、全局性地考察了黄遵宪在中国新文学建构中所建立的历史奇勋。在对黄遵宪做出客观评价的同时，以事实为依据，进一步还原历史，以表明自己的看法。以客观公允的态度，评价黄遵宪在中国文学的现代转型中所做出的历史性建构，企图重新厘清他在中国文学史上的重要位置。

过去对黄遵宪的研究主要是从政治思想、历史的角度进行阐释，鲜有从文学的整体观，尤其没有把黄遵宪置于中国新文学的建构中这一高度敏感的文学变革关键时期，对其历史建构进行论证。除问题意识之外，研究者的基本立场和观察视角也是一个值得讨论的问题。倘若依照惯常的历史切割，黄遵宪是处于晚清到现代历史转折点的关键人物，如果进一步细化，按照所谓的历史年代的划分，黄遵宪则是处在晚清时代的人物。一些研究者人为设定，局限在个人的研究领域，不敢越雷池一步。总是人为地把黄遵宪的研究置放在古代文学这个框架中进行讨论，这种基本立场和观察视角的研究，无形之中切断了历史的必然联系，既不中肯也不科学。何况思想的问题是跨越时空、千丝万缕地捆绑在一起，谁也无法拆开。钱理群、黄子平、陈平原的论著[①]就是要打破这种画地为牢的研究僵局，为人们提供一种崭新的研究视野。这对我们研究 20 世纪中国文学来说，做了有益的尝试。

本书在吸收借鉴已有研究成果的基础上，利用《黄遵宪全集》等文学作品与新出相关史料，运用历史与逻辑相统一的方法，在中国由古代走向现代、走向世界的历史进程中，从中国新文学建构的特殊历史角度，以黄遵宪思想与时代思潮之互动为纬，以黄遵宪文学思想的现实变革诉求及其不断发展创新为经，深入考察黄遵宪文学思想的渊源、发展、演变与影响，探讨黄遵宪及其文学思想对中国新文学建构所发生的密切关系。

---

① 参见钱理群、黄子平、陈平原《二十世纪中国文学三人谈·漫说文化》，北京大学出版社 2004 年版。

晚清至现代是中国历史上一个重要的转型时期，在这个转型中，黄遵宪扮演了关键性角色。日本体验的阵痛与感愤，他以先觉者、启蒙者的姿态对晚清末世进行了深刻的征候式的把脉诊断，揭示末世的需要在于“改革”，效法“泰西之变”。他的经世致用观念则表现为“识时贵知今，通情贵阅世”。在他的诗中，仿佛听到了20世纪现代化隐伏的足音，看到了20世纪新文化运动的曙光。

黄遵宪早期的“白话文运动”，就是从“言文一致”的角度，对民间语言价值进行重视。“言文一致”的主张，是黄遵宪最早提出来的，而且是文学变革诉求书面语的言说方式。黄遵宪在复杂而矛盾的“言文一致”的追求中，主要从口语、流俗语入诗变换文学的语言风格；试图运用俚语、韵语及外国语法，创作混杂的“新文体”的方式来寻求书面语的更新。他觉察到“言”与“文”分离的严重问题，并身体力行解决之。“言文一致”不仅是个文学难题，更是一个关系国计民生的巨大社会问题。继黄遵宪之后衍发了许多的关于“言文一致”的长达几十年的研讨与激烈的交锋，出现了不少有关这方面的专业性人才。研究者从不同的角度、不同的层次、不同的领域对其展开了广阔的讨论，取得了巨大的成效。黄遵宪最早提出书面语变革的思想，开风气之先。他主张“言文一致”的理论，其地位是崇高的，影响是深远的。他对于诗歌的探究，是经过长期的实践摸索。他深谙诗歌理论发展的基本规律，对文体演变问题也一贯关注，并把它融入了人生经验。从“我手写我口”到“新派诗”，再到“新体诗”，黄遵宪在诗歌理论创新和诗歌创作的实践上表现了孜孜不倦的探索精神，他的诗歌革新思想与他的政治改革思想紧密联系在一起。“新派诗”的提出，实际上成为晚清“诗界革命”之先导。这对于促进中国现代书面语的发展，丰富现代书面语的表现力，做出了巨大的努力。

就“五四”诗歌观念的内在裂变来看，它既顺应了中国诗歌发展的历史趋势，又直接承受了晚清“诗界革命”的优良传统。以黄遵宪为首的晚清“诗界革命”是诗歌史上的一次重大的革新，且离“五四”新诗运动最近，因而它为中国诗歌向现代转型提供了不少直接的启示与教训。中国白话文到了“五四”时期，业已取得巨大的成功，作为20世纪中国文学在艺术形式上根本不同于古代文学的最显明的标示，在于白话文取代了文言文而成为中国现代语言、文学的正宗。

笔者认为，对于中国“五四”白话文的研究，历史不能不记住这位先驱——黄遵宪。第一，从文字到语言的改革开创了“五四”白话文之先声；第二，由文体到诗歌创作致力于传统向现代的转化；第三，黄遵宪掀起的晚清白话文运动与“五四”文学革命有着深厚的渊源。黄遵宪对民间文学、民俗的重视为“五四”新文学运动打开思路，为“五四”新文学的建构做出了自己的又一贡献。

“诗界革命”、“文界革命”、“小说界革命”都是由晚清到现代文学革新诗潮中的重要组成部分，就其依凭的思想资源而言，明显受到日本社会思潮的影响。黄遵宪在这“三界”革命中，他的思想已涉及深层次的中国新文学建构中的重要思想难题。诗人高屋建瓴、眼光卓越，将中国语言、文字、文化思想置放于“三界”革命这个深刻的文学变革社会背景之中，进而全面地反思和批判中国几千年来的封建文化思想和封建文化制度。黄遵宪进行思考的难题，与中国新文学建构有密切关联，它已涉及中国新文化运动的内涵，比如提倡晚清白话文运动、提倡“言文一致”的书面语改革、“新词入旧诗”的新诗运动、兴办教育与培养新人、要求废除封建科举制度、倡导新学批判儒家之道的文化思想运动等等，都在此后数十年间纷至沓来。如果不拘泥，在黄遵宪之后的几十年，中国所展开的一系列的政治、文化革命，都是他政治、文化思想的延续。所有这些都使黄遵宪在中国现代文学转型史上占有非常重要的地位。对于“诗界革命”来说，黄遵宪不但早就以自己的诗作开启了“诗界革命”的先路，而且给“诗界革命”提供了理想的目标，并在运动中发挥了主导作用，成为中国文学现代性转型的新起点。

本书试图以黄遵宪的启蒙思想为切入点，从黄遵宪的现代性开放与古典性改良的双重视角进入黄遵宪文学思想的纵深领域，主要以问题意识为入手取径：第一，黄遵宪文学的启蒙思想的作用表现在哪儿？他对康有为、梁启超产生了什么影响？第二，黄遵宪最早对书面语问题的诉求，有何重要历史性意义？“我手写我口”及其创作实绩在哪儿？第三，如何评价黄遵宪“新派诗”对“五四”新诗发展的影响？第四，黄遵宪为什么是“诗界革命”的一面旗帜？“诗界革命”是不是古典诗歌通向现代诗歌或文学的一座桥梁？第五，黄遵宪的民间文学（客家“民歌情结”）、民俗思想对“五四”新文学有什么内在逻辑关联？第六，为什么说“客家母根”文化的深厚浸染对黄遵宪文学思想形成、发展产生了极其重要的影响？其内在逻辑前景是什么？等等。只有厘清这些问题，才能理解黄遵宪作为晚清一位影响巨大的文化先驱对中国新文学建构所做出的历史性贡献。

诚如王瑶先生所说：

> 对于黄遵宪的文学思想的评价，须用美学的观点进行分析，黄遵宪的诗歌体现了哪些美学思想，存在什么缺失？这种诗歌对于现代文学的返归民间，这实际上是与黄遵宪的诗歌起到一定的作用，可谓天作之合？它有什么启发性？五四诗歌如果沿袭黄遵宪诗歌体例又有什么效果？中国五四时期诗歌的民间立场，有没有借用黄遵宪的诗歌思想及其体

例呢？!①

可见王瑶先生早有了问题的意识，但遗憾的是，没有见之进一步的论证。本书的部分内容也做了认真的探讨。

本书存在不足，一些问题有待进一步深化讨论。比如黄遵宪与中国新诗的问题。黄遵宪所开创的新诗影响深远，“五四”文学新诗、三四十年代的新诗、五六十年代的新诗、新时期的诗歌，这一“新诗”的发展脉络，是如何在黄遵宪“新诗”基础上进行嬗变与衍化的，今后沿着本书的有关章节的思路可以不断地进行挖掘与研究；关于书面语的问题，这是人类文学始终关心的一个大问题，甚至关系国计民生。本书着重强调黄遵宪的最早诉求与对新文学的建构意义，尚可以不断深化。黄遵宪提出的“言文一致”，在“五四”时期也一直是胡适所强调的问题，以至于在20世纪二三十年代之后，这个问题依旧是个热点，对此黎锦熙先生一直保持着较高的热情与关注；对于黄遵宪诗歌的美学问题也是一个有待深入探讨的问题……等等。黄遵宪是晚清一位诗歌大家，他的国学功底十分深厚，对其研究还得加强国学方面的学习和应用。

① 王瑶主编：《中国文学研究现代化进程》，北京大学出版社1996年版，第82页。

第一章　启蒙思想的现代性轨辙

第一节　感愤体验与寻求民族发展之路
——《日本国志》撰写的强烈动机

中国文化的“重构”是从晚清开始的。鸦片战争中，西方列强的“坚船利炮”轰开了国门，昏睡的“东方睡狮”开始觉醒，夜郎自大、“五千年文明”的中国文化开始受到剧烈震荡。它极大地损害了中华民族的自尊心，造成了整个民族有史以来的一次最严重的心理倾斜。一批首先觉醒的晚清知识分子犹如醍醐灌顶，开始深刻地审视这个腐败的国邦。他们清醒地进行反省，开始是从国人身上找原因，不断审视这种所谓的“五千年文明”的文化史，进而把目光投向西方，考察那些因为学习西方而变得富庶起来的国家，从中寻找真理，而且看到了西方文明的曙光。于是，他们以大无畏的精神肩负起了拯救华夏民族的重任。

晚清先进的知识分子正是在这种整体的文化心理转折中，由传统人格向现代人格裂变，重建着民族文化的现代性。这是一个真正意义上的文化觉醒的时代，又是一个在文化上的全面启蒙的时代。它由晚清谋求政治制度变革的层次，不断进入整体文化观念的更新。一批文化人从政治、经济、历史、哲学、文学的各个方面承担了发展中国文化的使命。

魏源在注重内政改革的主张里提出“欲平海上之倭患，必先平人心之积患”[①]，他看到了老百姓长期郁积的病态痼疾，直接危害国家的兴衰。而呼吁打击侵略者，必须消除民族这种衰败的心理。梁启超在《中国积弱溯源论》里对中国人身积弱的文化心理做了探源：奴性与愚昧、好伪与怯懦、自我与固守。这些精辟的论断，切中要害，一直为后来的知识分子所关注，而梁启超的“新民说”，更是对国民品格更新命题的系统性阐述。资产阶级的革命斗士邹容在《革命军》中“全我天赋平等自由之位置”、“保我独立之大权”的呐喊，更代表这一批先觉者的政治抱负……他们典型地表现了中国人深层的文化心理结构，充分说明了对改变中国人的精神面貌的文化重构的重视，这是震撼社会的雷霆之声。

“感愤”是由“愤”而“感”，也作“感忿”。黄遵宪一生伴随着中国多灾多难的历史，从第二次鸦片战争、中法战争、中日战争、戊戌变法到八国联军侵略中国，这些事变构成了黄遵宪诗歌创造中的人生体验，不无愤慨。他的“感愤”，即“愤时事之不可为，感身世之不遇”，这是黄遵宪诗歌创作的动机所在。康有为认为黄遵宪的诗为：“上感国变，中伤种族，下哀生民，博以寰球之游历，浩渺肆恣，感激豪宕，情续而意远，益动于自然，而华严随现矣。”[②]黄遵宪认为，作诗要有“事”有“人”，这里的“事”就是“愤时事之不可为”；“人”就是“感身世之不遇”。“感愤”，就是感身世而嫉时事。

黄遵宪的诗被称为“史诗”，他透过个人的感愤体验，记录了中国从鸦片战争后所经历的一系列事变，及其对中华民族的生存境遇的巨大冲击与灾难性的后果。《香港感怀》记录了鸦片战争的屈辱史：“遣使初求地，高皇全盛时。六州谁铸错，一恸失

① 林昌彝：《射鹰楼诗话》卷1，清咸丰元年刻本，第2页。

② 康有为：《人境庐诗草·序》，上海古籍出版社1981年版，第2页。

燕脂。……”诗人在香港看到祖国大好河山的丢失，国土残破，心里无比哀痛。《羊城感赋》、《由轮舟抵天津作》等对第二次鸦片战争中清政府的无能提出批评。诗人发出“七万里戎来集此，五千年史未闻诸”的感叹。[1] 面对中日甲午战争，他写下了《悲平壤》、《东沟行》、《哀旅顺》、《哭威海》、《马关纪事》、《降将军歌》、《度辽将军歌》和《台湾行》等诗篇[2]，以无比愤怒的心情谴责清政府的腐败无能。

这种感愤的体验几乎贯穿他人生思想的好大一部分。也正是这种特殊的人生经历，使他对人生提出极高的要求：要变法、要民权，要当宰相，要效法日本明治维新的成功经验，以挽救中国颓废的局势，这就是他为之而奋斗的人生目标。

黄遵宪在晚年回顾毕生时，深深感叹：

> 自吾少时，绝无求富贵之心，而颇有树勋名之念。游东西洋十年，归以告诗曰：“已矣！吾所学，屠龙之技，无所可用也。”盖其志在变法，在民权，谓非宰相不可，为宰相又必乘时之会，得君之专，而后可也。既而游欧洲、历南洋，又四五年，归见当道之顽固如此，吾民之聋聩如此，又欲先知先觉为己任，借报纸以启发之，以拯救之，而伯严苦劝之作官……及戊戌新政新机大动，吾又膺非常之知，遂欲捐其躯以报国矣。自是以来，愈益挫折，愈益艰危，而吾志乃益坚。盖蒿目时艰，横览人才，有无佛称尊之想，益有舍我其谁之叹。……数年闭门读书以广智，习劳以养生。早夜

① 黄遵宪：《和钟西耘庶常德祥津门感怀诗》，载钱仲联《人境庐诗草笺注》，上海古籍出版社1981年版，第169页。

② 参见王一川《中国现代性体验的发生》，北京师范大学出版社2001年版，第277页。

奋励，务养无谓之精神，求舍生之学术，一有机会，投袂起矣。尽吾力为之，成败利钝不计也……①

“哀其不幸，怒其不争。”黄遵宪感到中国就像一头“酣睡”的雄狮，有待唤醒。“斗室苍茫吾独立，万家酣梦几人醒？”②“沉沉酣睡我中华，哪知爱国即爱家。国民知醒宜今醒，莫待土分裂似瓜！”③ 对于国家、民族的忧患之感，他自觉地、有意识地，几乎无处不在将这种感愤萦绕在他进步诗歌的字里行间。他深刻地审视这个腐朽的国邦，励志摆脱这个困局。这个有识之士所要效法的第一个对象，就是与中国一衣带水经过明治维新取得成功的日本。

一　进化发展的认识论——面对日本明治维新的姿态

黄遵宪对日本明治维新的认识也有一个发生、发展与转变过程。1877 年，黄遵宪作为日本参赞随大使何如璋奔赴日本。在恪尽职守的同时，他不仅仅负责外交事务，其对这个兴盛的富庶的岛国产生了极大的兴趣，并着手研究它。《日本国志·自序》（1887 年）叙述：“既居东二年，稍稍习其文，读其书，与其士大夫交游，遂发凡起例创为《日本国志》一书。”它清楚地告诉人们，他在与日本士大夫交往的时候，是认真地学习了日本的有关方面知识的，包括学习日本的文字，阅读一些日本的书籍。其目的很明确，就是广泛地收集信息以考察日本国情。之所以做这样周密的部署来研究它，是因为他对日本有了崭新的认识：

① 北京图书馆善本组整理：《黄遵宪致梁启超书》，载《中国哲学》，三联书店 1982 年版，第 375—376 页。

② 吴振清、徐勇、王家祥编校整理：《黄遵宪集》（上），天津人民出版社 2003 年版，第 281 页。

③ 黄遵宪：《时局图题词》。

余观日本士夫类能读中国书、考中国之事。而中国士夫好谈古义，足己自封，于外事不屑措意，无论泰西，即日本与我仅隔一衣带水、击柝相闻，朝发可以夕至，亦视之若海外三神山，可望而不可即。若邹衍之谈九州，一似六合之外、荒诞不足论议也者，可不谓狭隘欤。①

日本文人士大夫都读中国书，研究中国的文化。可是中国人却“好谈古义，足己自封，于外事不屑措意”。这正是中国人在极度封闭环境中所形成的妄自尊大、视野狭窄、不善于学习外国长处的陋习。不学习西方国家，就连对待日本这样相邻的国家也是一样，或者认为是不值得去了解，或者被视为海外三神山一样，遥不可及。正如战国时期的思想家邹衍谈九州一样，认为它简直是六合（宇宙全体）以外的世界而不足议论。这样的视野不是太狭窄了吗？黄遵宪批判中国士大夫这种狭隘的封闭意识，大力宣传对外开放、学习西方的重要意义。他以日本为例：“近时贤豪，志高意广，竞事外交，骎骎乎进开明之城，与诸大国相抗衡。使闭关谢绝，至今仍一洪荒草昧未开之国耳！”② 日本如不实行以学习西方为核心内容的明治维新，照样也不可能变得国富民强。

中国对日本的研究，历来不足。鸦片战争前后，徐松、林则徐、徐继畬等人开始进行世界史研究，但有关日本之事的记载，则不大详细。日本发生明治维新运动，国势转强，引起中国人的注意。首先是从为数不多的晚清士大夫开始，然后才进入民间知识分子的视野。在晚清，记载日本明治维新的专著略有刊行，如

---

① 黄遵宪：《日本国志·自序》（近代中国史料丛刊本），台北：文海出版社2003年版，第76页。

② 同上书，第102页。

戴名世的《日本风土记》、陈其元的《日本近事记》、李圭的《环游地球新录》、何如璋的《使东述略》等[①]。然而，这些书只是对其进行一些简单的介绍，在经济与军事方面，大多论述不详。立宪派企图在保护晚清皇权的基础上，保存原有的上层建筑，并在皇上的授权下，进行一些自上而下的改良，以期寻找医治晚清颓势的良方，而对明治维新中一些导致封建政体崩溃的政治变革则异口同声地进行污蔑和挞伐。黄遵宪则客观地认为，"日本与我仅隔一衣带水，彼述我事，积屋充栋，而我所记载彼，第以供一噱，余甚惜之"[②]。他具有强烈的历史责任感与使命感，这是他试图真实地介绍日本明治维新的强烈动机。黄遵宪把对中国现状的不满和对明治维新之后走向强国的日本的倾慕与求知，与日本研究紧密地联系起来。

明治维新之初，日本的闭关锁国被美、俄等国家以武力侵略打开了大门，随落后愚昧的封建精神枷锁被粉碎，中下层阶级的政治运动由"尊王攘夷"的封建皇权思想，很快演变为"废藩置县"的武装倒幕起义，从而拉开了日本资本主义发展的新序幕，德川幕府随即摇摇欲坠。黄遵宪有一首诗记述了日本遣使欧美、仿西法实行维新的历史大变革："玉墙旧国纪维新，万法随风倏转轮。杼轴虽空衣服粲，东人赢得似西人。"[③] 其诗注：

> 既知夷不可攘，明治四年，乃遣大臣使欧罗巴、美利坚诸国。归逐锐意学西法，布之令甲，称曰维新。美善之政，极纷纶矣。而自通商以来，海关输出逾输入者，每岁约七八

① 参见广东语文学会近代文学研究会等编《黄遵宪史学研究》，广东梅州市印刷厂 1982 年印刷，第 195 页。

② 黄遵宪：《日本杂事诗》，光绪丁酉年（1897 年），《西政丛书》本卷。

③ 吴振清、徐勇、王家祥编校整理：《黄遵宪集》（上），天津人民出版社 2003 年版，第 12 页。

百万银钱云。然易服色，治官室，焕然一新。[①]

此后随着自由民权运动的兴起，政体问题又成为明治维新后各派政治力量的焦点。黄遵宪诗歌记述了王政复古之后倡设议院的情形："剑光重拂镜新磨，六百年来返太阿。方戴上枝归一日，纷纷民又唱共和。"[②] 无疑，黄遵宪深刻地受到明治维新思想的影响，后来他在湖南新政期间积极组织南学会，"实现地方议会之规模"，倡导地方自治，其思想渊源可追溯到这一时期的思想转变。

出使日本之初，当黄遵宪踌躇满志地踏上驶往日本轮船之时，他描绘："时值明治维新之始，百度草创，规模尚未大定，论者或谓日本外强中干……纷纭无定论。"他所交往的又大多是些不满变法的旧学家，专门研究日本和中国的经典旧学。其思想保守，对日本的维新改革并不乐观，甚至竭尽诋毁之能事，这是一股日本明治维新的阻碍力量。"微言刺讥，咨嗟在叹息，充溢于吾耳。"[③] 因此，起初，黄遵宪对明治维新是抱怀疑态度的，甚至在思想上出现许多的迷惑。他不甘罢休，要进行全方位、多层次的深入考察，其作为一个启蒙实践家的精神也即体现于此。考察的结果，使他的思想发生了奇特的变化。"及阅历日深，闻见之日拓，颇悉穷变通久之理，乃信其改从西法，革故取新，卓然能自树立。"随后黄遵宪在欧美等西方国家进一步考察，调查了诸多国家的政治现实，并得出同样的结论："其政治学术竟与日本无大异。"至此，黄遵宪心领神会、为之折服。并对成功日

① 吴振清、徐勇、王家祥编校整理：《黄遵宪集》（上），天津人民出版社2003年版，第12页。

② 同上书，第10页。

③ 陈铮编：《黄遵宪全集》（上），中华书局2005年版，第6页。

本的赞叹溢于言表，“进步之速，为古今万国所未有”[①]。

黄遵宪在《日本国志》里对明治维新的前因后果、动机与意义，都洋洋洒洒地进行了详细的论述。尤其对日本明治维新实行的各项政治、经济、文化、军事改革措施都进行了分析和评论。他深究了日本明治维新发生的深刻社会与历史背景，进而指出：日本的成功并非从天而降，它和中国有着惊人相似的社会基础，即封建愚昧、闭关自守。然而，日本又不同于中国，在于日本人能够从自己的困境中走出来，认识到愚昧则加剧贫穷，落后就会挨打。日本人发愤图强，虚心学习西方诸国，变法自强。不但保持了独立地位，而且跻身于世界强国之列。黄遵宪不惜溢美之词赞美日本，为的是要向国人敲起警钟：变法图强，中国才有出路。他特别强调那些维新志士的作用，认为“二三豪杰，遭时之变，因势利导，奋勉图功，率能定国是而固国本”。因为他们的宣传与鼓励，及其先锋模范作用，使得改革者前仆后继、义无反顾；并歌颂他们视死如归，“真是何其烈也！”黄遵宪详细介绍了明治维新后各项制度的改革，包括官制、税制、币制、法制、兵制、学制的变化。他对日本明治维新大力提倡“重视农业，兴办商务”的各项惠农惠商政策表现出极大的关注，支持由国家资助民间商人开办工厂、轮船公司、开矿、修铁路、办邮政，发展资本主义工商业和文化教育、科学技术。他还赞美日本明治维新中兴民权、立宪法、开国会等各项政策，并预言日本“十年之间必又开国会”。后来，毛泽东也说，在晚清，要救国，只有维新；要维新，只有学习外国……那时的外国只有西方资本主义国家是进步的，他们成功地建设

① 吴振清、徐勇、王家祥编校整理：《黄遵宪集》（上），天津人民出版社2003年版，第6页。

了资产阶级的现代国家。日本人向西方学习卓有成效，中国人也应该向日本学习。

一部鸿篇巨制《日本国志》，洋洋洒洒，40卷、50余万言。它按“通志”的体裁分为12个门类，志各有序，重要之处，另有论说，采取“外史氏曰”的形式，表达作者的观点，从政治、经济、军事、文化等方面对日本的历史与近况，主要是是日本的明治维新十几年间仿效西法、力行新政、由弱转强的各种措施与成就做了全面系统的介绍。书中夹叙夹议，注有作者的不少真知灼见。黄遵宪就事论事，一分为二，对于明治维新的成功之处尽心赞美，对于它的缺陷则一针见血指出其不足，比如黄遵宪认为，日本不注意发展自己的生产，只是靠进口日用品装扮自己，这是不妙的。他明确提醒日本政府“自通商以来，海关输出逾输入者，每岁约七八百万银钱云”，希望日本防止金银外流，等等，在其著述中有所涉及。全书还附有123幅统计表，运用科学统计的方法，以翔实的数据来说明问题，纲举目张，简洁明了。

以下笔者进行了列表概述，是全书总目，可供一览①。

表1—1　全书总目

卷数	内容	卷数	内容
卷1	国统志一	卷22	兵志二陆军
卷2	国统志二	卷23	兵志三陆军
卷3	国统志三	卷24	兵志四陆军
卷4	邻交志上一华夏	卷25	兵志五海军

① 参见黄增章、陈志雄《杰出的诗人外交家：黄遵宪》，广东人民出版社2006年版，第46页，笔者做了改编。

续表

<table>
<tr><th>卷数</th><th>内容</th><th>卷数</th><th>内容</th></tr>
<tr><td>卷 5</td><td>邻交志上二华夏</td><td>卷 26</td><td>兵志六海军</td></tr>
<tr><td>卷 6</td><td>邻交志上三华夏</td><td>卷 27</td><td>刑法志一</td></tr>
<tr><td>卷 7</td><td>邻交志下一泰西</td><td>卷 28</td><td>刑法志二</td></tr>
<tr><td>卷 8</td><td>邻交志下二泰西</td><td>卷 29</td><td>刑法志三</td></tr>
<tr><td>卷 9</td><td>天文志</td><td>卷 30</td><td>刑法志四</td></tr>
<tr><td>卷 10</td><td>地理志一</td><td>卷 31</td><td>刑法志五</td></tr>
<tr><td>卷 11</td><td>地理志二</td><td>卷 32</td><td>学术志一汉学西学</td></tr>
<tr><td>卷 12</td><td>地理志三</td><td>卷 33</td><td>学术志二文学学制</td></tr>
<tr><td>卷 13</td><td>职官志一</td><td>卷 34</td><td>礼俗志一朝会祭祀婚娶丧葬</td></tr>
<tr><td>卷 14</td><td>职官志二</td><td rowspan="2">卷 35</td><td rowspan="2">礼俗志二服饰饮食居处岁时</td></tr>
<tr><td>卷 15</td><td>食货志一户籍</td></tr>
<tr><td>卷 16</td><td>食货志二租税</td><td>卷 36</td><td>礼俗志三乐舞游宴</td></tr>
<tr><td>卷 17</td><td>食货志三国计</td><td rowspan="2">卷 37</td><td rowspan="2">礼俗志四神道佛道氏族社会</td></tr>
<tr><td>卷 18</td><td>食货志四国债</td></tr>
<tr><td>卷 19</td><td>食货志五货币</td><td>卷 38</td><td>物产志一</td></tr>
<tr><td>卷 20</td><td>食货志六商务</td><td>卷 39</td><td>物产志二</td></tr>
<tr><td>卷 21</td><td>兵志一兵制</td><td>卷 40</td><td>工艺志</td></tr>
</table>

各志的内容大体按序论、纪述、列表编排，志末评价其得失利弊。作为一种借鉴，主要结合中国的实际情况进行阐发。书中的材料翔实，旁征博引，竭力减少疏漏之处。大多为第一手材料，或从民间采集，或从官方资料查证。所制表格简洁明了，并附自注，说明意图，论述精辟，往往点石成金。

以下列表 1—2 做简单而必要的介绍[①]。

---

① 参见黄增章、陈志雄《杰出的诗人外交家：黄遵宪》，广东人民出版社 2006 年版，第 47—48 页，笔者做了改编。

表 1—2 《日本国志》各志内容编排

志名	内容
《中东年表》	编年纪月，采用日本年号，日本史书在中国流传不广，读者对日本纪年较为陌生，作者特意编成，将周惠王十七年（前 660 年）起至光绪七年（1881 年）的中国纪年对照排列，置于卷首，以便读者利用
《国统志》	据日本古老传说，记叙天皇的递嬗关系，类似于中国古书的《黄帝本纪》。虽然对自神武天皇以来的世系进行考察，但对明治维新的事实最为详细
《邻交志》	记叙日本与中国及欧美各国的政治、经济、文化往来；“华夏”篇记叙了汉代至清末中日建交后两国近 2000 年的关系史；“泰西”篇记叙日欧、日俄、日美关系史
《天文志》	概述日本的历法和节气，附有太阳历授时略表
《地理志》	概述日本的地形地貌、郡县沿革，分叙山川、村町、地势、隶属、位置、距离、土壤、肥瘠、农作物、物产、人口等，另有府县沿革表和地理表等，内容详备
《职官志》	叙述神武以来日本各朝职官、名号、等级和职掌沿革；明治维新以来官员的等级、俸禄、勋位和考选制度；各级政府的组织官制，对新增设的内容叙述尤为详细。日本的官制起初仿效唐六典，明治维新后则取法欧美
《食货志》	对日本的户籍、租税、国计、国债、货币、商务逐一详细叙述，对比新旧体系，考察维新以来日本的求富之道及其得失所在

续表

志名	内容
《兵志》	“兵制”详述其兵役制度及守驻分布；“陆军”详述其军官等级、职掌、俸禄、奖惩、兵力、各兵种情况、编队、教习、检阅、预备、经费、军法、军医等；“海军”详述其军官等级、俸禄、船舰、兵力、经费、奖惩、军校、水路局、造船所等情况
《刑法志》	介绍日本的治罪法和刑法，详述各罪名含义及处罚办法
《学术志》	介绍日本学术源流，分汉学、西学、文学和学制四目
《礼俗制》	分门别类地对日本的朝会、祭祀、婚娶、丧葬、服饰、饮食、居处、岁时、乐舞、游宴、神道、佛教、氏族、社会等民俗文化做了详尽的介绍，开晚清至现代中国研究外国民俗的先河
《物产志》	对日本的丝、茶、棉、糖、米谷类、海产类、石炭、铜铁铅、诸细工物类、全国物产等做了简要介绍
《工艺志》	概述医、农事、织工、刀剑、铜器、陶器、漆器、扇、纸、笔墨彩色工、画、杂工等日本工艺

事实上，黄遵宪对日本明治维新认识的发展过程，是不断地伴随社会经历与个人思想变化的，其间也夹杂着他的进化论思想的推演，这与他早年接受达尔文的进化论有深刻渊源。“物竞天择，适者生存”，“优胜劣汰”的自然规律，是达尔文《物种起源》中的核心理论，即生物在“自然选择”的条件下不断进化，伴随环境的变更而不断衍化。这一过程既是短暂的，又是漫长的，就宇宙的时间概念来说，它是一个相对的发展。在中日甲午战争之后，严复比较系统地把进化论思想介绍到中国来，但是严复译著的出现与黄遵宪在《日本国志》中介绍进化论思想相比

较，晚了近20年。黄遵宪“弱肉强食”、“相竞而强”的观点显然是受达尔文的进化论的影响，旨在说明中国必须走日本明治维新改革道路的必要性与迫切性。因此，黄遵宪对于进化论的认识最早，把它介绍到中国来也最先①。

对于达尔文的进化论，黄遵宪有着自己的独特理解，并非生搬硬套，而是有的放矢，而且对进化思想进行了新的阐发。他认为历史进化的原因是“势相比而成”。结合日本明治维新的具体情况，其巨大的声势则为“势实相应而至，相逼而成”，是矛盾激化的产物。他举欧洲的强盛为例，认为这正是诸国鼎峙、各不相让的结果。艺术因互通交流而得到发展，武备因互相竞争而日益强大，物产因互通有无而得以近地利、夺人巧。凡事逼上绝路则产生新变，置之死地而后生。日本明治维新的产生，正是社会矛盾斗争抗衡的结果。盛邦和先生认为中国早在唐代柳宗元所撰《封建论》中就提出“封建非圣人意，势也”的论点。王夫之曾指出“势既然而不得不然”。魏源在《古书微》中也说“天下大势所趋，圣人即不变之，封建也当自变”，并认为“势”由“人欲”相互“冲击”形成。黄遵宪继承了前代史学家关于“势”的理论，指出“势”是“相应相逼”，是社会矛盾对立统一的结果②，这是难能可贵的新“势”理论。

和历史上任何一位伟人一样，黄遵宪不可能不受到历史的局限。对于日本的明治维新，他开始半信半疑，片面认为它是“汉学之功”。他对明治维新后传统的伦理道德关系遭到破坏表示不满。对于这种思想情绪，黄遵宪在《日本杂事诗》进行修改定稿时做了回顾：“时值明治维新之始，百度草创规模尚未大

---

① 广东语文学会近代文学研究会等编：《黄遵宪史学研究》，广东梅州市印刷厂1982年印刷，第207页。

② 同上书，第208页。

定。论者或谓日本外强中干，张脉愤兴，如郑之驷；又或谓小生巨，遂霸天下，虽自守居国不非大夫之义，而新旧同异之见，时露于诗中。”① 黄遵宪这种思想情结，《日本杂事诗》的创作及其他诗歌的创作中都有所体现。但是，黄遵宪能够与时俱进，他的思想随着历史车轮的滚滚向前而不断进化，而且经过不断自我艰难的否定，乃至否定之否定，从而达到一种新的境界。其在任驻旧金山总领事、驻英使馆参赞后，考察了欧美资本主义国家，进一步认识了日本的明治维新是符合时代发展的潮流的，明白了深刻的社会变革是拯救国邦的硬道理。

二　“变革”是硬道理——“用夷变夏”的倡导者

黄遵宪是一个“先知先觉”者、维新运动家。他的宏伟抱负“在变法、在民权”、“在树勋名”，并毫不迟疑地愿为中国社会的变革献身。如果说康有为、梁启超的许多主张还只是停留在一种理想状态的话，那么黄遵宪是一个身体力行的理论家与实践家，他要把理论蓝图化为现实。显然，他的变法维新与康有为、梁启超们的“革命”有所不同。在维新变法期间，黄遵宪深思熟虑如何效法西方文明国家的成功经验，更主要是效法日本明治运动的成功经验。戊戌变法失败后，革命派开始进行斗争，揭竿而起。识时务者为俊杰，黄遵宪以发展的眼光，本着一种乐观其成的态度，真诚地对待这个历史性的革命事变。而那个时候的康有为、梁启超等人却表现出了思想的保守性，他们看不到革命以后即将出现的曙光，甚至反对它。其在滚滚向前的历史潮流面前，在某种程度上打了退堂鼓。黄遵宪与康有为、梁启超曾过从甚密，人们习惯地将他与康有为、梁启超归为一类，那是不尽符

① 吴振清、徐勇、王家祥编校整理：《黄遵宪集》（上），天津人民出版社2003年版，第6页。

合历史的事实的。学术界动辄“康梁”，而淡忘了黄遵宪，或者把其放在一个弱化的主次颠倒的位置。

首先，黄遵宪对康梁思想的形成有深刻的影响，从中可以看到康有为、梁启超对黄遵宪思想的借鉴与继承。张锐智认为：“《日本国志》对维新派的几个主要人物，包括康有为、梁启超的影响是巨大的。许多学者考证后都有十分类似的看法，当时康有为满怀信心力劝光绪帝仿效日本的明治维新进行变法，是深受《日本国志》的启发结果。”[①] 他列举几个典型例子进行阐述：在帮助光绪皇帝选择变法经验时，康有为撰写的许多内容与黄遵宪的《日本国志》叙述相吻合。据郑海麟先生考察，康有为的《日本变政考》从卷 1 到卷 8 有关明治维新改革的内容，与《日本国志》一致的地方有 12 处[②]。郑海麟认为康有为的《日本变政考》受黄遵宪的《日本国志》的影响非常深刻，主要表现在两个方面：一是两者主张变法所依托的方式一致。1897 年以前，康有为变法主张以“托古改制”的方式进行，但《日本国志》发表后，康有为则倡导仿学“日本模式”，也即在皇帝的领导下实行自上而下的改革。在光绪 10 年间，康有为向光绪皇帝上书 7 个奏折。其中有 5 个奏折康有为都恳请光绪皇帝要借鉴和仿效日本变法成功的经验，进行维新变法[③]。二是两者变法的内容是重合的。作为梁启超的恩师与益友，黄遵宪不断告诫梁启超，他在给梁启超的信中一再强调借鉴西方，开启民智、民权的重要性和迫切性。黄遵宪作为外交家，游历甚广，阅历甚丰。他对西方的民主思想观念有清醒的认识。由于“取卢梭、孟德斯鸠之说

① 张锐智：《试论黄遵宪的〈日本国志〉对中国清末宪政改革的影响》，《华东政法学院学报》2007 年第 2 期，第 144 页。

② 郑海麟：《黄遵宪与近代中国》，三联书店 1988 年版，第 274—275 页。

③ 中国史学会编：《戊戌变法》（二），上海人民出版社 2000 年版，第 123—206 页。

读之，知太平世必在民主也”，进而主张“奉主权以开民智，分官权以保民生，及其成功，则君权民权，两得其平”等等，表达出一种追求西方式的民主进步的观念。当然，他的民主思想是一个不断完善与开放的概念，一个发展的过程。正如与黄遵宪的诗歌革新一样，从文字、语言到文体的变革，这个过程贯穿了进化论。只要细绎“康梁”思想的诸多领域，就不难推断它们都带有黄遵宪思想的影子。尽管黄遵宪思想存在一定的局限，但在19世纪后期能做到这种程度，已经有相当创新，不必吹毛求疵，过于苛求①。

黄遵宪《日本国志》为中国改良派提供了第一手的信息资料，让蒙昧的国人看到了异域他方的世界，犹如醍醐灌顶。它反映了中国宪政改革独立思考的深层价值。令人遗憾的是，在史学或文学史上的地位，并没有把黄遵宪放在一个恰当的位置进行评判，这是不科学的。

> 在康有为、梁启超的宪政理论中可以清晰地看到黄遵宪的宪法思想与康、梁的宪政改革主张有着高度的一致性。在国家命运的选择上，三人共同主张实行维新变法，视拒绝变法为亡国之路；在改革的路径上，三人认为应仿效日本，实行自上而下的改革，由皇帝亲自领导变法运动；在政体建构上，三人都主张参照日本模式实行君主立宪制；在国家权力安排上，他们共同主张“三权分立”；在治国方略上，他们都倾向或直接主张实行“法治”。正是由于黄遵宪率先走出国门、实地考察日本、详细总结著述，才启发了康梁等人对中国变法改革的深层思考。无论从黄遵宪的宪政理论内容上

① 参见杨站军《游移在激情与保守之间——诗界革命研究》，博士学位论文，上海大学，2007年，第89页。

还是从黄遵宪与改良派密切的个人关系上，都有理由相信黄遵宪是中国改良派的先驱者、启蒙者与实践者。①

正是黄遵宪的“系统的变法理论和宪政思想直接影响了康有为等维新派发动戊戌政变”②。即使戊戌变法运动失败了，但黄遵宪仍然坚信“二十世纪之中国，必改而为立宪政体”③。历史已经找到答案，黄遵宪在《日本国志》中的宪法理论是较为成熟的理论，他为中国宪政之路把脉，他的预言与中国历史发展大趋势相契合。另外，更应该看到，黄遵宪思想又是不同于康有为、梁启超的。黄遵宪1902年写的《论学笺》：

近来民权自由之说遍海内，其势长驱直进，不可遏制。而或唱革命，或称族类，或分主治，亦嚣之然上矣。而仆仍欲奉主权以开民智，分官权以保民生，及其成功，则君权民权两得其平。

其对“革命”是秉持一种开放的态度。不少学者据此认定他“仍然是维护清王朝统治立场，坚持他原来的自上而下进行改良的变法主张……”这与事实不符。认为“革命”的“长驱直进”之势是不可避免的，黄遵宪冷静地预言其“不可遏止”。而且，黄遵宪在政治、军事、经济、文化诸领域的变革举措，其先进性是康有为、梁启超无可替代的。天下兴亡，匹夫有责。黄遵宪民主思想的光芒，就是他认识到“民”的重

① 张锐智：《试论黄遵宪的〈日本国志〉对中国清末宪政改革的影响》，《华东政法学院学报》2007年第2期，第144页。

② 王晓秋、尚小明主编：《戊戌维新与清末新政——晚清改革史研究》，北京大学出版社1998年版，第106页。

③ 陈铮编：《黄遵宪全集》（上），中华书局2005年版，第446页。

要，因为它占中国80%的人口，因而民主的力量是伟大的。他为“开民智”而“奉主权”，为“保民生”而“分官权”的思想投射出了闪光的价值。他认识到了“民本”与“民权”思想与国家兴亡的密切关联。黄遵宪是中国最早注意到要学习西方民权思想、对于下层百姓则必须进行教育启蒙的先进人物。他是个清醒的现实主义者，自觉发挥在社会变革中的作用，而且从不推卸，责无旁贷。所有人对于事物的认识都有一个发生、发展以及变化的过程。作为晚清的士大夫，黄遵宪履日是伴随着思想上的“忠君”意识开始的，但随着社会阅历的加深，他后来更倾向于排满了。

黄遵宪的思想区别于康有为、梁启超的思想的最大特点就是其“思想的务实性”。他要把变革社会的理想蓝图化为现实。黄遵宪很早对于西方民主政治、先进思潮的阐释，是建立在他实地考察西方国家的民主基础之上的。他的“用夷制夷”、“学西方之技，走国人之路”的自觉意识，在当时少有人能与之相比。严复可谓介绍西学的一家之说，但在某些方面还不如黄遵宪高明，他开时代风气之先，比严复要早。这是作为资产阶级政治家的黄遵宪，而较早地具备了的民主思想。其《日本国志》与《日本杂事诗》，以一种崭新的角度并以此为切入点，将其宏伟理想呈现在著述与诗集之中。这种著述与诗集价值之高，完整地体现了他的政治思想与生活历练，有着充实的内容，阔大的境界。

在晚清社会，封建统治阶级依然顽固不化，坚持它的腐朽没落的政策之时，黄遵宪的伟大抱负的确难以实现。但是他却为国人留下了一笔积极宝贵的精神财富，惠泽千秋。虽然他的事业不如所愿，政治改良的道路艰难而曲折，但他把变革现实的决心，转寄于“诗界维新”，借用他精彩的文笔与锐利的文风大建奇功。黄遵宪为诗的政治色彩十分鲜明，非常坚决，正如1892年光绪皇帝召见黄遵宪，当问到如何改革中国的现实状况时，黄遵宪简短有力地回答："效法泰西之变。"他是真正积极地主张"用夷变夏"的维新运动的参与者与推动者。

三　倡导"以言救世之职"与寻找民族出路相契合

如果说黄遵宪出使日本的第一站，看到了日本明治维新的成功经验而在思想上发生了重大的突破性发展的话，那么 1894 年黄遵宪由新加坡回国，次年即在上海倡办《时务报》，这份报纸发行后则成为黄遵宪维新派维新变法的喉舌，直接传播了新思想，为变法维新建立了巨大的功绩。黄遵宪是晚清知识分子中对于思想文化传播认识最早的一个人，他重视媒介的作用、舆论的宣传。他倡议以学会余款创办报馆，在当时经费十分稀缺的情况下，他自掏腰包，捐金一千作为活动经费。他要聘用一位主笔，而这个主笔应该具有"雏凤清于老凤声"的"歌喉"，能为维新事业添砖加瓦、不断拓展尽宣传之力。这个人是一个能够高歌鼓动、勇于担当重任的人。黄遵宪经过多方面的亲自物色考察，才起用了梁启超担任《时务报》主笔，并对之寄予了厚望。在创刊之初，黄遵宪亲力亲为，精心策划，为它的规划、发行、出版费尽心血，使之问世。它成为宣传维新变法最著名的权威工具①。

黄遵宪为《时务报》的创立煞费苦心，以"宣传维新，救亡图存"为主要办报宗旨，成为维新变法思想宣传的重要工具、主要喉舌。《时务报》提供的各种诉求维新改革的信息与变革行动，让阅读者倍感振奋，使得改革变法的呼声得以在士人群体里流播。梁启超作为《时务报》的主笔，纵横捭阖，评论天下形势，发表了《变法通议》等宣传变法维新的著名论文。以新颖畅达的文字、清晰流利的语言、气势磅礴的笔锋，为维新改良推

---

① 参见宋绍青《黄遵宪传》，作家出版社 2005 年版，第 236—238 页。

波助澜。黄遵宪认为“中国有报以来所未有”，“且有民权民主之议”。从《赠梁任父同年》诗中，可以看出黄遵宪对梁启超寄望：“列国纵横六七帝，斯文兴废五千年。黄人捧日撑空起，要放光明照大千。”[①]“寸寸山河寸寸金，侉离分裂力谁任？杜鹃再拜忧天泪，精卫无穷填海心。”[②]诗歌反映了要用博大胸怀、坚强的决心，以精卫填海之势将新思想新观念的光明照耀大千世界；为捍卫祖国大好河山，反对列强瓜分而尽个人的最大努力的强烈愿望。这就是诗人为什么以满腔的热血，把殷切的希望寄托于梁启超的原因所在。

在处理报纸的言论方向问题时，梁启超与黄遵宪相互默契。黄遵宪认为立意于大声疾呼，振聋发聩，为维新变法的舆论做大力宣传。对于担心报纸言论可能惹来旧报的攻讦、毁谤等等，也早有思想准备。他认为议论宣传首先要从自己做起，做到绝无讥讽，才能脚踏实地，也不要盛气凌人、危言耸听，“其它一切忧谗畏讥，伤禽恶弦，无怪其然……弟身在宦途，尤畏弹射，然公然明目壮胆为之，见义则为，无所顾忌”。为了民族大义，黄遵宪置个人恩怨、生死于度外[③]。

黄遵宪倡导“以言救世之职”的另一举措，就是在湖南新政期间开办时务学堂与创办南学会。1897 年，黄遵宪在湖南署理按察使，“与陈宝箴力行新政，督理学堂，开办警察署，凡湖南一切新政，皆赖其力”[④]。湖南时务学堂“所有办学章程，授课科目，亦均由其参酌东西各国教育制度，一手订定”。戊戌四

① 吴振清等编校整理：《黄遵宪集》（上），天津人民出版社 2003 年版，第 221 页。

② 同上。

③ 黄增章、陈志雄：《杰出的诗人外交家：黄遵宪》，广东人民出版社 2006 年版，第 92—93 页。

④ 梁启超：《戊戌政变记》，中华书局 1954 年版，第 96 页。

月间，因康有为提倡“保教”之说盛行，黄遵宪砥柱中流对这种“保教”说进行了劝诫。他还力倡“联合”和“自治”，即以“联合之力，收群谋之益”。“由一府一县推之一省，可以追共和之郅治，臻大同之盛轨。”比如，湖南新政期间，长沙总会每七日举行集会演讲一次，演讲的内容主要有礼学、农学、工学、兵学、律学、商学等。他在南学会上主讲政教，以诱导士绅们积极参与当地管理的方式，尖锐地批判了当时的官僚政治。这些言论与实践，便是他在20世纪初振臂倡导“大开门户容纳新学”的前期基础。

现代中西文化之争已波及政治学说、社会结构、经济主张、外交思想，以至教育、学术风气、民族心理等等。为了“大开门户容纳新学”，黄遵宪提出了“奖励物产”、“扶植商民”等发展产业的主张，他的“竞事外交”的开放意识、“崇尚工艺”的实学精神都属于“容纳新学”的具体内涵。他对封建专制的批判、对民主的向往，已经超出了学术的范围。其文化思想与“五四”新文化运动提倡民主与科学也有前后的联系。①

以日本为例，西方文化的广泛流播，不是一蹴而就之事。首先是传播者的冲锋陷阵，力排众议，将这股新文明之风引进国内；其次是接受者的支持，他们对待新事物的态度也极其重要。黄遵宪在传播西方文明之时，同样遭遇重重阻力。黄遵宪的文化思想反映了现代中西文化之争与寻求挽救民族危亡的道路的紧密一致性与传播西方文化的极端艰巨性。首先，表现为客观存在的巨大障碍，即两种文化的差异悬殊。西方的文明呈现在世界的面前，中国已远远落后，却依旧闭关自守，自称老大帝国，西方国家的先进文明，却被目为“夷狄之邦”而盲目排斥。其次，是时代背景的极其复杂。西方文化的传入是借助于列强的船坚炮利

① 参见陈其泰《黄遵宪与中西文化论争》，《河北学刊》1989年第3期。

出现的；而封建腐朽的困状，又与中华民族文化内在的优良传统交错纠缠。中国在借鉴它发展自己的同时，要清醒地认识到西方文化作为一种良莠并存的东西，也有它的危害性，它渗透了列强文化的侵略意识。对此就需要像鲁迅先生所说用自己的眼光"拿来"，主张"拿来主义"。因此，既要看到晚清腐朽文化给国家带来的落后与愚昧，以一种虚心的态度向世界先进文化学习，但是又不能妄自菲薄，必须树立本民族的尊严与信心，不卑不亢，以非凡的魄力与见识吸取西方文化中有深刻价值的东西。另外，国人固有的封建文化心态与顽固派的压力，对西方文化的传播阻力也是相当之大。黄遵宪以新文化传播者的抛头颅、洒热血的思想准备，在其诗中抒发了"剖胸倾热血"的爱国情怀和献身精神。

黄遵宪历尽千辛万苦为新文明传播创造有利条件，他寻找民族出路，走与西方资本主义发达文明相结合的道路，即如何从现代中国历史发展的客观需要，既发扬中华民族的优良文化，又大量吸收西方文化的精化，并使两者结合在一起，形成既具有时代进步内容，又有本民族特点的新文化。而这个问题是一个长期有待解决的难题，既迫切又重要。即使到了"五四"时期和整个新民主主义阶段也曾一再被争论，就因为它直接或间接关系到"五四"文化的方向和民族的根本出路。黄遵宪从出使日本之日起，海外历练十多年，到过许多发达的资本主义文明国家，亲自考察了它们的实情，这种体验不是一般知识分子所能相比。他在20世纪初就预见到中西文化经过互相比较、互相竞争，将达到二者融合这样一种趋向，认识到西方文化结构中的精华与糟粕、中西文化的较强互补性。这种认识是深层次的，虽然黄遵宪的起步还是一个开始，但是却起到标识性的作用。黄遵宪以一种坚韧不拔、百折不挠的精神向西方寻找文明真理。他的革新勇气和求实态度无不充满爱国热诚。而这也正是民族优良传统在晚清至现代的发扬，这是中国需要的。

今天，世界日益融合，全球化的趋势十分明显，在这新旧交替的时刻，大量吸收外国进步文化与发扬本民族优秀文化遗产相结合显得非常迫切。在此之前，黄遵宪的努力，他的论述，应是我们深入讨论中一份有积极意义的思想资料。

第二节 “经世致用”的学术核心与“诗歌之用”

黄遵宪出道之初，其身份为清代的士大夫。随着时代的变更，晚年的他由“仕”转变为典型的资产阶级知识分子。黄遵宪的一生是与经世爱国相呼应的，他把学术思想在现代社会中的运用与其文学实践表现出的社会价值和功利有效地结合起来。《人境庐诗草》开篇第一首《感怀》：“儒生不出门，勿论当世事，识时贵知今，通情贵阅世。卓哉千古贤，独能救时弊，贾生《治安策》，江统《徙戎议》。”① 是诗人同治三年（1864 年）17 岁时所作。面对清朝的衰败和社会的动荡，他对于毫无治国才干、闭门只知空谈的腐儒士人进行了尖锐的批判，认为他们并未真正懂得孔学真谛。他反对足不出户，“两耳不闻窗外事，一心只读圣贤书”的儒生。主张学以致用，即“家事、国事、天下事，事事关心”的经世致用精神。这表现出了他强烈的忧患意识和志在匡世救弊、实现救民于水火的政治抱负。黄遵宪生活于国家多事之秋，从第二次鸦片战争、中法战争、中日甲午战争、义和团运动到庚子事变等，内忧外患。黄遵宪耳闻目睹，都有不同程度的经历。可是在当时的文学领域，这些文人不但未能担负起寻求救国真理的先觉作用，反而陈陈相因，埋头于故纸堆而不

① 吴振清、徐勇、王家祥编校整理：《黄遵宪集》（上），天津人民出版社 2003 年版，第 80 页。

可自拔。崇古复古之风笼罩文坛，或麻醉于对前辈文学的剽窃模拟之中，事不关己。他们的诗作死气沉沉，对时事熟视无睹，作诗了无新意。真是“哀其不幸，怒其不争”。黄遵宪则以天下为己任，继承了清初顾炎武、黄宗羲和王夫之的“经世致用”传统，在新的历史条件下举起诗歌改造社会功能的大旗，成为向“五四”新文化运动中“为社会、为人生”文学过渡的桥梁。

一　“经世致用”学术核心的现代凸显

那么，什么是“经世致用”？作为黄遵宪个人的一种学术核心，“经世致用”又有何特定的内涵呢？

概而言之，所谓“经世致用”，就是反对学术研究脱离当前的社会现实，强调把学术研究和现实的政治联系起来，以解释古代典籍为手段，发挥自己的学术政治见解，并用于改革社会。明末，由于王阳明后学的盛行，士林学风“束书不观，游谈无根”[①]（黄宗羲语），空疏已达极点。有的打机锋弄隐语，几近狂禅。针对明末学风的空疏，清初一些学者起而提倡“实学”。所谓“实学”，用当时颜习斋的话说就是“实习、实讲、实行、实用之学”，而贯穿这“实学”的一个中心思想，便是“经世致用”的精神。黄宗羲、顾炎武、王夫之等等，都是这一思潮中的典型代表。他们对于“经世致用”思想的理解虽各有侧重、各有偏爱，程度也不尽相同，但是其实质大同小异。他们的社会学说雷同，即强调知识分子参与时政、参加社会实践。痛恶一切旧儒闭门造车的陈腐学风。而提倡一种与传统的理学不同的崭新学风，评论时政，并提出了各式各样的“匡时济民”的社会改革方案。

学以致用，是先秦孔派儒学的传统。清初学者在总结明亡教

① 《后村集》，载《四库全书》卷96，第884页。

训的基础上，深感必须返虚就实，矫正学风的重要。这种以实用为宗的学风，也就是“经世致用”的新学风。

新学风的具体内容是什么呢？简单地概括有四个方面：第一，“务当世之务”；第二，勇于任事的做事风格；第三，致力创新的精神；第四，强调实地调研与研究范围的扩展。

随着时代潮流的发展，社会改造的内容发生根本性的变化。“经世致用”的理论是一个开放性的概念，内涵是一个动态的变化过程，其意义不断延伸。晚清维新变法人士就承袭了这种经世的优良传统，而西方的实用之学的潮流东渐之后，维新人士容纳新学，由此互相融合成了一股新生的潮流。维新变法是经世致用思想的具体实践。

西方物质文明的重点在于工商与科技两个方面，这是晚清落后的原因所在，维新变法人士也试图从中国传统的经典中找到解释。从《论语》、《考工记》到《管子》无不把聚财、制造、通商、勤工、利器诸方面作为强国兴邦的大事在理论上进行阐释，这些都是有用之学。如郑观应对西方商务了解就很详细，认为管子为国聚财，很像西方人重视商务主义政策①；严复崇尚道家的节俭，颇得现代经济学家的赞同。因为重视实用之学，最不实用的科举制度则受到变法者的严厉抨击。一致认为科举之学是无用之学，科举所取之才是无用之才。张之洞从经世致用的观念出发，认为对于经书的处理要掌握大义或精义，如《尚书》的精义在治民、《春秋》的精义在尊王治平等等。并认为学者只有通晓中国的实用之学，才能触类旁通于西方的学术，如科技、政法、史地等，即所谓“中学为体，西学为用”的经世致用观念。

出身于宦官之家、饱读诗书的黄遵宪从小受到顾炎武、黄宗

① 郑观应：《盛世危言》第2册，中州古籍出版社1998年版，第677页。

羲、王夫之经世致用思想的影响。“公度喜言经世”亦肇始于此：“吾十六七始从事于学，谓宋人之义理，汉人之考据，均非孔门之学。所谓‘均之筐夹物，操此何设施’者也。”[①] 伴随社会阅历的成长与长期出使国外的工作历练，黄遵宪把为国家献身的理想转化为个人“经世致用”的学术核心，于具体实践中强化运用。笔者仍主要以《日本国志》为例，结合黄遵宪的新政理念进行研究分析，不难找到黄遵宪学术思想心路历程的踪迹。

在中国晚清到现代的历史长河中，魏源的《海国图志》和黄遵宪的《日本国志》可谓先后辉映，其光芒穿透封建末世阴霾密布的漆黑夜空，给人们带来为之振奋的期望启示。中国人在面临“三千年未有之变局”的风云际会中“睁眼看世界”，并跨出现实的门槛，迈步“走向世界”。其实，魏源的《海国图志》是衷心希望中国富强，师夷长技而不失中华民族的自信心，其萌发于中国晚清之际而显得难能可贵，但由于魏源的“闭门造车”，其内容简略而粗浅。难免人云亦云，视野相对局限。《日本国志》则以其精心的考察、翔实的内容、洋洋洒洒的笔锋，详细地描绘了中国走向世界的宏伟蓝图，并在具体实践上，提出了切实可行的措施，确实比魏源前进了一大步。

《日本国志》[②] 不受中国史书传统纪传体和编年体形式的束缚，也摆脱了管制和制度的框架结构，从天文、地理、历史、文学、社会、经济、思想、制度、学术、外交、习俗、物产、工艺等多方面介绍并讨论了日本的明治维新的真实历史，可以说是中国研究日本的第一部真正的百科全书，它是中国人把日本作为学

① 吴振清、徐勇、王家祥编校整理：《黄遵宪集》（上），天津人民出版社2003年版，第486页。

② 对于《日本国志》的内容，在上节中进行过必要的介绍，在此从略。这里只从几个有关的方面结合黄遵宪的经世致用学术思想进行进一步阐释。

问对象进行国别研究的开山之作。黄遵宪认为，研究历史是为了现实的需要，因而应该以较多的篇幅来探讨和现实有密切关系的各种问题。他以大量篇幅研究日本明治维新后的社会政治、经济、文化、教育、军事各个方面的情况，结合具体现实发表议论，提出对中国改革的建设性意见。他主张学习西方自然科学和发展生产、管理经济的方法，大力发展民族工商业。黄遵宪分析西方经济："若物力虚耗，国产微薄，则一国之大命倾焉，元气削焉。"[①]批判了中国封建社会传统的轻视工艺和科技发展的思想，主张重视声、光、电、化等自然科学的研究，认为"实验"多则"虚论"自少。[②] 一首赞颂西方科学的优秀诗篇："初胎花事趁春融，视语丁宁休浣红。一道裙腰频结束，尽将桃杏嫁东风。"[③] 这首诗有何特殊的含义呢？我国古籍《文昌杂录》有一则记载：一个煤姥见杏花只开花不结果，就在来年杏花开花时，用姑娘们的腰裙围住杏树，并奠酒呢喃祝颂，洒以酒浆，于是结果累累。这则记载反映我国劳动人民在生产实践中初步掌握人工授粉的方法，但不懂得它的科学原理，而把它托之于神仙、巫术，不免带有迷信色彩。黄遵宪诗中借用古人这则记载，意在告诉国人，日本在明治维新后，大量翻译了西方的科学技术书籍，并运用到生产实践中去，植物人工授粉就是其中之一。这充分反映了黄遵宪对西方科学技术的热烈追求[④]。对于明治维新后的日本政府采取的各项奖励工商业政策，黄遵宪极为欣赏。他主张工矿企业可以"听民为之"，"招募豪商，纠集资本"，清朝政府可以提倡法律保护，但不

① 黄遵宪：《日本国志·物产志》卷38，天津人民出版社2005年版，第918页。

② 黄遵宪：《日本国志·天文志》卷9，天津人民出版社2005年版，第200页。

③ 吴振清、徐勇、王家祥编校整理：《黄遵宪集》（上），天津人民出版社2003年版，第70页。

④ 广东语文学会近代文学研究会等编：《黄遵宪研究》，广东梅州市印刷厂1982年印刷，第129页。

必“鳃鳃代为谋也”①。在保护民族工商业的发展方面，特别论述了外资、关税自主、贸易自主、防止入超和金银外溢等方面的问题。

黄遵宪经世致用的学术思想主要见之于《日本国志》，其精髓于此得以体现。

在政治方面，主张学习西方政治。黄遵宪看到中国封建制度的一些弊端，认为秦汉以后，“君尊而民远”，“竭天下以奉一人”②，因而，必须进行政治体制改革。著述中提出了“君主立宪”的改良思想，为行将到来的资产阶级改良运动提供了宏伟蓝图。他曾涉猎过卢梭和孟德斯鸠的著作，深受影响，而提出“太平世必在民主”③ 的主张。但是当他出任美国旧金山总领事时，亲眼看到美国总统选举尔虞我诈的场面，又不得其解。民主党、共和党的党际之争权夺利，乱象丛生，惶惶不可终日。各个集团为了自身的利益，不择手段，极尽攻击诽谤之能事，可谓同室操戈，相煎何急。其实美国资产阶级的民主，虽然有它可取的一面，但它究竟是一种光怪陆离、赤裸裸的利益冲突的表象。这也说明黄遵宪的政治思想有待进化发展。因此，他由“民主共和”转而接受“君主立宪”的思想。他曾对梁启超说：“既留美三载，乃知共和政体万不可施于今日之吾国，而是以往守渐进主义，以立宪为归宿，于今未改。”④ 后来出使英国，他又仔细考察了英国的政治制度，认为英国的“君主立宪”制度才是最可效法的政治制度。黄遵宪主张研究西方政体，赞美资产阶级的立

---

① 黄遵宪：《日本国志·职官志》卷 14，天津人民出版社 2005 年版，第 19 页。

② 同上书，第 17、15 页。

③ 《东海公来笺》，《新民丛报》第 13 号。

④ 梁启超：《致饮冰室主人书》（光绪三十七年七月四日），北京图书馆藏未刊稿。

法制度，“人无论尊卑，事无论大小，悉予之权以使之无抑，复立之限，以使之无纵，胥全国上下同受治于法律之中”[①]。认为：“议会者，设法之至巧者也。”[②] 在《学术志》中，更描绘了一幅资本主义国家的理想化蓝图：“其国大政事，大征伐皆举国会议，询谋佥合而后行；其荐贤惠授能、拜爵叙官皆以公选，其君臣上下无疾苦不达之隐，无壅遏不宜之情……”[③] 资产阶级民主同中世纪民主比较起来，在历史上是一个大进步。

黄升任认为，较之严复、康有为、梁启超等人，在倡导通过集会结社开启民智、联合知识群体，以推动晚清“改革”运动的发展等方面，黄遵宪较早地在《日本国志》中进行表述。1895年，严复在天津《直报》上发表了《原强》一文，在介绍了达尔文的生物进化论之后，对英国实证主义社会学家斯宾塞的学说做了阐发，并且名之为“群学”。严复还对中国积贫积弱的原因进行了剖析，并根据斯宾塞的“社会达尔文主义”提出了标本并治的自强之道，其主旨就是要发扬民智、民力、民德，通过“合群”来增强民族的凝聚力，以应对当前列国竞雄、优胜劣汰的时代挑战。这种主张与黄遵宪所提倡的“联合力”之说，在含义上有相通之处，但在时间上则晚了整整八年。1895年底，康有为在《上海强学会序》中提出，人才在于学术，学术在于合群的观点，并认为西方的富强也受益于学术；1896年发表了《论学会》一文，认为西欧资本主义国家之所以强盛得益于学会林立，通过学术交流，可以提升人们的思想境界。有鉴于此，他进一步提出招揽人才，广兴学术的主张。只要稍加对比就可以看

① 黄遵宪：《日本国志·刑法志》卷27，天津人民出版社2005年版，第653页。

② 黄遵宪：《日本国志·职官志》卷14，天津人民出版社2005年版，第35页。

③ 黄遵宪：《日本国志》卷32，天津人民出版社2005年版，第777页。

出，康、梁的这些观点与黄遵宪倡导的“联合力”之说极为相似，其要点就在于通过开设学会来开启民智，形成合群之风，从而促进变法自强。从晚清中国思想演进的历程看，黄遵宪对日本和欧美政党、学会的介绍，以及对“联合力”的倡导，实际上已首开晚清知识群体的“合群”之风，成为晚清“群学”社会思潮之滥觞。①

国防军事建设方面。黄遵宪认为，当前的国际形势是“列国弱肉强食，眈眈虎视”②。在这样的情况下，要想“保大、定功、安民、和众、丰财”，必须“讲武”不可，幻想什么“投戈讲艺，解甲归田”，取消武器与武装，那是错误的。认为：“兵不可一日不备”，“驰备者必弱，忘战者必危”，“非练兵无以弭兵，非备战无以止战”，要想防止外国资本主义势力的侵略，就必须“备战”。黄遵宪敏感地意识到了周边国家的虎视眈眈与狼子野心，主张建立强大的国防军事力量，以抵御外国列强势力的侵略。事实证明黄遵宪的眼光具有相当的远瞻性，若干年后，日本以及八国联军侵略中国就是无可辩驳的实证。

文化改革方面。黄遵宪倡导“诗界革命”，积极推动“小说界革命”和“文界革命”。在晚清，他以高屋建瓴之势，倡导白话文的变革：从文字、语言到文体的革新。将中国白话文学引领而走向了“五四”白话文地位之正宗。黄遵宪积极倡办新学，发展桑梓教育。他在1879年任湖南按察使后，便与维新人士谭嗣同等创办了有别于旧教育的“事务学堂”，聘请梁启超为总教司，并与梁启超、康有为制定了《湖南时务学堂学约》，开设经学、史学、西学等课程，培养革新人才。黄遵宪认为中国要富

---

① 有关晚清群学的讨论，可参见陈旭麓《戊戌时期维新派的社会观——群学》。

② 黄遵宪：《日本国志·兵志》卷21，天津人民出版社2005年版，第533页。

强，必须学习西方的文化教育事业。明治维新之所以成功，在于它引进了西方资本主义国家先进的文化教育制度，大力推行“文明开化”运动。“日本蕞尔国，年来发愤图强，观其学校分门别类，亦骎骎乎有富强之势。”[①] 他指出：“矧今学兴废，尤关国盛衰。十年教训力，百年富强基。”[②] 他介绍了日本的兴学经验：“明治四年设文部省，于各大学区，分设诸校。”[③] “以全国各地为七大校区，分司其事于府知事、县令，而受辖于文部卿。”[④] 在文明开化政策鼓励下，日本实行了一系列学制改革，“由是西学有蒸蒸日上之势”。“入其国，问其俗，无一事不资之外人者。”这说明日本人特别善于学习外国先进文化，上自天文、地理、官制、兵备以及法律典章制度、语言文字，下至饮食居处之细、好玩游戏之微，无一不取法。黄遵宪希望中国取法于此。

废除陈腐的封建科举取士，培养资产阶级新式人才，这是黄遵宪对于人才培养的最新理念。为此，他拿出一套学习西方，改革中国文化教育制度的方案。他说：

> 天下哗然言学校矣，此岂非中国之幸，而所设施经营，乃皆与我意相左。吾以为非有教科书，非有师范学堂之为先，则学校不能兴，而彼辈竟贸贸然为之；一也。吾以为所重在蒙学校、小学校、中学校，而彼辈弃而不讲，反重大学

① 黄遵宪：《日本国志·学术志一》（汉学、西学）卷32，天津人民出版社2005年版，第803页。

② 钱仲联：《人境庐诗草笺注》，上海古籍出版社1981年版，第318页。

③ 黄遵宪：《日本国志·学术志一》（汉学、西学）卷32，天津人民出版社2005年版，第804页。

④ 黄遵宪：《日本国志·学术志二》（文字、学制）卷33，天津人民出版社2005年版，第816页。

> 校；二也。吾以为所在普通学，……而彼辈反重专门学；三也。吾以为五经四书，寻择其切于日用近于时务者，……而彼辈反以五经四书为重；四也。吾以为学校务求其成，科举夷人以所难，此不能兼行之事，……而彼辈乃兼行科举；五也。吾以为兴学所以教人，授官所以任人，此不能一贯之事。……而彼辈仍用取士官人之法施之于学校；六也。[①]

由此，黄遵宪指出了中国文化教育制度六方面的弊病。而将西学作为学生学习最主要的内容，“专以西学教人”。“削木能飞诩鹊灵，备梯坚守习羊坽”，《日本国志》对日本取法泰西，在全国各地普遍设立大学、中学乃至到海外留学，进行了详细的介绍，同时意识到了外语学习在吸收外国先进科学技术以及文化方面的作用。鼓动设立大量的外语的语言学校，“化书奇器问新编，航海遥寻鬼谷贤”。派遣海外留学生实地体验异域文化，去欧美学习。

黄遵宪的思想自始至终从未动摇过。他在维新变法失败而被贬归故里梅县后，不仅没有放弃革新，反而更加热忱于创办新学。一方面，他在亲办新学的同时，把目光放在当时嘉应所属各县，创立嘉应兴学会议所，发表《敬告同乡诸君子》。陈词恳切，猛烈抨击科举制度，痛斥旧学束缚人才，全面推行新学。制定了完善的办学方针、全面的教学计划，堪称中国晚清至现代教育史上一部完备的新学教育计划，深受嘉应各县有志之士的欢迎。正如叶云章认为，《敬告同乡诸君子》集中体现了黄遵宪的教育思想，内容涉及教育方针、培养目标、教育对象、课程设置、教材建设、师资培养、教学形式与方法，以及教育经费等各

---

① 吴振清、徐勇、王家祥编校整理：《黄遵宪集》（下），天津人民出版社2003年版，第491—492页。

个方面。它主要包括：抨击科举制度，提倡兴学救国；痛斥旧学束缚人才。盛赞新学尽善尽美。它在兴办新学、发展教育方面具有历史性贡献。

外交方面。黄遵宪认为，与友善的邻国相交大有增益，相互之间可以竞争，所谓“交邻之果有大益”，这是他外交方面的实用策略。在其《邻交志》中，从尊重日本民族和中日平等的立场着笔，对两千年来的中日关系史进行叙述，并非把日本视为“化外之民”或称为“倭人”。这与以往的中国史书中的提法截然不同，中肯平和。黄遵宪首创晚清以来中日关系研究的先河。认为日本作为一个岛国，自通使隋唐以来“礼仪文物居然大备，因有礼义君子之名”。晚清以来，日本豪贤志高意广，竞相从事外交，以进开明之城，因而可以与大国争衡。他借此成功经验，鼓励国人转变思维观念，要由“华夷之辨”思想转到欧美的“器物之学”再转向所谓的“制度之学”。

黄遵宪在《地理志》中指出，日本四面濒海，地理位置独特。之所以能在自神武纪元以来的2500多年中，即使遭受外来侵略，也寸土不失，这是由于日本人的危机意识，强弱相并，而国家发展很快的结果。他进一步举彼得大帝、拿破仑、华盛顿等人为例，指出各国发展密不可分，天然的地理屏障已无法阻挡列强的对外扩张。轮船、电线等高科技的发展成为世界发展的需要。黄遵宪以亚洲为例，分析印度、土耳其、越南、缅甸相继亡国的事实。他实际上是劝诫清朝不可再故步自封，逆历史潮流而动，要与各国通商争雄。

综合所述，《日本国志》论及的学术问题方方面面。这些真知灼见，不仅来自黄遵宪对明治维新的考察，而且也直接得益于他出仕美、英，旅游欧洲的见闻体验。黄遵宪在他“经世致用”的学术中一再强调借鉴西方，开启民智、民权等重要性与迫切性。其影响是深远的。[①]

二　“诗歌有左右世界之力”

黄遵宪一生所谋都是在那些“远者大者”的事情上，作诗虽然是他工作中的“余事”，但作诗是他思想情感抒发的最直接的表达工具。他从当时的社会需要出发，以一个政治学人的责任感与使命感对诗歌改造社会、拯救国难的希望寄予了较高的厚望，也充满了信心，这与他“经世致用”的人生思想密不可分。“经世致用”不仅是黄遵宪学术思想的核心，而且逐渐发展成为影响他人生的强大思潮，对其文学的影响尤其深刻。在黄遵宪看来，“经世”成为诗歌功能的直接导向，是否有用成为衡量诗歌文学的价值标准。其“经世致用”思想于此得到充分体现。

晚清是一个充满着反抗与抗争的时代，一个呼唤着英雄气概与巨大热情的时代。它需要的不是怨而不怒的敦柔，也不是孤芳自赏的清高。它要的是自由与解放的呐喊，要的是震荡人心、唤起国魂的战歌。时代的需要启迪着年轻的中国民主知识分子歌手。1900 年在给丘菽园的信中，黄遵宪说：“诗虽小道，然欧洲诗人出其鼓吹自由之笔，竟有左右世界之力。仆老且病，无能为役矣。执事其有意乎？”[②] 用诗人之笔，鼓吹欧洲自由之文明，解放之理想。强调诗歌的社会功用，表现了他对国家、对民族的责任感。它第一次表示了中国诗人对欧洲诗人的理解与评价，而且准确地抓住了“欧洲诗人”的文学理想：一是“鼓吹自由”；二是“左右世界”，这与其说是黄遵宪一个人的远见卓识，不如

---

① 参见黄增章、陈志雄《杰出的诗人外交家：黄遵宪》，广东人民出版社 2006 年版，第 92—93 页。

② 吴振清、徐勇、王家祥编校整理：《黄遵宪集》（上），天津人民出版社 2003 年版，第 478 页。

说是年轻的中国革新派诗人对欧洲大革命所哺育的浪漫诗歌的心灵互通。“不管资本主义社会怎样缺乏英雄气概，但它的诞生确是需要其英雄行为、自我牺牲、恐怖、内战和民族战斗的。”①即使黄遵宪在垂暮之年，同样明确表示了这种向往。这也正是他跨出书斋，走向社会，踏上经世之途，选择出洋的内在思想基础。

同样，黄遵宪是科举出身的读书人。他有远大的理想，从小就有忧国忧民的强烈情感。“诗歌之用”对他而言显得更为重要。尽管对那些不明时事，只知“昂头道皇古”的世俗儒生十分不满，对科举制钳制人才的本质也看得一清二楚，但他知道，要想实现自己的人生目标，就得掌握权力，成为“得君之专的宰相”。生活在那个时代，要想施展自己的抱负，首先就要登上科举这一进身阶梯。也不得不“暂垂鹏翼扶摇势，一学蝇头世俗书”（《将应廷试感怀》）。为博取功名而努力。因为在古代中国，一个人要获得成功，必须参加科举。就得懂诗，就得会吟诗作对。对于传统社会的读书人来说，“作诗”是他们通向成功之路的最为基本的手段。诗既可以成为道德修养之基石，政治权力之阶梯，也是人际沟通最精致之形式。这是一种无奈，但除此之外没有其他办法。②

黄遵宪 4 岁开蒙，10 岁学诗。有记载说，塾师曾以“一路春鸠啼落花”句命题，他立即对出“春从何处去？鸠亦尽情啼”的名句。其文诗非常敏捷，令塾师十分感叹。后来，塾师又以杜甫中的名句“一览众山小”命题，黄遵宪则以“天下犹为小，

① 参见马克思《路易·波拿巴的雾月十八日》，转引自张宜雷《中国近代诗歌变革与西方浪漫主义影响》，《天津社会科学》1984 年第 2 期，第 51 页。

② 参见刘冰冰《在古典与现代性之间——黄遵宪诗歌研究》，博士学位论文，山东大学，2003 年，第 38 页。

何论眼前山”破题[①]，确实一鸣惊人，对语十分大气，一时传遍大街小巷，令人刮目相看。黄遵宪的理想并非要成为一名诗人。作诗只是当作个人的爱好和兴趣，“余年十五六，即学为诗。后以奔走四方，东西南北，驰驱少暇，几束之高阁。然以笃好深嗜之故，每以余事及之，虽一行作吏，未遽废也”[②]，尽管黄遵宪从小就显示出非凡的诗才，而且平生也颇以诗作自诩，“自谓‘与杜、李、苏、陆，足并驾齐驱’”。黄遵宪在临终前曾写信给梁启超，信中回顾了自己的一生，表达了他的理想：政治是目的，作诗是途径。它是黄遵宪在临终前对自己一生抉择的心理剖白。不管在什么样的人生状况下，他的理想都在政治方面，诗歌的位置在他心目中似乎并不重要。在“学而优则仕”的社会中，黄遵宪利用作诗以博取功名，这一选择完全可以理解。这种人生价值观是中国传统知识分子的基本选择。历史上，屈原在他的政治蓝图成空以后，竟不惜投身汨罗江；而李白得知自己被皇帝召见的消息时则“仰天大笑出门去”；杜甫的人生理想也是“致君尧舜上，再使风俗淳”。这种情形同样适用于黄遵宪。

鸦片战争以后，随着社会危机和民族危机日益加深，是否有用于经世除弊、御夷救亡、强国富民成为衡量一切价值的标准。在这种价值标准面前，首先遭到冲击的是汉学与宋学，进而对“无用王道”提出质疑，随即波及摹山范水、吟风弄月和陈言空疏的诗文风气，如龚自珍、魏源、张际亮、冯桂芬等对传统思想和当时文坛的批评。随着经世之学与“容纳新学”的结合，一些人把“无用”文学的判断扩大到“一切文字词章”。这种现象

① 详见黄遵宪《己亥杂诗》“一路春鸠啼落花”一诗自注，《人境庐诗草笺注》卷9，第823页。

② 参见刘冰冰《在古典与现代性之间——黄遵宪诗歌研究》，博士学位论文，山东大学2003年，第37页。

反映在新的“有用”的西学对照下，传统文学价值观的起落变化，强化的实用性功利价值在社会发展中慢慢上升为主导地位。传统的文学观一旦动摇，就会激发出文学变革的意识。由于中国文化固有的思想传统强调社会思想、中央集权，个体意识以及个体的社会作用，往往被社会有意或无意忽略，个性被压抑，人性得不到张扬。文学作品中出现的人生思想阐述和个性张扬则是相对很晚的事情，由于封建的残酷统治对人们言论自由的种种限制，由于科举八股对我国文、史、哲诸方面的窒息，又由于受晚清文字狱的影响，人们转而重视了对文学的变革。西学东渐，新思想的引进，更参与了社会改革的要求。他们将自己对社会的认识和要求通过文学的形式含沙射影表现出来。王飚说：

> 价值是任何一种文学形态生存的前提。传统文学价值观的核心是“道”，文艺之所以被看做“经国之大业，不朽之盛事”①，“诗之为道，可以理性情，善伦物，感鬼神，设教邦国”②，就因为它是“道之所存”……“艺是道的表现”，即刘熙载所说：“艺者，道之形也。文章名类，各举一端，莫不为艺，即莫不当根极于道”③。这个“道”，无论是哲学意义上的性理之道，或者政治意义上的治平之道，或者伦理意义上的纲常之道，同时也是传统社会制度与秩序建存的理论根据和思想基础。然而，鸦片战争以后，这个“极限”已受到巨大冲击。这种冲击根源于时代的变化，而直接来自两方面：内部的“经世之学”与外部的“西方之理”。也为

① 曹丕：《典论论文》，载《中国历代文论选》第1册，上海古籍出版社1979年版，第159页。

② 沈德潜：《说诗晬语》，载《中国历代文论选》第3册，上海古籍出版社1980年版，第414页。

③ 刘熙载：《艺概·自叙》，上海古籍出版社1978年版，第261页。

经世救国。不过，从发展的角度看，两者又先后为主。[①]

黄遵宪在愤“文章无用”的同时提出要创造有用文学，他说：

> 居今日万国尚力竞强，攘夺搏噬之世，苟有一国焉，偏重乎文章，国比弱。故论文至今日，几疑为无足轻重之物；降而为有韵之声诗，风云月露，连篇累牍，又益等诸自郐无讥矣。然则诗之兴亡与国之盛衰，未尝不相关也。余闻欧罗巴固用武之国也，而其人能以诗鸣者，皆绝为当世所重。东西数万里，上下数千年，所以论事者何必不同，抑有为之言，不必无用；而无用之用，又自有故欤？[②]

那么，黄遵宪的“诗歌之用”有什么深刻的含义？他主张这种文学的功能对后来乃至中国新文学产生了哪种深刻的影响呢？

黄遵宪诗歌之名蜚声海内外，但从不自矜诗歌创作成就，他认为欧洲的富强是诗人的创作造就的，其理论指向是要以诗这种“小道”来“左右世界”。这表明，他的文学观念从属于他的政治理想，他的文学创作也是为此理想服务的。黄遵宪的“诗歌之用”，实质上也就是主张文学的社会功用。通过出使日本多年的摸索，黄遵宪深刻认识到，日本明治维新的成功无不与日本小说普及有很大关系，因为它开启了日本国人的“民智”。尤其是戊戌变法前后一些年，他认为中国要推动社会改良，就要借助小

---

① 曹丕：《典论论文》载郭绍虞主编《中国历代文论选》第1册，上海古籍出版社1979年版，第159页。

② 陈铮编：《黄遵宪全集》，中华书局2005年版，第249—250页。

说的宣传作用，并要对小说进行改革。

那些以报人身份从事小说创作的韩子云、孙玉声、李伯元、吴趼人等纷纷接受黄遵宪等人的思想，转而创作暴露官场黑暗、抨击时弊的“黑幕小说”、“谴责小说”。政治活动家陈天华、秋瑾、张春帆等，连学者出身的蔡元培也转变了对小说原有的态度并亲自创作了政治影射小说《新年梦》。诗歌、小说的社会功用及其政治化影响到散文，甚至整个文坛长达半个多世纪。当然，由于过分强调小说等文学样式作品社会功能的存在，要求直接服务于当时的社会斗争，所以人们只是重视了它的思想内容，也不可避免地忽视了它的艺术特性，这是另一个问题。

从晚清到现代，由士大夫阶层到知识分子，从黄遵宪、梁启超到鲁迅，在他们的身上，可以清晰地看到在不同时期，先驱们对文学功能的认识。鲁迅总结道：“凡是愚弱的国民，即使体格如何健全，如何茁壮，也只能做毫无意义的示众材料和看客，病死多少是不必以为不幸的。所以我们的第一要著，是在改变他们的精神，而善于改变精神的是，我那时以为当然要推文艺。”① 在那个年代，鲁迅、郭沫若等站在时代改革的前列，纷纷弃医从文，胡适在美国弃农从文。其他热血青年也投入到政治中去。他们只是想通过文学的形式“喊醒铁屋子里昏睡的人们”。同样，“五四”以来的学者与作家也秉承了文学的社会功能，陈独秀的“普罗的大众文学、现实主义的文学，革命的文学”；胡适的“文学革命”；周作人的“人的文学”的诉求……他们的文学观点与晚清黄遵宪以来关于“诗歌之用”的理论都有惊人的相似，体现了一种传

① 鲁迅：《呐喊·自序》，载《鲁迅全集》（1922年），人民文学出版社1981年版，第417页。

统的继承。

正因为如此，早年的黄遵宪在辗转赴试的过程中就曾对“海禁大开，外人足迹如履户庭”的后果感到忧心忡忡：“非留心外交，恐难安内。”[①] 因此，他后来决定出使日本，这种选择是他人生理想的具体实践。游东西洋十几年，异域的风光、各民族的风俗以及西方的现代性成果，对黄遵宪来说都是全新的。他以一个外交官的特殊视角将西方的一切做了理性的观察与分析，并在繁忙的公务之余，将自己的所见所闻所思所感用诗歌的形式一一记录下来。“海外偏留文字缘，新诗脱口每争传。草完明治维新史，吟到中华以外天。”[②] 西方的见闻与中国衰败的形象形成了鲜明的对照，使他重新认识了“中国”。“归见当道者之顽固如此，吾民之聋聩如此，欲以先知先觉为己任。”[③] 因此，他的诗中充溢着一种感时忧国的精神。在诗歌创作上，黄遵宪主张“诗之外有事，诗之中有人”[④]。这里的“事”主要指时事，发生在当时生活中事关国体的大事，“人”主要指诗人的个性特征。意思就是说，诗歌创作既要切近时事、世事，又要独具诗人的个体风格。换言之，所谓“诗之中有人”，是指诗要有个性，不要“忘记自我”，要表达个人的思想，抒发自我的感情，突出主人翁的存在，应该对待“诗中之物”做出个人独到而深刻的见解，或褒或贬都由个人判断。之于“事”之所指，就更为明了了。对于自己作诗的评价，黄遵宪曾对梁启超说：“愤时事之

① 鲁迅：《呐喊·自序》（1922年），载《鲁迅全集》，人民文学出版社1981年版，第39页。

② 《奉命为美国三富兰西士果总领事留别日本诸君子》，载吴振清、徐勇、王家祥编校整理：《黄遵宪集》（上），天津人民出版社2003年版，第148页。

③ 钱仲联：《黄公度先生年谱》，《学术研究》1982年第2期。

④ 钱仲联：《人境庐诗草笺注》（上），中国青年出版社2000年版，第20页。

不可为，感身世之不遇。”① 又说：“诗以言志为体，以感人为用。”② 在诗的思想价值和审美价值上，他主张思想价值第一，审美价值第二。对于诗的社会作用，他从欧洲文学的发展中有所借鉴。黄遵宪创作新派诗的根本目的，还是在于为现实社会改良服务。他的作为，就是要找出一条通向社会发展的光明大道，彻底摆脱以“文以载道”为创作己任诗歌创作的束缚。

第三节　“西学墨源”的背后

一　墨子思想在晚清的复兴与再运用

沧海桑田，在历史上相当一个时期之内，历史与现实的距离，墨子的思想似乎与现实渐行渐远，而显得相当的隔膜。可是，在晚清，墨子思想为什么能够重整旗鼓、实现再次复兴呢？

几千年以来，在中国封建思想占统治地位的儒家思想，被历代统治阶级发挥得淋漓尽致。对于国人而言，儒家思想无异于罩在人们身上的一套精神枷锁。随着时代的发展，这种境况没有改观，而且有愈演愈烈之势。1895 年，外国帝国主义侵略的“坚船利炮”轰开了国人的大门，外侵加剧，丧权辱国，民族危机加深。欧洲列强的“坚船利炮”使中国“木船土炮”相形见绌的事实，迫使人们承认科学技术的重要性，“德成而上，艺成而下”的价值观念开始动摇。这一现实促使了一股奋发图强、自立救国的社会思潮的兴起。它与传统的“尊王攘夷”、圣圣相传的礼仪之邦的优越感相结合，形成了一种特殊的思想环境，也形成了激烈的思想交锋。“中体西用”便成为当时社会容易接受的社会思潮，墨学的

① 广东语文学会近代文学研究会等编：《黄遵宪研究》，广东梅州市印刷厂 1982 年印刷，第 72 页。

② 同上。

出现正是因应这一形势发展的需要，在清末民初再次复兴。在这种思想背景下，学者们试图从《墨经》中找到抵御近代科学技术武器的依据。孙诒让特别引俞樾的话："近世西学中，光学重学，或言皆出于墨子，然则其备梯备突备穴诸法，或即泰西机器之权乎。嗟乎！今天下一大战国也，以孟子反本一言为主，而以墨子之书辅之，傥是以安内而攘外乎？"这种看法道出了当时墨学复苏的一个主要原因。以现代科学精神为鉴，要求铲除儒家长期以来否定经学的主张。"墨子的复兴"本身带来了许多有识之士在思想观念上的另辟蹊径，几千年以来在思想领域中占统治地位的儒家思想从此受到冲击，也遭到社会的怀疑、批判。虽然一些旧的儒学家群起而攻之，极其诋毁之能事，但仍然阻挡不了历史的潮流。"墨学"成为一时"显学"。《墨经》重视科学技术，重视逻辑的思想，和当时传入的晚清科学文化可相互观照、相得益彰。那时中国治墨学者崇拜墨子、学习墨子的风气非常兴盛，从中吸取艰苦奋斗的优良作风。"赴汤蹈刃，死不旋踵"，他们效法墨子的"节用"、"尚贤"等精神。强烈的功利主义观念，与现代的科学思想本质上相类似，这也是其再兴的一个重要原因。

二　黄遵宪"西学墨源"的内涵与外延

在《日本国志》中，黄遵宪进一步论述了西学源于墨学的观点。西方政治、宗教、科技无不出自墨学："其谓人人有自主权利，则，《墨子》之尚同也；其谓爱汝邻如己，则《墨子》兼爱也；其谓独尊上帝保汝灵魂，则《墨子》之尊天名鬼也；至于机器之精，攻守之能，则《墨子》备攻、备突、削鸢能飞之余绪也；而格子之学，无不引其端于《墨子》经上下篇。"黄遵宪由此而推断，西方科学技术的发展、现代文明的出现，实际是中国墨学在西方化用的结果。他说：

> 余足迹未遍及欧洲，又不通其语言文字，未有考其详。顾余闻东西之人盛称泰西者，莫不曰：其国大政事、大征伐，皆举国会议，询谋佥同而后行；起荐贤授能，拜爵舒官，皆以公选；其君臣上下，无疾苦不达之隐，无壅遏不宜之情；其人皆乐善好施，若医学、义学，若孤独园，林立于国中；其器用也，务以便巧胜；其学问也，实事求是，日进而不已；其君子小人，皆敬上帝、怵祸福；其法律详而必行；其武备修而不轻言战。余初不识其操何术致此，今而知为用墨之效也。①

黄遵宪所说："吾读《易》至泰、否、同人、大有四卦，而谓圣人于今日世变，由君权而政党，由政党而民主，圣人不啻先知也……而谓圣人之贵民，重文明，重大同，圣人不啻明示也"②，张永春以此作为论据，认为"在黄遵宪看来，墨学几成西学的代名词。晚年的黄遵宪甚至认为，不仅西方科技思想的各个方面，如生物进化论、地球为宇宙中一星球学说早已由中国古人言及，而且西方人文、政治观念如民主早已略备于中国古籍之中"。

"西学墨源"即通过追寻西方文化探究的源泉，把西方现代文化与中国几千年以来的传统文化相互联系与对比审视，从而论证中国文化就是西方文化的渊源。中西文化本是同宗同源，从根本上说是一个不可分割的整体。作为一股思潮，长期以来它在中国晚清文化史上引起了广泛的争议。早在19世纪七八十年代，中国士大夫文人就抛出了这个论调，这种文化思想是中国洋务派作为反对守旧派的一个文化依据。如郑观应、朱一新、皮锡瑞、章太炎、唐才常、陈炽等，均从不同的层面与角度，论说中国就

① 陈铮编：《黄遵宪全集》（下），中华书局2005年版，第1399页。

② 同上书，第428—429页。

是西学的发源地，是西方文化的终极源泉，而黄遵宪是晚清最典型的“西学墨源”论说者之一。

“西学墨源”的背后，是以五千年华夏文明为根基作为文化底蕴的，以“中国文化中心论”来观照西方文明世界。具体地说，西器、西技、西政、西教中国古已有之，是从中国流传到西方世界，它们对中国传统文化进行吸收利用，并随着时间的推演而形成了自己的文化。客观地分析，“西学墨源”论是在19世纪末，中西文化碰撞的过程中，中国学习西方文化，并以西学为真理的情形下，维护中国文化的主体性、文化的自尊心而提出的。这反映了一种强烈的文化自觉心态，其背后是自觉地凸显民族文化的自尊与自信。

在晚清，西方文化的传入是伴随着枪炮而来的，它首先让中国士大夫有切身体会的是其所向披靡的科技文明——所谓的“坚船利炮”、“奇技淫巧”。对于这种科技文明的出现，人们试图从中国古文明中找到其依据，于是轻而易举地找到了中国古典科技宝典——《墨经》。清道光年间，邹伯奇的《学计一得》就明确地标举出“西学源出于墨子”，并很快成为维持自尊的需要，这种所谓的“文化范式”① 很快得到接受。黄遵宪不仅认为西方的科技包括声、光、电、化、天文、理算等均源自《墨子》，而且宣称西方的政治、宗教同样源自《墨子》。

黄遵宪作为一个学术型的政治人物，作为晚清重要的启蒙思想家之一，在接受西方文化的过程中，见之于《日本国志》中的这方面言论不少。可见，其在“西学墨源”思潮中有相当程度的影响。不过，黄遵宪的“西学墨源”说主要是他通过对日

① 参见全汉升《清末的“西学源出中国说”》（《岭南学报》1935年第2期）、王尔敏《中西学源流说所反映之文化心理趋向》（见其论著《中国近代思想史论续集》，社会科学文献出版社2005年版，第44—67页）。

本明治维新时期的文化传播的吸收，深入考察得出的结论，且这一思想起源很早。他在日本较多地接触西学之后不久，就产生了西学出自中学的看法，《日本杂事诗》中就曾详细地进行了论证。他说：

> 余考泰西之学，墨翟之学也。尚同、兼爱、明鬼、事天，即耶稣十诫所谓“敬事天主”、“爱人如己”。此外，化学、重学（引者按：今译力学）、算学、光学均出自《墨子》，《韩非子》、《吕氏春秋》备言墨翟之拔（引者按：此字误，当作技），削鸢能飞，非机器攻战所自来乎？古以儒、墨并称，或称孔、墨，孟子且言天下之言归于墨，其纵横可知。后传于泰西，泰西之贤智者衍共绪余，遂盛行其道矣。①

他还认为：

> 地球浑圆、天静地动之说，电气、机器，天文、算法、几何、火器等学说技术，“凡彼之精微，皆不能出吾书。我引其端，彼竟其委，正可师其长技。今东方慕西，学者乃欲舍己从之，竟或言汉学无用。故详引之，以塞蚍蜉撼树之口”②。

在谈到明治维新的时候，正如黄遵楷（黄遵宪之弟）所说：“当是时，日本醉心欧化，而实际贸易超人，金钱流出，上下交困，民不聊生；西乡隆盛遂率国人有请清君侧之举。迨事平，我

① 黄遵宪：《日本杂事诗》卷1，原本第五十一首自注，光绪五年（1879年）同文馆集珍版，第23—24页。

② 同上。

公使即莅其境。其时鄙夷汉学，唱废汉学之风说日炽。先兄与其国士夫游，每谓日本维新，伟成明治中兴事兴者，实赖汉学尊王攘夷之说以成之，何可废！闻者翕服，至今犹道弗衰。”[①] 黄遵宪认为：“余尝以为泰西格致之学，莫能出吾书之范围。”[②] 指出被时人认作新学问的西方现代自然科学几乎全部出自中国古籍之中。同时也认为应当学习西方的优长之处，但不可放弃中学这个安身立命的学术本源。

正如当初办《时务报》的观点一样，黄遵宪认为“西报中源说”。而这一曲折的思路在当时十分普遍，那是为什么呢？

面对西方涌入的各种新奇事物、思想怀有“天朝圣明”观念的守旧者在考证自己的老祖宗的时候，认为他们早就有那些玩意儿了；而一些趋新者，也利用西物中源说，来打消人们心中对西方“新”事物的拒斥，为其改革扫清路障。黄遵宪在《日本国志》中说：“余讨论西学，其立教源于墨子，吾既详言之矣。其用法类于申韩，其设官类于周礼，其行政类于管子者，十盖七八。若夫一切格致之学，散见于周秦诸书者尤多……西人之学未有能出吾书之范围者也。”[③] “正当考求古制，参取新法，借其推阐之妙，以收古人制器利用之助。乃不考夫所由来，恶其异类而并弃之，反以通其艺为辱，效其法为耻，何其隘也。”[④] 在此不难注意到黄遵宪思想的前后一贯性，而且越到晚

① 吴振清、徐勇、王家祥编校整理：《黄遵宪集》（上），天津人民出版社2003年版，第803页。

② 钱仲联辑：《人境庐杂文钞》（上），《文献》第7辑，书目文献出版社1981年版。

③ 黄遵宪：《日本国志·学术志一》（汉学·西学）卷32，天津人民出版社2005年版。

④ 同上。

年，其观点显得越加坚定。其实这种观点很具典型性，是当时国人的普遍观念。①

那么，黄遵宪为什么自始至终抱着“西学墨源”的观点不放，其后隐含了哪些深层的文化意义呢？

黄遵宪关于西学源于中学的文化主张，自从他出道到日本起，一直坚持到晚年，而且随着时间的推演有所深化。不仅西方自然科学的许多方面，如以“生存竞争、优胜劣败”为核心的生物进化论、类人猿为人类祖先的学说、地球为宇宙中一圆球之学说等，早已备于中国。而且，西方社会人文科学的一些内容，一些现代传入中国的新观念，如人类社会的发展遵循由君主制变为政党制，再由政党制变为民主的过程，民主观念，也早已略备于中国古籍之中。

黄遵宪十分推崇沈括及其《梦溪笔谈》。《梦溪笔谈》以多于1/3的篇幅记述并阐发自然科学知识，在黄遵宪看来，此书就包含着西方现代自然科学的基本内容，而且全部是沈括的创见和心得。他曾认为：“力学气学，已见于佛经矣。”② 他关于西学源于中学的思想在罢官乡居时，曾与梁启超的书信中说得更清晰、集中而充分。他详细地论述道：

> 吾读《易》至泰、否、同人、大有四卦，而谓对人于今日世变，由君权而政党，由政党而民主，圣人不啻先知也。……而谓圣人之贵民，重文明，重大同，圣人不啻明示也。……大象明白之曰：“先王以建万国，亲诸［侯］，自天佑之。”击（引者按：此字误，当作系）辞曰：“履、信、

① 参见李开军《论黄遵宪的报刊思想》，《东岳论丛》2005年第2期。

② 黄遵宪：《人境庐诗草》卷9，载《己亥杂诗》第五首自注，商务印书馆1931年版，第5页。

思顺、尚贤。”非民主而何？……所尤奇者，孔子系辞曰：“方以类聚，物以群分，吉凶生矣。”此非生存竞争、优胜劣败之说乎？“在天成象，在地成形，变化见矣。”此非猴为人祖之说乎？试想此辞，在天地开辟之后，成男成女之前，有何吉凶而生变化，而形象乃以成。达尔文悟此理于万物已成之后，孔子乃采此理于万物未成之前，不亦奇乎？往严又陵以乾之专直，刊之翕辟，佐天演家质力相推之理；吾今更以此辞为天演之祖，公闻之不当惊喜绝倒乎？二十年前客之罘，与李山农言及孔子乘桴浮海，欲居九夷之奇。山农谓孔子虽大圣，然今之地圆，大圣亦容有不知。余曰：“固然。然《大戴礼》已有四角不掩之语矣。且孔子即不知地圆，而考之群经，实未尝一言地方也。”山农大笑，今并举以博一粲。若谓以西学缘附中学，煽思想之奴性而滋生之，则吾必以公为《山海经》之山膏矣。[①]

纵观黄遵宪的一生，他是一位彻底的“全盘墨化”者，当然带有明显的牵强之说，把墨子之学视为西方国家的立国之本。他以《墨子》的古老概念来诠释西方文化，将《周易》比附于西方政党政治，将《系辞》的“方以类聚，物以群分”比附于达尔文“生存竞争、优胜劣败”的进化论，就是犯了梁启超所说的“以西学缘附中学，煽思想之奴性而滋益之”[②] 的毛病。黄遵宪认为，所谓“自由权利”、“平等博爱”与墨子的“尚同”与“兼爱”没有本质区别，追根溯源，它们正是来源于墨家的

① 北京图书馆善本组整理：《黄遵宪致梁启超书》，载《中国哲学》第8辑，三联书店1982年版，第396页。按：“［侯］”字为笔者据文意所加。此段文字，原标点多有未当，笔者已调整改正之。

② 参见黄升任《黄遵宪评传》，南京大学出版社2006年版，第498—499页。

思想。西方社会尊崇的耶稣教、天主教，无非“尊天”、“明鬼”；西方社会先进的科技工艺，无非本于《墨经》。黄遵宪在国外有十多年的历练，亲眼所见、亲耳所闻的事情很多，这是其优势所在。对于事情的理解很有见地，一一加以评判。但由于对外语的学习不够系统，严格训练也不多，道听途说。因此理解水平相对有限，尤其涉及比较高深的理论时，对其思想精髓的体察不够深入。加之中国的语言习惯和思维、文化的定式，对西方文化的判研不尽准确。和中国的封建士大夫、文人一样，由于自大狂妄的中国文化中心论的影响，当他们一接触西方文化的时候，就有意无意地带有一种盲目排斥的心理。这种心理直接影响了他们对外来文化的吸收，并体现在黄遵宪的身上有惊人的相似之处。他对西方文化、科技思想的了解，还有待上升为理性的高度。“西学墨源”论，在一定程度上反映出黄遵宪思想的局限性。

黄遵宪的“西学墨源”论，他所谓的西方文化并未超出中国传统文化范畴，但是他并不排斥西学中的某些值得学习借鉴的优长之处，这就是他的可贵的地方。这是黄遵宪从出使日本时期即已开始探索，欧风美雨十多年，接受西方文明的洗礼，他依旧不改初衷，毕生秉持着这个信念。如同其他“西学中源”论者一样，黄遵宪持这一观念，实际上是在文化意识驱动下，以中国文化为本位对西方文化做出的一种带有很大误读成分的解释。

黄遵宪把当时日本的高等学校的学制、专业详细介绍给中国人民，目的是说明它对国计民生有用，值得中国借鉴。黄遵宪在介绍西方的自然科学时，通过长篇小注，论证它来源于中国古代的“墨翟之学”，对日本“不知尽是东来法，欲废儒书读墨经”深感惋惜。这种有些牵强附会的观点，体现了当时中国士大夫某种程度的狭隘心理。不过，它客观上则可以提高中国知识分子的民族自信心，减少变革的阻力。

黄遵宪始终坚持“西学中源”说，这种思想根源当然使他对西方思想文化的深刻认识不够，即使这样，并不能表明他在文化上是一个闭关自守者，恰恰表明，黄遵宪在固守国人优良传统文化的基础上，并非盲目排外，而是善于注重向西方学习，他之所以这样做是有其良苦用心的。

黄遵宪坚持“西学墨源”说，其目的是为了更好地学习西方的文化，使之“用夷变夏”，洋为中用。为什么这样说呢?

在黄遵宪看来，中国之所以落后于西方，其主要原因就是不注重“实学”，务虚之风盛行。正因为如此，他一针见血指出：

> 百年以来，西国日益强，学日益盛，若轮舶，若电线，日出奇无穷。臂之家有秘方，再传而失于邻人，久而迹所在，或不惮千金以购还之。今轮舶往来，目击其精能如此，切实如此，正当考求古制，参取新法，借其推阐之妙，以收古人制器利用之助。乃不考夫所由来，恶其异类而并弃之，反以通其艺为辱，效其法为耻，何其隘也!①

既然西学源于中学，而如今西学日益昌盛，所以对于西学应该究根究底，而不能把西学作为异类加以排斥，使之“反以通其艺为辱，效其法为耻”，并认为这是非常愚蠢的。黄遵宪坚持“西学中源”说就是要赶跑在容纳西学前进道路上的这只拦路虎。

黄遵宪“西学墨源”思想有很大的影响。以至于进入“五四”时期，这种观点达到一种兴盛的阶段。墨子的观点与“五四”精神不谋而合。胡适用西方的价值观念来改写中国的历史，

① 参见张永春《黄遵宪与晚清西学墨源论》，《江汉论坛》2009 年第 7 期。

以西学为范式来整合“墨学”，代表了这一时期墨学的研究方向。他认为西学在中国具体表现为：算学、光学、力学、心理学、人生哲学、政治学、经济学诸科学，要建立一个新文化系统，既不能只靠输入外部文化，也不能靠古代文化的复活。这种思想观念可以在黄遵宪的思想体系中找到路径。“五四”精神以民主科学为核心，这正是思想家阐释过、革命家实践过的东西。“西学墨源”为西方科学在中国的具体应用，促进了西学传播的“中国化”。

黄遵宪的“西学墨源”论，显然与其特殊的文化背景密切相关。以中国文化为中心，进而对西方文化的认识存在不少有意无意的误读曲解成分，时常将西学附会到中国传统文化的某些方面来。黄遵宪对西方文化的了解、体认限于形而上学的层面，缺少实事求是的客观态度。对于这种心态，黄遵宪不是没有怀疑过，但是本位主义的“中国文化中心论”又使他以一种居高临下的文化心境，俯视西方文化的各个层面，这也触及他文化心理结构深层的矛盾和困惑，也表现了以黄遵宪为代表的晚清士大夫知识分子，在思想文化上存在一定的矛盾与局限。

值得注意的是，与“西学墨源”相对应的是“中学西源说”，它是19世纪末西方的传教士开始来华传教而首倡的，他们在西方人主办的《万国公报》发表了“中学西源”的论文。“中学西源”说企图以征服者姿态压制中华文化，使之全面接受西化，使西方文化成为主导文化。这种说教曾经风行一时。它与“西学墨源”论展开激烈的交锋，也是中西文化从晚清到现代势力较量下的产物。无论“西学墨源”还是“中学西源”，这两种主张都是以其本位文化为中心，都具有一定的片面性与可蒙蔽性。

黄遵宪的“西学墨源”说是一种“以复古求西学”的理论形式，它与日后康有为在政治改革方面提出的“托古改制”理论是相通的。这种理论形式在当时的中国为西学的传播起到了一定的作用：一是指出西学为中国古代已有之物，用不着去排斥它，于此，“某种意识便无形中除去”①，西学便容易为中国士大夫所接受，这是为西学东渐减少阻力的最好方式；二是西学源出中国，说明中国人的聪明才智不下于西方人，中国人在学习西方文明之时，不能因此而妄自菲薄，中国超越西方并非没有可能。这种理论，自然使国人的民族自尊心得到一定程度的满足，为西学东渐打开方便之门。同时，从受文化侵略的弱势文化来说，“西学墨源”说蕴意着中华民族本土文化学说对于西学的抵制和捍卫本民族文化的主导地位的努力。它是一种民族文化中心论思想的传承，也具有相当程度的局限性。②

第四节 现代文化意识的视野与价值取向

现代文化意识的核心是相对于传统文化中长期形成的愚昧、狭隘、保守而言的，它主要是指描写和表现对象时所流露出的视野与价值取向。在晚清向现代社会的转型期，它的形成是一个为崛起民族之精神，摆脱民族危机，在中西思想文化碰撞下对传统文化逐步扬弃而催生现代文化意识的新质，由新文化觉醒到新文化茁壮成长的艰难过程。在这转折过渡的枢机中，晚清到现代文化意识格外地呈现了新旧同异、错综交织的历史落差。黄遵宪现代意识的视野与价值取向主要表现为：一是对人生观、世界观的认识；二是对明治维新的理解；三是对诗歌创作的思想审美。

---

① 全汉升：《清末的“西学源出中国说”》，《岭南学报》1935年第2期。

② 左鹏军：《黄遵宪与岭南近代文学丛论》，中山大学出版社2007年版，第69页。

黄遵宪从小就是一个头脑清醒、思维敏捷、关心时事、胸怀大志的读书人。他饱读诗书，对中国传统文化儒、道、释诸家都有较深的了解。一生践行顾炎武、黄宗羲、王夫之的“经世致用”之思想。表现了不同于一般封建知识分子的胸襟和气概。“要抟扶摇羊角直上九万里，埋头破屋心非甘。”① 作为一位出使日本的外交官，其刚出国时的心情是自信甚至是自负的。这不仅源自对自己所做人生抉择的自信与自负，更是出自对中国文化的自信与自负，尽管带有某种程度的盲目性。随着视野的空前开阔，日本的强大与新生让年轻的他受到强烈的刺激。“这样的心理危机并没有持续很久，却是相当值得重视的，它表明黄遵宪在初步接触到一种异质文化时的心态，透露出他当时价值系统、信仰系统中矛盾的困惑和文化选择时的无所适从之感……”② 由此，其文化价值的取向，也因此发生了转变。这标志着他开始直接了解并进而接受西方思想文化的新阶段。

“聚而观人之国见其习俗风气为耳目所未经，则惊骇叹咤或归而告知诸友朋以为笑谑，人之观吾国亦然。”③ 比较是精神的习惯，是一种思维方式。每个人在思维的时候离不开比较，否则就无法认识事物的特征。在两种截然不同的文化环境中，经常会在精神上遇到两种文化的冲突，这就不可避免地要将双方加以对比鉴别，而风俗的比较则是最直接也是最容易产生的，黄遵宪可以说是一个典型。中西文化比较成了他一种思维习惯和癖好。他要探讨西方文化，谋求国家发展。更有理论意义的是黄遵宪探讨

① 陈铮编：《黄遵宪全集》（下），中华书局 2005 年版，第 81 页。

② 左鹏军：《黄遵宪的中西文化观与文化心态》，载《黄遵宪与岭南近代文化丛论》，中山大学出版社 2007 年版，第 62—63 页。

③ 黄遵宪：《日本国志·礼俗志一》卷 34，上海古籍出版社 2002 年版，第 351 页。

中西文化二者结合的前景问题，大量吸收西方文化的优良部分是现代中国历史发展的客观需要。在黄遵宪看来，具有如此悠久历史和优良文化传统的中华民族，难道不应该在发扬本民族优良的传统文化的同时，并使二者结合，形成既有时代进步内容，又有本民族特点的新文化吗？例如，他对中国（特别是客家）妇女在受教育上不能与男子平等的风俗颇有不满。他说："询英、法、美、德诸女子，不识字者仅一二，而声名文物之中华，乃反异于是。"① 黄遵宪的妇女观乃至他的全部思想，一端与中国传统文化相连，一端又与现代西方文化的前沿相接。因此，其"妇女观"表现为新与旧、进步与保守、积极与消极、精华与糟粕等对范畴的纠缠与杂糅，是一种充满矛盾的复杂综合体。正是这种处于过渡状态的思想观念，使人们看到了黄遵宪及其同时代的知识分子在中国由晚清到现代文化转型时期的抗争与拼搏，看到了他们真切的思想与坚强的人格。其折射出在中国现代文化过程发展中的某些特有的现象和文化走向，以及这种走向在中国文学现代转型中的深层表现。其在"五四"时期和整个新民主主义阶段之所以一再被争论，就因为它关系到我国文化的方向和民族的根本出路，至关重要。这也说明，黄遵宪的忧患意识却并未导致悲观。相反，他在一种多难兴邦的紧迫感中振奋了自己和同时代改革者的心弦。他从新的文化参照中看到了光明和希望，看到了新时期未来的曙光。

对于日本的明治维新的态度，黄遵宪也有一个逐步深化的过程。这种态度的不同，在他出使日本前后十分明显。随着了解研究的深化，明治维新的意义日益凸显出来。面对民族危机，他虽有"经世"之志，"变法"之想，却既无具体内容，

① 吴振清、徐勇、王家祥编校整理：《黄遵宪集》（下），天津人民出版社2003年版，第389页。

又无明确方向。但初到日本一片新景象的感受，很快引起他对这个“宋以前皆通中国，朝贡不绝”的岛国深深思索，由此开始了他对日本社会历史和现状全面的了解研究。黄遵宪之前陈其元写过《日本近事记》，对西方文明冲击下的日本社会有所反映，却是以一种排斥的心态指责明治维新，对日本明治维新加以讨伐，从而达到否定的目的，这种心态本身就有问题。而黄遵宪对明治维新则持肯定而赞扬的态度，他以平等开放的文化眼光评价西洋文明对日本历史现代化的促进。其相反的基本态度背后所表现的，正是两种文化意识的差别。他认为，中学西学各有千秋，相互之间可以取长补短。黄遵宪认为，向新生的日本学习、引进西学是相当必要的，同时，也特别重视日本明治维新对民俗文化作用的建设。日本明治维新以后，大量吸收先进技术和管理经验。与此同时，让传统民俗文化在现代生产领域得到发展，形成企业内部上下一致、积极向上的管理特色，为经济腾飞创造了条件。① 黄遵宪试图把这种民俗文化介绍到中国，并使其在实践中加以运用。

黄遵宪现代文化意识的视野和价值取向，尤其表现在他诗歌创作的思想审美方面。如果说黄遵宪描写日本的创作集中揭示了明治维新为蓝本的变法主张及其内容、方式的话，那么，他使任美、英、新加坡前后创作的一批名篇大章从不同题材、不同角度的描写中，渗透了强烈的“自强”意识。《罢美国留学生感赋》对清廷竟决定“将留学生一律撤回”的鼠目寸光“万感心伤悲”，指出为挽救民族危机，呼吁造就人才以为自强之本。《逐客篇》追溯华人在美国筚路蓝缕、艰苦创业的历史，严厉控诉美国当政者，“但是黄面人，无罪篣掠”的排华罪行。他面壁呵

① 参见邱国珍《执政党必须重视民俗文化建设》，载《江西师范大学文学院建院60周年纪念·学术论文集》，江西高校出版社2000年版，第341页。

斥："芒芒问禹迹，何时版图廓？"那自强图存意识的郁勃，清晰而有力。尤其是皇皇两千余言的五言长诗《锡兰岛卧佛》，更鲜明地揭示了弱肉强食、唯当自强的爱国主题。既用近代科学知识和进化论学说指出佛教的荒唐误国，又引文明古国相继沦亡为例，揭示当今世界欺弱怕强、落后挨打的事实。引文明古国教训，希望自己的民族能够振作自强，抗敌御侮，以期自立于世界民族之林，其强烈的爱国主义精神随着这一命意的推演喷薄而出。这恰恰体现了黄遵宪"经世致用"的文学理念。当然，不能孤立地看待黄遵宪这种"经世致用"的文学思想和民族精神。它不仅表现为爱国主义的进步内容，而且表现为更深的心理层次上，还意味着对文学社会性的特殊强调。实际它已涉及一个极其严肃的命题：为人也好，为文也好，都意味着把对国家、对民族、对社会的责任感在作家自己的肩头承担起来。正是这一点，为后来的进步文学家所珍重，并永远在中华民族的文学思想史上闪耀光辉。

鸦片战争的诗歌没有也不可能提出明确的反封建的任务，大部分的揭露抨击很大程度上是一种"怒其不争"的情绪显现。但是晚清至现代是一个反封建新质逐渐生成和封建主义旧质逐渐死亡的发展过程，而且趋势不可逆转。黄遵宪的诗歌对封建统治的揭露抨击，至少是反封建新质生长的开始。自强的起点是自省，着力于自弱的体认，必须以承认传统文化的落后性与西方文化的先进性为逻辑前提。这无疑需要打碎"华夏中心主义"的古老梦幻，抛弃保守、自大、排外的狭隘民族心理，拥有一种开阔的世界文化视野、文化意识和文化眼光。《日本杂事诗》的创作，其动因之一，即以先觉者的文化视野痛感于传统士大夫的愚昧、保守、自大而力图警顽启愚。

历史的车轮滚滚向前，人们早已进入 21 世纪。面临新的历史时期，大量吸收外国进步文化与总结发扬本民族优秀文化遗产，都具有空前优越的条件。在中外文化交流的过程中，对于中西文化二者关系的不同意见又会不断地提出来。显然，黄遵宪的论述，应是深入讨论中一份有积极意义的思想资料[①]。

① 参见陈其泰《黄遵宪与中西文化论争》，《河北学刊》1989年第3期。

第二章　书面语变革的最早诉求

第一节　从感性到理性

从文化的角度而言，一个民族文化的基本载体是语言与文字，它们是传播民族文化的最基本的手段。人类文字出现之前，民族文化仅仅依靠口头语言（口语）得以传承；文字一旦形成，则书面语随之产生，它就成为传承文化的另一载体。时至今日两种传播媒介互相依偎、互相发展。“一个国家的语言文字，是经过这个国家自太古之时‘由个人相群而成家族，家族相群而成社会，社会相群而成国’这一漫长的历史过程而形成的。在语言文字的基础上，又‘演而为特别之礼俗政教’①。也就是说，语言与文字是一个民族、国家形成和发展的历史产物，是一个民族、国家的礼俗、政教存在的基础。从功用层面说，中国的语言文字是中国人用以‘宣达职志，调畅性情’的工具，若改用他国文字，则‘上不足以明学，下不足以道情志’……”② 实质上，语言、文字的关系也就是口语与书面语的关系。书面语对口语的发展有重要的作用，但是不能同口语过于脱节。在人们的交际当中，口语是主要的，它比书面语更经常、更活跃。书面语和口语相比较，处在发展前沿、起主导作用。不可否认，汉语的文

---

① 姚光：《国学保存论》，社会科学文献出版社 2007 年版，第 187 页。

② 汪林茂：《晚清文化》，人民出版社 2005 年版，第 112 页。

言文产生，对民族文化的传播曾经有过贡献，文言的书面语（包括用文言写成的文学作品）在很长一段历史时期是主流、正宗。但是，从文言到白话是书面语发展的必然趋势①。

中国白话文到了“五四”时期，业已取得巨大的成功。20世纪中国文学在艺术形式上根本不同于古代文学的最显明的标示，在于白话文取代了文言文而成为中国现代语言、文学的正宗。当人们回忆这段历史时，啧啧称赞于“五四”白话文运动的得力干将：胡适、陈独秀、鲁迅、刘半农、周作人诸先贤在“五四”白话文运动中所展示的个人魅力及其所做出的历史功绩。尤其是胡适，因“五四”白话文的盛行而名噪一时。但是，人们却淡化或遗忘了那些曾经为“五四”白话文运动进行艰难铺垫而做出了巨大贡献的先驱们。“五四”白话文并非无源之水，无本之木，而是由历史传承而来，其源有自。

那么，“五四”白话文作为正宗的书面语是在什么背景下产生的？它是如何发展与演变的？它的源头活水在哪儿？据事实以立论，追本溯源。笔者认为，对于中国“五四”白话文的研究，历史不能不记住这位先驱——黄遵宪。

一　言文相“离”的焦虑

语言、文字作为信息传递的文化工具的这一地位，决定了语言、文字的一致化是中国现代文化启蒙运动最基本的任务。中国虽有五千年的文明史，但这种“文明”却伴随着深度的贫穷与落后。在人口众多、幅员辽阔的中国，要摆脱这种困境，唯有从思想启蒙开始。在文学领域，落实到具体的问题上就是如何协调和提高普通百姓的听说读写的能力，口语与书面语的协调就显得

① 参见于根元《二十世纪的中国语言应用研究》，书海出版社1996年版，第44页。

相当重要。如果离开了这项最基本的任务，任何启蒙工作都只能是徒劳。

书面语是文字发明以后才出现的，它是基于口头语言的发展。书面语走过了从口语—文字—书面语的漫漫长路，它的最后形成，标志着人类文化的发展得到了长足的进步。长期以来，中国书面语和口语处于分离状态。直到先秦时代，书面语言大体是经过提炼的规范化的口语。文言文是以中原先秦口语为基础的书面语，也就是说并不是特造的书面语，在当时与口语差别并不大，基本可以称得上“言文一致”。先秦时期，包括《论语》，都是当时的人们口语的记录。比如“之乎者也”等文言文，现在看起来完全是书面语，而在当时是口语。自汉代开始，文学语言似乎渐渐地离开了口语而孤立独行，向着文字型语言方向发展。辞赋堆砌古文奇字，指意模糊。王充在《论衡·自纪篇》里率先对此问题进行针砭。自南北朝至中唐，骈偶之风盛行，甚至以古语代替今语。六朝时期，散文中衰而骈文盛极一时。其追求声律、对偶，辞藻华丽和句式整齐的形式主义风尚，已成为反映现实生活和表达思想感情的桎梏。刘知几《史通·叙事》评价说：“其为文也，大概编字不只，捶句皆双。修短取均，奇偶相配”，“假托古辞，翻易今语”；“口不能言，有数存焉于其间”①。书面语言的文字达到了极端的程度。唐代韩、柳变骈为散的“古文运动”掀起革新文学语言的波澜，在古代散文之基础上创造发展，形成了一种富于逻辑与规范性的文体。韩愈主张作文“言必己出”，“务去陈言”，学习古文“师其意不师其辞”，反对剽窃，强调语言的创造性，又力求“文从字顺”，这都很有意义。但是，这个运动只是在士大夫、文人之间展开，并没有广泛地深入民间，老百姓受益甚少。随着韩、柳逝去，倡导

① 刘知几：《史通·训故》卷6，明万历刻本，第70页。

古文之风便不了了之。宋代平话、元代戏曲、明清小说这类通俗文学的兴起，长期受到轻视，被认为是不登大雅之堂的东西。自明代始，一股逆潮流而动的复古之风又悄然兴起。统治阶级为一己之私，为巩固其集团之利益，不惜采取愚民政策。一些官僚文人也为了讨好当权者，在散文领域又掀起前后七子的复古运动，前后七子的文学主张基本相同，后七子继承了前七子的衣钵，有过之而无不及，他们互相标榜，复古主义极端严重。声势大、门户广、时间长。强调“文必秦汉，诗必盛唐”，主格调、讲法度。清代诗坛上也是摹古之风盛行，士大夫文人埋头于义理、考据于辞章之间，诗歌创作玩味典雅，以至于同时代的人要先弄清古语，才能读懂当代人所写的文章。口语不断丰富变化，而书面语则一成不变，这导致了下层百姓被隔离于文字之外。中国文化发展到晚清，更加呈现了一种衰颓的状态，文学诗歌的拟古主义和形式主义的风气到处弥漫。宋诗派代表人物翁方纲提出以学问为诗，“同光体”诗人更是标榜“杂凑模仿”，把诗看作是相隔尘世、远离人生的“寂者之事”，极其沿袭、剽窃之能事。诗歌创作陷于陈陈相因、一味模拟古人的陈词滥调之中，毫无新鲜之感。即使文坛偶有新鲜空气的散发，如先知先觉者龚自珍、魏源等看到了传统诗歌末流的弊端而提出不要蹈袭前人的主张，但仍旧隔靴搔痒，没有实质性变化。他们始终未曾想过从理论的高度，用一种新的语言表达系统来取代文言的表达，更不用说在中国广大的范围内掀起一场轰轰烈烈的白话文学运动了。当然，它的形成离不开内在与外在之因。清末社会剧烈动荡、文化急剧衰颓是社会历史的外在之因；诗歌语言艺术发展的固守与停滞则是内在之因，而文言的表达方式及其与变化的社会审美需求的矛盾则是其中的一个重要方面。面对这种强大的社会顽固势力，人们似乎无能为力。

另外，在几千年的中国封建小农经济社会中，由于小农经济的相对独立，相互之间的交流不多，“鸡犬之声相闻，老死不相往来”，对信息传递的需求非常低，人们对它的依赖性不大。也由于专制政治的需要，文字在很大程度上被封建贵族、士人所垄断。他们采取愚民政策，老百姓丁字不识，越“盲”越好。正如启蒙主义者所批评的，在传统社会中，“文字之于民生，尊而不亲”。从而将文字视为贵且雅的“圣物”。

因此，中国文言业已僵化。诗歌文言与日常生活语言是不对应的。在物质文化与精神文化越来越发展的社会，文学已经无法满足诗人们创作的需要。

> 发展到晚清，它最大的缺陷就是书面语与口语语言的严重脱节，书写语言完全在文人和官方系统内自我恶性循环，不能分得大社会流通言语的活力。反映在诗歌上，只在意象的密集、格律的严格、典故的运用及诗眼的推敲上做文章，诗更根本、更内在的要求忽略了。①

不仅是诗歌上的问题，“文言文”整个陷入与当代经验相隔绝的境况。

精神文化不能满足人们的需要，物质文化因精神文化的遏制也得不到发展，文言成了阻碍中国社会发展的绊脚石，而扫除这个绊脚石是大势所趋、人心所向。在汉语与对于“现代”的言说诉求之间，“文言文”不得不面临被改革的命运，要么就是“文言”能够成为意义流畅的管道，要么就让位于新的能够适应“现代”的汉语书面语。而且科学的发展、社会的进步是占绝大多数人的努力而形成的。文字是获取知识的工具，表达和交流思想的媒介，文字的普及势在必行。所以，对中国语言文字改革应

---

① 王光明：《面向新诗的问题》，学苑出版社 2002 年版，第 170 页。

该首著先鞭，势必成为社会改革的一个重要组成部分。

正像其他各项文化启蒙工作一样，中国的启蒙主义者是从中西间贫富强弱之差距和原因的探讨中看到文字改革及识字普及工作之重要性的。“西国识字人多，中国识字人少，一切病根，大半在此。”“白种之国，男女识字者多过十之九，少亦几十之二。”而在中国的情形很不乐观，“计今之识字者，男约百之一，女约四万得一”。[①] 而所谓“识字者多”，已包含着有识之士一个文化观念的根本转变——关于文字功能的新认识，国强民富依赖于此。文字的享用不分阶级、不分高低贵贱，不是少数人用来装潢自己的筹码，不是封建士大夫、文人享用的专利，仅局限于表达士大夫们古老而玄虚的悠悠之情感，占中国绝大多数的老百姓从中更应得到享用。“智睿理解犹电也，文字犹传电之器也。”[②]

正是从这一思想观点出发，有识之士提出了两个为文化启蒙服务的主张：一是文字必须走出贵族的圈子和士人的书斋。在实际运用中，它是一个普及—提高—普及的过程。应当把文字交给大众，像欧美各国一样，使“农夫贩竖、妇人孺子”[③] 都能够运用交流。二是文字必须改革，朝着从繁杂到简易的方向发展。至19世纪末，文字的不变与社会的激变构成一对尖锐的矛盾，“如峨冠博带，古物庞然”的古老文字与快速飞驰的火车、轮船形成强烈的反差。尤其是在中西参照中，许多人看到了中西文字的不同存在阶段，好坏优劣十分明显：“中外相形，中国不啻羲皇上人。最绌者文字一学，泰西切音，中国象形故也。”[④] 而且中国文字“计字体四万九百余字，士人常用者惟四五千字，非读

---

① 胡珠生编：《宋恕集》，中华书局1993年版，第16、135页。

② 郑振铎编：《晚清文选》，上海生活书店1987年影印本，第522页。

③ 同上书，第520—522页。

④ 沈学撰：《盛世元音》（拼音文字史料丛书），文字改革出版社1956年版。

十三经不得聪明，非十余年功夫不可。人生可用者几次十年？因是读书者少，融洽古今、横览中外者更少”；而泰西文字，其法甚为简易，“以二十六母相生，至于无穷，中人之才，读书数年，便能诵读挥写，故通国男女，鲜不学之人”。[①] 26个字母拼合相生，与4万余“峨冠博带”文字的记诵书写，其难易繁简不言而喻。

文字的简化，可以使更多的人读书识字，这对于文化的启蒙相当重要，它符合社会发展潮流。

黄遵宪早在1868年就发现了“古文与今言”之间所存在的疆圉，并对这种人为的隔离表示强烈的不满。他根据对日本从文字到文学改革的经验教训的总结而开始注意到中国文言不一的问题。有诗道：“不难三岁识之无，学语牙牙便学书。春蚓秋蛇纷满纸，问娘眠食近何知？”[②]“联袂游鱼逐队嬉，捧书挟策雁行随，打头栗凿惊呼谟，怅忆儿童逃学时。”[③] 前首诗歌用非常形象化的语言描绘，旨在说明日本的片假名拼音文字，语言与文字的一致，通俗易懂，学起来比较得心应手，即使少年儿童也能很快地运用它与父母交流。后一首诗歌则描绘当时日本学习西方创办幼儿教育，能够很好地适应儿童发展。小孩子天真活泼，过着无忧无虑的生活，身心都得到发展。睹物思情，作者不由回忆自己的孩童时代，那种难懂枯燥的文字学习，怎么不能使孩童逃学呢？[④]

---

① 王炳耀撰：《拼音字谱》（拼音文字史料丛书），文字改革出版社1956年版。

② 吴振清、徐勇、王家祥编校整理：《黄遵宪集》（上），天津人民出版社2003年版，第29页。

③ 广东语文学会近代文学研究会等编：《黄遵宪研究》，广东梅州市印刷厂1982年印刷，第139页。

④ 参见广东语文学会近代文学研究会等编《黄遵宪研究》，广东梅州市印刷厂1982年印刷，第139页。

中国语言文字存在着种种缺陷，如方言歧出纷纭，口头语言与书面语言不统一，语言呈萎缩、僵化之象，以及难认、难写、难知等，在时代的发展面前，它落伍了。《日本国志·学术志》：

> 文字者，语言之所以出也。虽然，语言有随地而异者焉，而文字不能因时而增益，画地而施行；言有万变，而文止一种，则语言与文字离矣。居今之日，读古人之书，徒以父兄师长递相授受，童而习焉，不知其艰。苟迹其异同之故，其与异国之人进象胥舌人而后通其言辞者，相去能几何哉？……余闻罗马古时，仅用拉丁语，各国以语言殊异，病其难用。自法国易以法音，英国易以英音，而英法诸国文学始盛。耶稣教之盛，亦在举《旧约》《新约》就各国文辞普译其书，故行之弥广。盖语言与文字离，则通文者少；盖语言与文字合，则通文者多，其势然也。……①

此外，黄遵宪后来在《梅水诗传·序》中，以客家话的来源与发展为例，认为客家话源于中原古音古韵，在嘉庆道光年间文风最盛时期，几乎人人能作诗，就是语言与文字相结合，利于普及通行的一个最好的例证。他认为言文分离是中国文学衰微的重要原因。而这个问题要得到解决，简化汉字、变革文体、创造新字是重要的手段。黄遵宪的思考，有力地推动了后来之人关于此问题的探索。在此之后，有宋恕等人的“造切音文字”的主张；谭嗣同“改象形字体为谐声”的主张；梁启超的将言、文问题直接视为形音问题的观点；直到1898年，裘廷梁在《论白话为维新之本》一文中提出“崇白话而废文言”、“白话为维新之本”等口号。

① 陈铮编：《黄遵宪全集》，中华书局2005年版，第1419—1420页。

在黄遵宪看来："中国文字多有一字而兼数音，则审音也难；有一音而具数字，则择字也难；有一字而具数十撇画，则识字也又难。"他对广大人民长期处于受不到文化教育的愚昧状态深表同情，以及对封建时代只有少数人才有条件接受文化教育的状况深表不满。据此，他提出了改革中国文字以求简化和通俗化的要求："欲令天下之农工商贾妇女幼稚能通文字之用，其不得不于此求一简易之法。"① 戊戌变法以后，黄遵宪被革职还乡，"穷且益坚，不坠青云之志"，政治的失意，更加唤起他对文学革新的希望。他在文学领域改革的决心自始至终没有放弃，即使到了晚年也不改初衷。他说：

> 语言与文字合，则通文者多；语言与文字离，则通文者少。余于《日本国志》中，曾屡述其意，识者颇韪其言。五部州文字，以中国为最古。上下数千年，纵横数万里，语言或积世而变，或随地而变，而文字则亘古至今，一成而不易。父兄之教子弟，等于进象胥而设重译。盖语言文字捍格不相入，无怪乎通文字之难也。②

因此，从青年的黄遵宪开始，"语言与文字合"就是他一以贯之的诗歌理论主张。黄遵宪的思想很前沿。在其影响之下，一批中国知识分子开始探索中国文字改革的初步方案。

二　"言文一致"的第一次最明确表述："我手写我口"

在晚清时代，反封建与维护封建是基于反传统与维护传统的

① 黄遵宪：《日本国志·学术志二》卷33，天津人民出版社2005年版，第804页。

② 钱仲联辑：《人境庐杂文钞》（上），载《文献》第7辑，书目文献出版社1981年版，第76页。

观点之上。黄遵宪大胆否定束缚和禁锢人性发展的汉、宋之学，具有鲜明的反封建传统的思想启蒙意义。正是从这一思想出发，才使黄遵宪在21岁时写的《杂感》诗中喊出了“我手写我口，古岂能拘牵”的口号。这句诗向来被文学史家推崇为晚清“诗界革命”的宣言。它既是思想上的内容，更体现为文学上的意义。这就是他厚今薄古的进化史观、反传统封建理学束缚人性的思想产物。诗云：

> 大块凿混沌，浑浑旋大圜，隶首不能算，知有几万年？羲轩造书契，今始岁五千。以我视后人，若居三代先。俗儒好尊古，日日故纸研，六经字所无，不敢入诗篇，古人弃糟粕，见之口流涎。沿习甘剽盗，妄造丛罪愆。黄土同抟人，今古何愚贤？即今忽已古，断自何代前？明窗敞流离，高炉爇香烟。左陈端溪砚，右列薛涛笺。我手写我口，古岂能拘牵。即今流俗语，我若登简编，五千年后人，惊为古斓斑。①

黄遵宪力图说明这样一个道理：从历史发展的角度来看，“长江后浪推前浪”，不是今人不如古人，而是今人胜过古人。诗人对那些“六经字所无，不敢入诗篇”的腐儒做了辛辣的讽刺。无疑是要人们大胆地摆脱封建传统思想的束缚，独立、自由地思考和表达自己的思想情感。诗就是黄遵宪表达思想的最重要的工具。在后来的变法运动中，黄遵宪也公开标榜自己的诗是“新诗派”。

“我手写我口，古岂能拘牵”的诗歌创作口号，在当时石破

① 吴振清、徐勇、王家祥编校整理：《黄遵宪集》（下），天津人民出版社2003年版，第89页。

天惊，引起了空前的轰动效应。胡适曾评价：“我常想黄遵宪当那么早的时代何以能有那种大胆的‘我手写我口’的主张?”并认为“这种话很可以算是‘诗界革命’的一种宣言”①，这是我国语言文学史上关于言文合一的第一次最明确的表述。② 它是黄遵宪独创诗论最简洁的表达。

那么，黄遵宪提出“我手写我口”这一深刻理论有什么特殊的含义呢？它的思想基础是什么？其必要性与思想根源在哪儿？

钱钟书对于“我手写我口，古岂能拘牵”的观点有自己的见解：第一，手有巧拙之分，口有敏钝之别，我们常常下笔就错，开口即非，写错字，说错话都是难免的事，能做到心口如一、左右逢源，实现“我手写我口，我口表我心”实在是一种难以企及的高深境界。第二，黄遵宪还提出了“我”与“非我”的关系，从本体论角度来看，自我与外物、主体与客体也是难以分割的。“我手写我口”从它的新的理论高度，谈及诗歌的整个创作过程，意义非凡。这也揭示了在创作过程中，艺术思维与语言表达之间微妙而复杂的关系，并认为这个口号对于艺术创作具有重大的理论意义。

张应斌认为，这个论题包括两个重要思想：一是强调“我手”、“我口”，即强调今人今文的价值。“我口”吟唱什么，“我手”就写我吟唱东西的诗句、诗篇。这本是很自然的，所写的事情也是真实的，但是并不容易办到，因为“口”仅仅是说话者的发音器官，它受到当事人的思想伦理、道德水平、学识涵养的世界观、人生观、文学观等的支配。

---

① 胡适：《五十年来中国之文学》，北京大学出版社 1998 年版，第 223 页。

② 郭延礼：《中国近代文学发展史》第 2 卷，高等教育出版社 2001 年版，第 101 页。

“我手”写的东西，是经过个人思想的提炼与加工的，并非机械性地照“口”所说而写，“口说”与“手写”存在一定的矛盾性。而且，“口”不能乱吟狂哦，其“手”所写出的“流俗之语”，未必就能写出吟哦的生活事物与思想情感。今人要用今语来进行文学创作，还得进行彻底的变革，只有“言”与“文”的合一，才能达到文学创作中“口”与“手”的一致，从而用“手”写出的“流俗之语”表现“口”传达的思想感情。二是反对“古的拘牵”，是对那种泥“古”形式与内容的一定程度的反叛。文化是流动的，文学创作不是一成不变，那么文学主张就是不停地创造与转化创作者的意志。相对于流动的文学，语言当然有相对的固定性，但随着时代的需要，语言也不得不进行变革。语言的变革，势必也影响到文学写作的内容与形式。在中国，书面语的文言写作长期主宰着整个文坛，它是为上层统治阶级和士大夫服务的，其内容单一、陈腐。老百姓则享受不到受教育的权利。而且，反对“古的拘牵”这是一个事物的两个方面。在《人境庐诗草·自序》中，黄遵宪具体地论述：

> 士生古人之后，古人之诗号专门名家者，无虑百数家，欲弃去古人之糟粕，而不为古人所束缚，诚戛戛乎其难。虽然，仆尝以为诗之外有事，诗之中有人，今之时异于古，今之人又何必与古人同。

这段话蕴含双层意思。一是前半论古之束缚，后半论今人今文的价值；二是前半为“破旧”，后半为“立新”。二者又是辩证统一的，只有摆脱古人的束缚才能创造，诗歌革新必须抛弃古人的糟粕。诗贵独创，诗贵自我。要想摆脱古人的束缚与拘牵，就必须改革旧诗坛，必须对旧诗进行革命①。黄遵宪有关诗歌改革的思想非常庞杂，它已涉及广阔的诗歌的内容与形式的问题了。

文字一旦形成，它具有相当的稳定性，何况像中国这种古老的文字。而由文字形成的语言，似乎更牢固地牵制着人们的思想。

洪堡特说：

> 人从自身中创造出语言，而通过一种行为，他也把自己束缚在语言中；每一种语言都在它隶属的民族周围设下一道藩篱，一个人只有跨过另一种语言的藩篱进入其内，才有母语藩篱的束缚。②

语言以一种无形的力量牢牢地控制生活在其中的人们，如果没有外来语的根本性冲击，人们想冲破母语的牢笼，跳出母语的魔障，是不可能的，犹如抓住自己的头发把自己提起来一样难以成功。对于一直生活在文言文语境中的人来说，他的思想只能在这其中打转，他的思维方式都深深地被传统的话语方式控制着，不能超脱。正因如此，中国人对于西方文学的最初翻译就把它纳入古文言体系。在这种情况下，对西方论著的翻译只是意译，意译的结果，往往产生误读，甚至概念漂移，抑或产生风马牛不相及的情况。而真正的直接翻译即“口译”被抛弃。比如像晚清的林纾，他不懂外文，

---

① 参见张应斌《嘉应诗人与诗界革命》，《嘉应大学学报》（哲学社会科学版）2001 年第 4 期。

② ［德］洪堡特：《论人类语言结构的差异及其对人类精深发展的影响》，商务印书馆 1997 年版，第 70 页。

却要翻译外国书籍。它是把人家的“口译”间接翻译当作是真正的直接翻译，结果往往意出笔端而词不达意。导致这种情况的发生，具有它的必然性，没有什么怪异的。在此之前的黄遵宪确乎预示着种种情况的发生。

黄遵宪论诗的一个重要方面，就是批判地继承中国古代诗歌的传统，不断地进行创造，以写出“真我”之诗。毕竟，黄遵宪也深受古代传统文化的影响。毋庸置疑，在他的诗作中也或多或少受到“古”的“拘牵”，尤其在他的旧体诗中受古语、旧典、旧诗体格律的影响也是较深的。但是他深谙这种影响的利弊，正因此，黄遵宪下定决心，力排众议，进行革新。为了摆脱“古”的“拘牵”，他想“自立”，用“流俗语”写出“我之诗”，朝着“我手写我口”的方向走去。

“我手写我口”的理论，是相对于“古的拘牵”的对立面来说的，诗歌创作要杀开一条新路，就是要突破古诗笼罩下的黑暗阴影，即在形式与内容上的“拘牵”。他的诗歌革新始终建立在对传统的反叛和批判基础上，走诗歌通俗化、自由化的新路。这便使他的理论具备了两个显著特征：第一，颠覆“古的拘牵”、创造“手”与“口”一致的新诗，带有革命的性质；第二，批判旧文化的全面性、深刻性。张应斌认为，在黄遵宪提出“我手写我口”的《杂感》中，相当程度地论述他的思想文化领域的革命问题，代表了他诗论的文化哲学基础……①无疑，这种看法是中肯而准确的。

黄遵宪“我手写我口”诗歌理论革新的最初动因，既是时代之使然，又是黄遵宪个人经历使然，更是其浓郁的客家文化情

① 参见张应斌《嘉应诗人与诗界革命》，《嘉应大学学报》（哲学社会科学版）2001 年第 4 期。

结使然。胡适虽然也曾从理论上对其思想做了表述，但如果不是深入了解客家乡土文化的特征，不了解客家民间文学的特质，就难于解开黄遵宪文学思想其“我手写我口”身后隐藏的客家文化背景。

黄遵宪早期的诗歌与客家乡土文化有着十分密切的关系。客家人自古以来就经受了兵荒马乱、战争迁徙的痛苦，他们颠沛流离，艰难地在粤东北这个山区定居下来。在反复的迁徙—定居—迁徙的过程中，经过不断的叠加、认同和融合，形成了有自己特色的客家文化和客家方言。因此，他们对自己的文化极力固守，一直保守这个来之不易的精神家园。无论沦落天涯，凡是客家人，必讲客家话，必通客家语言，即不忘祖宗之言；无论颠沛流离、辗转迁徙何方，也不愿丢弃民系之根，即体现了深厚的“念根”意识。这种“意识”促使他们自觉继承文学传统，精心营造民系的精神乐园。作为客家之子的黄遵宪也不例外。浓郁的“客家情结”、深厚的客家文化和客家文学的影响，使黄遵宪提出了“我手写我口”的主张，这正是粤东传统客家文化的继承和发展。

粤东地区是客家人的人文秀区所在，是客家人的精神摇篮，这里人文荟萃。自清初以来，涌现了大批卓有成效的诗人，如李士淳、肖翱材、杨之徐、宋湘、李黼平、黄钊等。他们的诗作均不因袭古人，自成面目，共同开创了岭东地区的直白诗风传统。如客家大埔进士杨之徐（1659—1731）主张“文以载道，诗以言志”之说，他认为：“道之所触，志之所寄，偶发而为，言直徙胸坎肺腑中流出，不悄悄于装点粉饰，而其一种纯然不容已之诚，与夫油然不可遏之机，自相得于语言文字之外，则亦何必论其工于拙也。”即要求诗人创作发自内心，有感而作，言之有物，言之有事。诗歌表达不拘，生动活泼。尤其是“嘉、道之间，文物最盛，几乎人人能为诗，置于吴越齐鲁之间，实无愧色”①。

黄遵宪提出“我手写我口”的理论，还明显受到客家先贤宋湘的影响。宋湘（1757—1826）对于如何写诗说得非常直白：“我诗我自作，自读还自赏。赏其写我心，非我毛与皮。”② 他力主创新，反对泥古。他的《说诗八首》反复强调不能邯郸学步，要有“自家”的曲子，“不应该一生缠死笔头中”。宋湘的诗歌理论和实践创作，在晚清影响之大、流传之广。作为他的同乡，黄遵宪耳闻目睹，不能不深受感染。正因为有了先贤的启发，他才能以初生牛犊不畏虎的精神，提出“我手写我口，古岂能拘牵”的观点。这实际上是粤东诗人的传统，也是对先贤诗学主张的继承和延伸。对于这种启承关系，黄遵宪曾有所表明。在《过丰湖书院有怀宋芷湾先生》等诗中，他曾自豪地称“宋先生是我同乡！”而倍感自豪，表达了对宋湘的仰慕。在和挚友胡晓岑一起认真讨论宋湘的诗歌时，他甚至公开声明：“我是芷湾贤弟子！”③

其次，黄遵宪也受到挚友胡晓岑的影响。以“少负大志，慨然以时局为己任”的胡晓岑（1844—1907），晚清著名诗人，粤东客家兴宁人，比黄遵宪岁数稍大。他的人生大部分时间生活在家乡，并与客家人有着深厚的感情。他深谙客家的风土人情，并把这种悲天悯人的情感、平民化的作风写入诗歌之中。他关心

---

① 吴振清、徐勇、王家祥编校整理：《黄遵宪集》（下），天津人民出版社2003年版，第309页。

② 参见朱银锦《略论黄遵宪：战争年代与客家情绪》，《五邑大学学报》2005年第4期。

③ 黄遵宪：《人境庐集外诗辑》（上），中华书局1960年版。“芷湾”是宋湘的故乡，也是黄遵宪的出生地。

社会与时事，“购阅日报，每日必将重要电讯，摘为时事长编”[①]。诗歌表现社会的重大历史事件与变迁，以新名词表现新事物，也折射了诗人忧国忧民的心胸[②]。《今别离》是黄遵宪歌咏新思想、新内容、新意境的代表之作，一时轰动整个诗坛。然而，胡晓岑的《火轮船歌》长篇叙事诗，同样表现了其新风格，它比黄遵宪流传甚广的《今别离》还早16年。这反映了他诗歌革新的早期觉醒，预示了诗歌革新的早期发展方向。

客家文化造就了以客家方言为载体的客家山歌。而山歌，被誉为客家文学的明珠。客家山歌，不仅哺育了客家作家的成长，并给作家以多方面的艺术熏陶，而且直接为作家提供了多种多样的艺术形式，直接为作家提供了众多题材。胡晓岑的家乡粤东兴宁也是客家山歌盛行的地区之一，他自幼便受到客家山歌的哺育，深受客家民间文学的浸染，并有意识从中吸取诗歌创作的营养。胡晓岑的山歌创作受到黄遵宪的深深称赞。光绪十七年（1891年），在驻伦敦使馆参赞任上，黄遵宪把用家山歌整理记载下来的十五首诗歌寄给了胡晓岑。他说：“仆今创为此体，他日当约陈雁皋、钟子华、陈再芗、温幕柳、梁诗五分司辑录，我晓岑最工此体，当奉为总裁。汇选成编，当远在《粤讴》上也。”[③] 黄遵宪对其诗歌的推崇溢于言表。不仅如此，在黄遵宪之前，胡晓岑就模仿山歌风格，以口语入诗，编写了《莺花海》诗四卷。“比公度稍早，尝有革新创作的，有兴宁胡晓岑氏，……《莺花海》一书，性质与山歌相仿，格创调逸，最为

---

① 罗香林：《胡曦（晓岑）年谱》（光绪二十六年条），《兴宁文史》第17辑，第87页。

② 参见左鹏军《黄遵宪与岭南近代文学丛论》，中山大学出版社2007年版，第232页。

③ 钱仲联：《人境庐诗草笺注》，上海古籍出版社1983年版，第54—55页。

公度所服。”[①] “为依山歌风格而作之新体艳诗。”[②] 胡晓岑编写成《兴宁竹枝词杂咏》一百首是以竹枝词的形式，并借鉴了山歌风格。他也是民歌的热心记录、整理者。特别是他在自己的诗歌创作中大量运用山歌的体式和内容，使之融为一体，从而显示出具有泥土芳香的客家民系的风格特色。这种诗歌创作与黄遵宪创作的山歌有异曲同工之妙。后来，黄遵宪的“乡情长卷”之诗如《新嫁娘诗》（组诗）、《拜曾祖母李太夫人墓》等与胡晓岑创作方式何其神似[③]。胡晓岑的诗风往往欢畅淋漓，驰骋自由。他这样激励自己：“别有区区，誓不袭取；乡原穿窬，小道等耻；勖我先程，视其所以。”[④] 它是黄遵宪新派诗的同路人，运用诗歌表现新事、新物、新世界。而表现这种新风格的诗歌创作的基本条件就是要有新语句，就难免要用新词汇来表情达意，他的新词入旧诗的诗歌创作也有不少。从某种程度来说，胡晓岑是黄遵宪诗歌革新的先行者。从黄遵宪与胡晓岑的诗歌创作中，可以清晰地看到黄遵宪受到胡晓岑的启发，两人相互影响携手同写“新派诗”的痕迹。从胡晓岑的《兴宁竹枝词杂咏》的创作方法与技巧来看，与黄遵宪《山歌》、《新嫁娘诗》、《日本杂事诗》十分近似，确有异曲同工之妙[⑤]。如：

送牛送到牛角山，隔山不见侬自还；今朝行过记侬恨，

---

① 罗香林：《客家研究导论》，上海文艺出版社 1992 年版，第 226 页。

② 罗香林：《胡晓岑先生年谱》，《南洋学报》第 17 卷第 2 辑，《黄遵宪研究专号》，1963 年版，第 40 页。

③ 参见左鹏军《黄遵宪与岭南近代文学丛论》，中山大学出版社 2007 年版，第 237 页。

④ 胡曦：《湛此心斋诗集题辞》，《湛此心斋诗集》卷首，湛此心斋民国二十四年（1935 年），第 54 页。

⑤ 参见杨宏海《我与深圳文化》，广东出版集团花城出版社 2011 年版，第 730—731 页。

牛角仍然弯复弯。

（胡晓岑《兴宁竹枝词杂咏》）

郎君应试梅城去，郎船一桨到梅江；愿郎行过鲤鱼石，鲤鱼莫误信双双。

（黄遵宪《山歌》）

谁家省年看新娘，戏语诙词闹一房；恼杀总来捉人臂，要将香盒棚槟榔。

（胡晓岑《兴宁竹枝词杂咏》）

新妇如花入洞房，弄人姊妹太疵狂；朝来整整团圆席，对面羞教看煞郎。

（黄遵宪《新嫁娘诗》）

正如钱仲联所说："《湛此心斋诗》的风格特色，和黄遵宪早期作品极为相似，大都继承宋湘《红杏山房诗》的衣钵。"就胡晓岑与宋湘诗歌创作的风格和内容相比较来说，相互之间确有不少神似，胡晓岑所编《梅水汇灵集》，收诗人之诗达数百首，其中宋湘的诗歌最多，达 384 首，可见胡氏对宋湘情有独钟①。在诗歌创作中效法客家先贤的内容和风格方面，胡晓岑显然比黄遵宪早，那么，从另外一层意义上说，黄遵宪在继承宋湘传统诗文艺术方面也不能不受到胡晓岑的影响。

正是由于两人在革新诗体方面有着共同的兴趣与理想，相互结识之后，常常以讨论诗歌创作为快事，彼此酬唱，间以交流经验与心得。也是在认识胡晓岑之后，黄遵宪提出了"我手写我口"的诗歌主张。黄遵宪是客家人，他对山歌极力推崇。客家山歌的熏陶和浸染，对其"我手写我口"诗论的提出和诗歌创

① 参见郭真义《晚清粤东客籍诗人群体研究》，当代中国出版社 2004 年版，第 83 页。

作有着深远的影响。

正如胡适认为，读了黄遵宪的山歌自序，又读了他的《己亥杂诗》中叙述嘉应州民族古俗的诗和诗注，便推想他少年时代，必受了他本乡的平民文学的影响。并断定他早年受到本乡山歌的感化，故能赏识民间白话文学的好处，所以能够提出这样的诗歌理论主张。

黄遵宪喜爱民歌还有家庭的影响。诗人曾祖母李太夫人系梅县城内李象元翰林的孙女，是一位名门闺秀，她能读书诵诗，曾向诗人口授《千家诗》。黄遵宪在孩提时，黄家是一个 70 余人口、四世同堂的大家庭。李太夫人是一家之长，她特别宠爱曾孙黄遵宪。诗人后来在《拜曾祖母李太夫人墓》诗中写道："亲手裁绫罗，为儿制衣裳。糖霜和面雪，为儿作双飧。发乱为梳头，脚腻为暖汤。东市买脂粉，贵面日生香。"[①] 诗人黄遵宪就是在这样充满着厚爱和温馨的环境中长大的。当黄遵宪牙牙学语时，李氏便教以嘉应州儿歌《月光光》："月光光，秀才娘。骑白马，过莲塘。莲塘背，种韭菜，韭菜花，结亲家。亲家门口一口塘，放个鲤鱼八尺长，长个拿来炒酒食，短个拿来取姑娘。"[②] 这里的《月光光》童谣，纯是口语，它用"流俗语"（客家方言）的口语来表达出月光光起兴的各种事物，它是客家人通常用的对小孩进行教育的教材。黄遵宪经过曾祖母的启蒙，时间过了近半个世纪，仍然记忆犹新，赞美其"清如新炙簧"，这说明口语化的童谣对黄遵宪影响之深。至于被称为"客家文学的瑰宝"的客家山歌，全是口语，其文学色彩更加浓烈。客家山歌的天然雕饰滋养了黄遵宪的诗心。更重要的是表现在他的创作实践上，黄

① 吴振清、徐勇、王家祥编校整理：《黄遵宪集》（下），天津人民出版社 2003 年版，第 166 页。

② 钱仲联：《人境庐诗草笺注》，上海古籍出版社 1983 年版，第 430 页。

遵宪对口语化、通俗化的民歌十分推崇，使其诗歌的创作民歌化，他的许多作品均在民歌的基础上改写而成。其诗保留了民歌的艺术特点，如方言设喻、押韵以及前面提到的语意双关等。客家民歌不仅启迪了诗人的文学才华，而且也使他由实践创作逐步上升到理论层次①。

黄遵宪为践行“我手写我口”这一理论，进行了多方面的实验。首先他大力宣传口语化的客家山歌，认为“以妇人女子矢口而成”的民歌，“绝妙古今”，并列举十五国风、自己家乡的歌谣作为典型例子，他由衷地赞美民歌的作者“何其才之大也”。其在《山歌手写本·题记》中提到热心采风的杭州文士梁绍壬。梁绍壬也是一位有识之士，他很喜欢广东民歌，并在他的《两般秋雨庵随笔》中辑录十多首粤歌如《月子弯弯照九州》等。黄遵宪认为这些粤歌“皆哀感顽艳，绝妙好词”，对其倍加赞赏。

黄遵宪提倡“我手写我口”，反对盲目崇古卑今、剽窃模拟的诗风。诗人屡次参加科举，由于科举取士的腐败，不能所愿，郁郁不得其志。“我手写我口”虽是落举后对中国实行科举制所造成的沉闷、腐旧文化现状的不满，但并不是“一时快意大言”，正是有感而发，表达强烈的不满，试图对这一科举文化现象进行反叛与颠覆，这意味着黄遵宪自觉承担起了拯世的责任，对诗歌改革道路进行了初步探索。这是在内忧外患的形势下，诗人高度的社会责任感，具体地落实到文学方面，是对文学的觉醒。

“我手写我口”并不是一个停滞不前的口号，要用发展的眼光看待。这是一个开放性的概念，它是随着诗人文学思想的演进

① 参见郭延礼《中国文学的变革——由古代走向现代》，齐鲁书社 2007 年版，第 51 页。

而不断发展变化的，具有重要的理论价值。“我手写我口”是黄遵宪在“诗界革命”中举起的一面旗帜，它不仅促进了现代诗歌的发展，而且对其他文学门类的创作也起到了不可低估的作用。“（黄遵宪）不避流俗语录，为后来胡（适）、周（作人）一班人提倡白话文学的先导；他能鉴赏民俗学，为后来顾颉刚、刘复一班人的前驱。”[①] 其理论和创作，无疑都是“诗界革命”中的重要收获，在中国从古代到现代和现代诗歌发展史上占有重要位置。

三 “言文一致”与进化论思想

如果说黄遵宪在早期《杂感》中提出“我手写我口”的诗歌主张，还只是因为反对俗儒崇拜而喊出的愤激口号，在某种程度上还带有一种感性的话，那么，后来他反复申说的变古革新的思想却是深思熟虑的结果。

黄遵宪明确提出，随着时代的不断变化，诗歌创作的主体与内容本身也会随着发生变化。这里明显体现出了社会历史不断发展变化的观念。而此一观念的形成，一方面与他早期的“变易”思想有关，更重要的是与他受到的进化论思想影响，其思想趋于成熟有关。“《日本国志》中许多变法维新思想明显表现出是受了日本盛行的斯宾塞的进化论哲学和卢梭的天赋人权论的影响。”[②] 在《日本国志·学术志》中，黄遵宪经常将西方进化论与传统的“变易”思想相结合，分析与评判了文学发展的种种现象。

《与朗山论诗书》中说：

① 陈子展：《中国近代文学之变迁：最近三十年中国文学史》，上海古籍出版社 2000 年版，第 16—19 页。

② 郑海麟：《黄遵宪与近代中国》，三联书店 1988 年版，第 229 页。

遵宪窃谓诗之兴，自古至今，而其变极尽矣。虽有奇才异能英伟之士，率意远思，无有能出其范围者，虽然，诗固无古今也，苟（出）天地、日月、星辰、风云、雷雨、草木、禽鱼之日出其态以尝（当）我者不穷也，悲欢、忧喜、欣戚、思念、无聊、不平，出人心者无尽也；治乱、兴亡、聚散、离合、生死、贫贱、富贵之出而我者无尽也。苟能即身之所遇，目之所见，耳之所闻，而笔之于诗，何必古人？我自有我之诗者在矣。……夫声成文谓之诗，天地之间，无有声，皆有诗也。即市井之谩骂，儿女之嬉戏，妇姑之勃谿，皆有意以行其间者，皆天地之至文也。不能率其真，而舍我以从人，而曰：吾汉，吾魏，吾六朝，吾唐，吾宋，无论其非也，记得画求似而得其形，肖则肖矣，而我则亡。我已亡我，而吾心声皆他人之声，又乌有所谓诗者在耶？①

黄遵宪认为诗歌虽“至今”已“极尽”，但“诗固无古今也”，显示出一种敢于超前的魄力。他反对“刻画求似”，主张“何必古人”。诗之所以为诗，就在于它能够反映“我”的“身之所遇，目之所见，耳之所闻”，就是要反映“我”所生活的当下之世，就是要体现诗人自己的心声。

在《人境庐诗草序》中，钱仲联就黄诗的某些出处解释得十分清楚：

清代名家中取得借鉴的，还是不少，主要是吴伟业、宋湘、黄景仁、龚自珍、诸葛亮诸家。如七古的《流求歌》、

① 黄遵宪：《人境庐诗草·自序》，载吴振清等编校整理《黄遵宪集》（上），天津人民出版社2003年版，第412页。

《九姓渔船曲》、《南汉修修寺千佛塔歌》等，显然是梅村体的变调。……古诗才气纵横之处，与其说他是近于袁枚、赵翼，毋宁说他是受宋湘影响更为符合事实。从黄景仁诗脱胎而来的也有好几首，如《西乡星歌》、《冯将军歌》等七古和《岁暮怀人诗》中的一些古体诗就是，不过因为青出于蓝，人们也就忘却它的根脚了。龚自珍诗对作者的影响特别明显，那种雄奇的境界，瑰丽的藻彩，风雷鼓荡的生气，正是当时许多古典诗歌改革者的共有的特色，……但黄遵宪对这些名家作品的借鉴，绝不同于沿袭，而只是为了取得“转益多师是汝师”的好处。归根结底，在于形成自己的风格。

黄遵宪详细地阐明了这样的思想：古人对诗歌艺术的尽力探索开发，已将古典诗歌发展到极致，给后来者也带来困难，但是可以不必再沿传统的表现内容这条路走下去，社会在发展，时代在前进，日新月异的生活会不断除旧布新提供新意境、新内容、新材料，而诗人亲身的感受可以获得全新的艺术审美。因此，他们创作的天地仍然非常广阔。这种不拘泥于古的恢宏开阔的气魄，正是得之于进化论发展所带来的强烈的主体意识与自信。其逐步意识到，时势变化，新旧更替，都是天下“正道”、“人间至理”。他针对顽固派泥古守旧的观点指出：“羲轩造书契，今始岁五千。以我视后人，若居三代先。”[①] 黄遵宪认为，今人与古人并没有愚蠢与聪明之分，只是先后时间不同而已。古人曾经是那个时代的今人，今人也将成为以后时代的古人。古人不必为既有的成就而自傲，今人也不

① 黄遵宪，《人境庐诗草》卷1，载吴振清等编校整理《黄遵宪集》（上），天津人民出版社2003年版，第89页。

必为还没有取得的成绩而自卑，言必称“三代”，步趋古人，拾人余唾，必然故步自封，自欺欺人。而且，他相信“世上新人换旧人”。他大胆地对传统旧学表示怀疑与否定，认为“区区汉宋学，乌足称圣哲”①，并直斥八股取士是千年相沿的陈规陋习，只能产生拱手徐行、死背经书的“俗儒”，应该加以革除。在写给梁启超的信中，黄遵宪又说：“意欲扫去词章家一切陈陈相因之语，用今人所见之理，所用之器，所遭之时势，一寓之于诗。务使诗中有人，诗外有事，不能施之于他人。”明确提出了书面语改革的有效方法，不能因循守旧，走古人诗歌创作的老路。从自身现实出发，书写个人的所见所闻与感受心得，表现艺术个性。力争使诗歌创作口语化，诗作的内容要反映社会现实对个人的独特感受。②

黄遵宪从“今之世异于古”的观念出发，提出诗歌创作也要“与时俱进”，主张诗歌创作要注意独特的感受和表现时代特色，这一切都是接受事物演进变化的进化论思想影响的直接启发的结果。在诗歌创作中，黄遵宪在《己亥杂诗》里直接明确地表现了进化论的思想：“乱草删除绿几丛，旧花别换曰新红。去留一一归天择，物自争存我大公。”③

黄遵宪在同治七年（1868年）写的《杂感》一诗，对当时诗坛对古人亦步亦趋，以前人的唾余为瑰宝的文风痛加抨击。几年后，他写给周焜的信则较为系统地阐述他的创作主张。认为，自从诗歌产生以来，无论是它的体裁还是艺术表现形式，都在不

① 吴振清等编校整理：《黄遵宪集》（上），天津人民出版社2003年版，第81页。

② 参见王丕承《中外文化交流影响下黄遵宪诗歌理论的创新》，《上海师范大学学报》2000年第2期。

③ 吴振清等编校整理：《黄遵宪集》（上），天津人民出版社2003年版，第239页。

断地发生变化。他痛批历代的诗歌变革者，并没有变革过旧有诗歌的内容和形式，动辄都落入俗套，没有新意，不能不感到遗憾。在《人境庐诗草·自序》中，黄遵宪认为，要超越前人的成就不容易。但是，中国的诗歌毕竟是在继承前人成就的基础上延续下来的，并且百年以来诗歌的发展，主要是后代诗人在前人成就的基础上加以创新，并非沿袭、模仿。汉代的诗人没有模仿《诗经》四言诗的形式，而创造出了五言诗。魏晋南北朝也没有固守旧有的形式，创造出了七言诗歌。同样，唐朝产生了近体诗，宋代将诗歌散文化①。

黄遵宪因诗闻名，他的政治思想在后来挖掘、展现在世人面前。他深谙诗歌的发展规律，对自己创作的诗很自信。1897年他曾把自己“吟到中华以外天”② 的诗称为“新派诗”，无不带有几分自豪感、成就感。一是新派诗代表了中国诗歌的发展方向，就文体而言，它具备“新”；二是作为表现诗歌的内容而言，思想素材“新”。在“诗界革命”的口号之前，黄遵宪无异于站在诗歌改革的峰巅而曲高和寡，显得十分孤独。他的新派诗和“别创诗界”的努力很少为世人所知，《人境庐诗草》稿本也仅限在朋友间流传。戊戌变法的前一年，梁启超曾读黄遵宪的八卷本的《人境庐诗草》稿本，他非常高兴，欣然挥笔为《人境庐诗草》写作序跋，赞美黄遵宪的诗并非仅仅诗人所作之诗，黄遵宪心忧天下，诗歌表现“神味沉浓”。梁启超进一步称其“诗界之哥伦布、玛赛郎”出现。1899年梁启超写作《夏威夷游记》时，提出新意境、新语句、古人之风格

① 黄增章、陈志雄：《杰出的诗人外交家：黄遵宪》，广东人民出版社2006年版，第116页。

② 吴振清、徐勇、王家祥编校整理：《黄遵宪集》（上），天津人民出版社2003年版，第229页。

应成为“诗界革命”成功之作的三个要素，呼唤能为诗界开疆辟土的新诗人。他进一步提出“诗界革命”的口号，并提出了具体的要求，认为输入欧洲文明思想为第一要务。梁启超开始系统地研究黄遵宪的诗歌体系，但却认为其诗重旧风格而新语句偏少。究其原因，“盖由新语句与古风格，常相前驰，公度重风格者，故勉避之”①。

正如黄遵宪对诗歌革新的思想认识不断提高一样，梁启超对黄遵宪之诗的认识也有待上升，同样体现“进化”。就黄遵宪诗“重旧风格”、“新语句偏少”的评价而言，有欠公允。黄遵宪诗“重旧风格”那是他谙熟诗歌的发展规律，因为诗歌的新对旧的革新，首先要能够做到新对旧的继承。当初梁启超、夏曾佑、谭嗣同创作的所谓“新诗”为什么好景不长？黄遵宪的“新派诗”又那么受到推崇而流布之广呢？其中原因值得深思；黄遵宪诗的“新语句偏少”吗？黄诗中大量运用了新语词，合计超过400个，其中概念源自西方的新词约有150个，取自日本固有语词约有300个②。这在诗句中出现的新词，又以日本固有词语为主。由于《日本杂事诗》向以单行本形式流传。因此若以《人境庐诗草》论，则《己亥杂诗》无疑是新语词运用最多的诗作。1901年，黄遵宪在《梅水诗传序》中重提“言文合一”的问题，以为语言、文字格格不入，造成了农工商贾妇女幼稚通文之难，这里也有涉及新语句的问题。新语句的运用体现了黄遵宪对待革新认识的提高。只有到后来，梁启超才被黄遵宪的诗完全折服。1902年，梁启超写作《饮冰室诗话》时，则盛推黄遵宪为20世纪诗界中独辟境界的大家，其诗是“能熔铸新理想以入旧风格”者的典范。《诗话》于是连篇累牍地推介黄遵宪的新诗与

① 梁启超：《饮冰室专集》之22，中华书局1989年版，第185页。

② 钱仲联：《人境庐诗草笺注》，上海古籍出版社1981年版，第3页。

旧作，其诗名大振。

黄遵宪作诗从“重旧风格”到新词语、新理想、新内容、新文体正是体现了他诗歌理论的进化论。

黄遵宪的诗论随着文学改革的推进而不断变化发展。《日本国志·学术志》提出中国的文学和文体要有“明白晓畅，务期达意”、“适用于今，通行于俗”的观点，以“言文一致”为基本方向。他认为造新字、变文体势在必行。适应现时人的交流使用，为现时人所喜闻乐见，应成为文学文体革新的依据和出发点。“以四千余岁以前创造之古文”，“书写中国中古以来之物之事之学，已不能敷用，况泰西各科学乎?”主张文学之道，当以“人人遵用之乐观之”[①] 为准则。提出：“诗当斟酌于弹词粤讴之间”[②]，“或者以流畅锐达之笔能使人人同喻”[③]，小说则“举今日社会中所有情态一一饱尝烂熟，出于纸上，而又将方言谚语一一驱遣”[④]。戊戌变法的失败，黄遵宪厄运难逃。他告老还乡，回归田园。即便如此，于中国文学改革的初衷没有动摇，在文学界革命的推动下，黄遵宪“别创诗界”的视野得到了大大的拓展与深化[⑤]。

中国文学的历史变革，经历了一个漫长的阶段。“言文一致”是文学革新的重要一步，黄遵宪引领诗歌的变革从晚清到“五四”新文化运动而不断推进。从黄遵宪第一次明确提出“言文一致”的口号开始，就预示了中国文学革新的基本方向。黄遵宪顺应历史发展的新潮流，成为中国诗歌从古典走向现代历史

---

① 吴振清、徐勇、王家祥编校整理：《黄遵宪集》，天津人民出版社 2003 年版。第 239 页。

② 同上书，第 497 页。

③ 同上书，第 503 页。

④ 同上书，第 479 页。

⑤ 参见关爱和《别创诗界的黄遵宪》，《文学遗产》2005 年第 4 期。

进程中一位承前启后、继往开来的开拓者。

四　“言文一致”与中外文化交流

黄遵宪对于诗歌创作语言问题的认识，并非一蹴而就，而是很早就注意到了。其早期的《杂感》诗云：“少小诵诗书，开卷动龃龉。古文与今言，旷若设疆圉。竟如置重译，象胥通蛮语。父师递流转，惯习忘其故。我生千载后，语音杂伧楚。”① 明确地提出语言通俗化的主张。提倡“言文一致”，则是在到了日本之后，他经历了中外语言文字的对比，感受到日本推行的“言文合一”运动对于开启民智的成效，所受到的强烈影响而提出来的。

1868 年的明治维新之后，日本政府进行了一系列的改革方式，经济、文化得到了迅速发展。表现在文学领域，出现了对欧美文学的广泛介绍和对小说、戏剧、短歌、俳句的文体改良运动，开始了日本现代文学的酝酿。坪内逍遥《小说神髓》和二叶亭四迷《浮云》，分别从理论和创作上吹响了向现代文学进军的号角，开始了从文字、语言到内容的重大文学变革。

《日本杂事诗》云：“难得华同是语言，几经重译几分门；字须丁尾行间满，世世仍凭洛诵孙。”② 黄遵宪介绍了日本的汉字读音有三种，而士大夫所操的汉音与平民所操的土音差异很大。“市廛细民，用方言者十之九，用汉语者百之一而已。”两者之间的语言沟通出现很大的困难。他对日本语言的认识有两点：一方面侧重对日本文字来源和演变的着重探索；另一方面侧重对日本“言文一致”实用道路进行实地考察。认为：“语言有

---

① 吴振清、徐勇、王家祥编校整理：《黄遵宪集》，天津人民出版社 2003 年版，第 89 页。

② 同上书，第 29 页。

随地而异者焉，而文字不能因时而增益，画地而施行；言有万变，而文止一种，则语言与文字离矣。"① 在幕府末期，翻译人员前岛密以美国传教士所谓“难解多谬的汉字”不适合教育的解说为契机，进而写了《汉字御废止之义》，主张废止使用汉字。后来，人们虽然没有过激地追求废止汉字，但是却致力于进行建立现代国家与表达现代意识不可缺少的“言文一致”的运动。对于黄遵宪受日本“言文一致”运动的影响，也有论者明确指出：

> 到黄遵宪离开日本的1882年，日本文学“言文一致”运动已初具规模，取得了很大成绩。黄遵宪正是在这种背景下，倡言改变中国言文不合的状况，提出语言通俗化的主张的……显然，黄遵宪言文复合的通俗化理论，是从日本“言文一致”运动引进的。②

在世界民族文化的变革中，世界许多国家都有过成功的先例。黄遵宪没有把视野仅仅局限在日本，他从各国的语言文字考察中，进而对国人的“言文一致”进行审视。其对“言文一致”的认同有着语言的世界性视域，他考察了英国、法国和意大利等国摆脱拉丁语的束缚采用各国的某种方言而走上“言文一致”的道路，日本通过削减汉字甚至排斥汉字而采用假名体也基本实现了这一理想目标。他写道：

> 余闻罗马古时，仅用拉丁语，各以语言殊异，病其难

---

① 陈铮编：《黄遵宪全集》（下册），中华书局2005年版，第1419页。

② 郭绍虞主编：《中国历代文论选》第4册《与严又陵书》，上海古籍出版社1980年版，第122—123页。

用。自法国易以法音，英国易以英音，而英法诸国文学始盛。耶稣教之盛，亦在举《旧约》、《新约》就各国文辞普译其书，故行之弥广。①

他以文艺复兴时期的但丁为典型例子，当时正是意大利的市民阶层反封建反教会的斗争日益高涨的阶段，但丁敏锐地觉察到了一种新的社会形态对于文学语言的要求，于是写有《飨宴》和《论俗语》两书，对于解决意大利的民族语言和文学用语问题发挥了重大作用。为了反对中世纪的蒙昧主义，推广意大利语，他亲自创作了质朴而清丽的《神曲》。因为这种方言俚语取得了相当的地位，从而使意大利语文学开始了从中古到文艺复兴的过渡。有新的人文主义思想家之称的“英国诗歌之父”乔叟，他不用所谓高雅德法语或拉丁语言写作，而是采用纯粹的伦敦方言，开创了英国文学语言的新时代。黄遵宪尽管对自“法国易以法音，英国易以英音”以及《圣经》翻译过程的语句不十分清晰，但是他看到了语言替代和语言翻译的结果，即英法等国家文学兴盛和《圣经》得到广泛的传播，都得益于“言文一致”的馈赠。

在中国白话文的改革运动中，胡适是黄遵宪的嫡传，胡适基本上继承了黄遵宪的衣钵。对于“白话文”的革新人们最初是从胡适那里而获知黄遵宪的观点的。同样，胡适在《建设的文学革命论》等文章中也反复提及这样的观点：英语、德语、意大利语等民族国家的语言是在摆脱拉丁语这个超国家的语言共同体的过程中诞生的。拉丁语作为欧洲各国的官方语言，难以胜任语言的发展要求，因此推广英语、德语、意大利语的方言俚语，并写入书面语中。这种知识构成不仅是胡适白话文学理论谱系的

① 陈铮编：《黄遵宪全集》下册，中华书局2005年版，第1420页。

世界性基础，也是“五四”新文学理论谱系的世界性基础。中国走“言文一致”之路可以效法这些发达国家的做法，废弃文言而采用通俗的口语体作为白话文而推广。

当然，世界各国“言文一致”的道路模式以及伴随着的各国现代民族共同语的产生方式上之间的差别，无法以既定的立场去要求黄遵宪如何全面规范而到位，无法以千篇一律的模式去要求黄遵宪如何实行他的文学革新理论。引起重视的是黄遵宪提出了“言文一致”的这个主张，并为这个主张躬耕践行之。这一举措，在中国白话文革新中具有标志性意义。

黄遵宪认为各国的启蒙运动，都是从“言文一致”的简化文字开始的。为此，黄遵宪对于文字改革的目的十分明确。简化汉字使语言与文字合，其最终结果就是为了便于教化民众，他的最为直接动机就是为变法维新运动营造一个优良的氛围。他以汉字的演进为基本依据，希望它逐步发展简化，试图从汉字的改革开始，使言文合一，达到文化普及。如在黄遵宪的晚年，他对小说创作的基本手段——“直用方言”倍加支持与赞赏，要求小说创作通俗化，走“言文一致”的道路，并以此为实验，进一步设想由此创造出一种通俗实用的新文体。达官贵人、平民百姓，男女老幼“皆能通文字之用”。他还从对日本、中国语言文字现象的比较观察中得出了“语言”与“文字”离合的程度，决定了“通文”者的多少的理论结论。至光绪二十七年（1901 年），他再次申明他的理论：“语言者，文字之所从出也。……”

黄遵宪认识到，随着时代的变化，中国古代文字需要逐渐走进历史，它越来越不符合社会潮流的发展，要被时代所唾弃。况且，这种文字在翻译外国书籍的时候，更是带来麻烦。他考察了日本“言文一致”的问题，最终又回到汉语自身的困境，这是黄遵宪的思维方式。尽管那时不像中日甲午战争之后，中国士大夫才普遍性地向日本学习。

如何解决汉语言文分离的问题呢？黄遵宪从西方学者对中国文字的诘难开始："泰西论者，谓五部洲中以中国文字为最古，学中国文字为最难，亦谓语言文字之不相合也。"于是，竭力主张向日本学习，解决文言分离的问题。黄遵宪在给严复的书信中，当论及翻译时，提出了自己的改革文字和文体的具体措施。一是"造新字"、"假借"、"附会"、"涟语"、"还音"、"两合"；二是变文体和修辞。他所提出的这些设想，显然吸取了欧美各国文体格式和语言修辞方式。在这里，黄遵宪广泛地借鉴了西方各国的文化，"转益多师是吾师"。

如果说法语、英语替代拉丁语和《圣经》的用国文翻译的事实构成黄遵宪"言文一致"观念遥远的理论背景，那么，黄遵宪身临其境体验到日本"言文一致"的实际效应则成了他切近的直接刺激。日本文字用假名特别适用："专用假名以成文者，今市井细民、闾苍妇女通用之文是也。"黄遵宪提出，日本文字用伊吕波四十七字，"点画又简，极易习识，而其用遂广"。并且"人人习用，数岁小儿，学语之后，能读假字，即能看小说，作家书，甚便也。"①"不难三岁识之无，学语牙牙便学书。春蚓秋蛇纷满纸，问娘眼食近何知？"②日本"言文一致"的成功经验，是黄遵宪思考着中国语言问题的实际改革效果的首要原因之一。

总而言之，语言革新是社会变革的发展规律，而不是某一个国家发生的偶然事件，各个国家在社会发展的转型中都有它的相似性。社会要发生根本性变化，那么文学语言的变化势在必行。

---

① 陈铮编：《黄遵宪全集》下册，中华书局 2005 年版，第 1418 页。

② 吴振清等编校整理：《黄遵宪集》（上），天津人民出版社 2003 年版，第 29 页。

黄遵宪所推行的“言文一致”的文学思想，无不借鉴了这些国家的历史情况所采取的文学改革，结合国人的具体现实而推出的一套行之有效的文学革新方案。

第二节　书面语变革的原因考察

一　书面语变革的基础——从文字的简易到语言革新

在中国文化的历史长河中，文言与白话文并存的历史，陆陆续续走过了一段漫长的时间，即使从先秦算起，到晚清也有两千多年。但是在这样漫长的时期，并没有人予以理论上提倡“言文一致”。直到黄遵宪根据对日本从文字到文学改革的经验教训的总结而开始注意到中国的文言不一的问题，并切实地提出了“言文一致”的理论主张。他认为“中国文字多有一字而兼数音，则审音也难；有一音而具数字，则择字也难；有一字而兼数十撇画，则识字也又难”。[①] 通过中日语言的两相比较之后，黄遵宪则强调“考察日本方言，不出四十七字中。此四十七字，虽一字一音，又有音有字而无义，然以数字连属而成语，则一切方言统摄于是，而义自在其中。盖语言、文字合而为一，绝无障碍，是以用之便而行之广也”[②]，在《日本国志·学术志》中，他对日本的语言文字进行了系统而全面的阐述，也为考察黄遵宪的日语观提供了第一手材料。除了对日本语言文字的产生、发展、现状及其特征进行了论述外，对日本片假名文字“言文一致”所发挥的巨大作用给予了高度评价，进而明确指出“苟使日本无假名，则识字者无几”。[③] 另外，黄遵宪还对那些认为日

---

① 陈铮编：《黄遵宪全集》下册，中华书局2005年版，第1420页。

② 同上。

③ 同上。

本人在运用“汉字训读”方式学习中国典籍的过程中创作出日本的假名文字的做法而“鄙夷不屑”[①]的“士大夫”进行了反驳。断言“日本之假名，有裨于东方文教者多矣，庸可废乎”[②]。黄遵宪的日语观不是仅仅局限在对日语的表层认识上，而是在阐述其特征的同时，从语言文字发展进化方向的角度对中国的文字改革问题做了深刻的思考。认为：

文字者，语言之所以出也。虽然，语言有随地而异者焉，有随时而异者焉；而文字不能因时而增益，画地而施行。言有万变而文止一种，则语言与文字离矣。居今之日，读古人书，徒以父兄师旃，递相授受，童而习焉，不知其艰。敬迹其异同之故，其与异国人进象胥舌人而后通其言辞者，相去能几何哉？……余闻罗马古时，仅用拉丁语，各国以语言殊异，病其难用。自法国易以法音，英国易以英音，而英、法诸国文学始盛。耶稣教之盛，亦在举《旧约》、《新约》就各国文辞普译其书，故行之弥广。盖语言与文字离，则通文者少，语言与文字合，则通文者多，其势然也。……泰西论者，谓五部洲中以中国文字为最古，学中国文字最难，亦谓语言文字之不相合也。然中国自虫鱼云鸟屡变体，而后为隶书为草书，余乌知夫他日者不变一字体为愈趋于简，愈趋于便者乎？自《凡将调篡》、逮夫《广韵集韵》，增益之字，积世愈多，则文字出于后人创造得多矣。余又乌知夫他日者不有生之字，为古所未见，今所未闻者乎？周、秦以下，文体屡变，逮夫近世，章疏移檄，告谕批判，明白晓畅，务期达意，其文体绝为古人所无。若小说家言，更有

① 陈铮编：《黄遵宪全集》下册，中华书局2005年版，第1420页。

② 同上。

直用方言以笔之于书者，则语言文字几乎复合矣。余又乌知夫他日者不更变一文体为适用于今、通行于俗者乎?①

他认为言文分离是文学不发达的原因。中国文学的言文分离问题要得到解决，简化汉字、变革文体、创造新字是重要的手段。他的思考有力地推动了后来者关于此问题的探索，为“五四”白话文运动打下了基础。

裘廷梁对白话文的理解，得益于黄遵宪，他进一步明确提出“白话为维新之本”的主张。裘廷梁在《论白话为维新之本》中也反复阐述了言文合一和白话文的意义，认为：

使古之君天下者崇白话而废文言，则吾黄人聪明才力无他途以夺之，必且务为有用之学，何至暗没如斯矣。吾不知夫古人之创造文字将以便天下之人乎，抑以困天下之人乎?人之求通文字将驱遣之为我用乎?抑将穷老尽气受役于文字，以人为文字之奴隶乎?且夫文字至无奇也，苍颉沮诵凿子之人也，其功与造话者同，而后人独视文字为至珍贵之物，从而崇尚之者，是未知创造文字之指也。今夫一大之为天也，山水土之为地也，亦后人踵事增华从而粉饰之耳，彼其造字之始本无精义，不过有事可指则指之，有形可象则象之，相形指事之俱穷，则亦任意涂抹，强名之曰某字某字，以代结绳之用而已。今好古者不闻其尊绳也，而独尊文字，吾乌知其果何说也。或曰，会意谐声非文字精义耶?曰，会意谐声，便记认而已，何精义之有。中文也，西文也，横直不同而为用同。文言也，白话也，繁简不同而为用同。只有迟速，更无精粗，必欲重此而轻彼，吾又乌知其何说也。且

① 陈铮编:《黄遵宪全集》下册，中华书局2005年版，第1419—1420页。

> 夫文言之美非真美也，汉以前书曰群经曰诸子曰传记，其为言也必先有所以为言者存，今虽以白话代之，质干具存，不损其美。汉后说理记事之书，去弃肤浅，删其繁复，可存者不一二，此外汗牛充栋，效颦以为工，学步以为巧，调朱传粉以为研，使以白话译之，外美既去，陋质悉呈，好古之士将骇而走耳。有文字为智国，无文字为愚国；识字为智民，不识字为愚民，何哉？裘廷梁曰：此文言之为害矣。①

稍后，就有一批接受西方的中国知识分子也出自同样的考虑，开始探索中国文字改革的初步方案。

“五四”白话文运动初期，胡适也认为：

> 我们认定文字是文学的基础，故文学革命的第一步就是文字问题的解决。我们认定死文字不能产生活文学，故我们主张若要造一种活的文学，必须用白话来做文学的工具，我们也知道单有白话未必就能造出新文学；我们也知道新文学必须要有新思想做里子。但是我们认定文学革命须有先后的程序：先要做文字体裁的大解放，方才可以用来做新思想新精神的运输品。我们认定白话实在有文学的可能，实在是新文学的唯一利器。②

很显然，胡适把文字、语言的革命放到了“五四”新文学运动的首要位置，并把它视为运动能否取得胜利的根本保证。

---

① 参见周作人《新文学的源流》，江苏文艺出版社 2007 年版，第 80—81 页。

② 参见朱文华《中国近代文学——从戊戌前后到“五四”文学革命》，贵州教育出版社 1994 年版，第 45 页。

从现有的资料来看，有关文字改革的初步方案着手较早的有卢戆章。他说：“当今普天之下，除中国而外，其余大概皆二三十个字母为切音字（拼音字），何为其然也？以其以切音为字，字话简易故也”，再从中国情况来看，“亦有切音”，“即以两汉字切而成音”，但为了更加简便易学，不妨仿拉丁字母笔形创“中国切音新字”的字母。经十多年的研究，卢氏创造了以50余记号画为“第一快切音字”的字母。几乎与此同时，又有蔡锡勇参照西文，创造了“传音快字”。此外，沈学也编了《盛世元音》（1896年）另创十八字母作为切音工具，王炳耀则编定《拼音字谱》（1897年），“拟新字，拼切方言，字母比之泰西，书法依乎本国”。这表明到了戊戌维新前夜，中国文字改革——汉语拼音运动已经有多种方案了①。

尽管上述诸人提出的方案并非尽善尽美，他们只是默默耕耘其间，在当时并没有引起多大的重视，研究的成果也没有达到他们所预期的效果。但是，他们的工作由于一致肯定了汉字的难学难认，也一致认为汉字的拼音化道路对于解决“言文一致”的问题有根本性的社会意义和积极的使用价值，他们对中国传统思想文化（包括文学作品）的载体（语言文字工具）的不可动摇的权威性提出了挑战，并将直接启发和导致后人进一步从理论上来倡导白话，在文学创作活动中采用白话而摈弃文言文。诚如梁启超当年以敏锐的目光指出：“启超于万国之字，一无所识，音韵之学，未尝问涂，瞢然无以测诸君之所长也。然窃私喜此后吾中土文字，于文质两统，可不偏废，文与言合，而读书识字之智民可以日多矣。”这实在是一种发自肺腑之言，产生了积极的社会效果。

---

① 参见朱文华《中国近代文学——从戊戌前后到“五四”文学革命》，贵州教育出版社1994年版，第45页。

其实，对于文字、语言改造的蒙初，早在东汉王充《论衡》中就已涉及文字、语言的问题，当然并未提出这个创新理论。之后唐代刘知几在《史通》中予以发挥，其后又历经宋、元、明、清的文人，特别是苏轼、公安“三袁”在文学上的倡导，文字、语言才得到进一步的改进。但是从这些文献研究来看，他们只是从较粗浅的文字、语言上隐隐约约地感觉到两者之间的关系问题，那些先人并未从事深入的研究，而且大都蜻蜓点水式地粗略带过。没有提出任何的实际理论和具体的解决措施。历史上的文字、语言在文学正统思想中被视为“变”、“异”的因素，它不能阻止言文分离古文的发展历史。但是在晚清，由于黄遵宪的倡导，文字与语言的改革问题才摆到议程上来，进而他提出了“言文一致”的主张，对于文字与语言的革新已经公开化了。从文字、语言到诗歌文体的革新，以至于晚清白话文运动的掀起，白话文最终在“五四”时期颠覆了文言几千年的统治而成为正宗，在这一过程中，黄遵宪是先行的理论家与实践家。

对文字、语言的改革是作为黄遵宪白话文运动的理论基础，具有文学规划的意义。而作为文学的规划，则要遵循文学发展的自身规律，这是书面语变革赖以生存的主客观条件。毕生从事诗歌文学创作的黄遵宪是深谙这个规律的。这不只是语言文学发展的内在要求，还与社会政治格局的调整、下层社会被关注有着密切的关系。因此，它体现了现实需要和历史发展、外在要求和内在趋势的统一。这是一个从政治到文学，从上层到下层的社会变革，从文字、语言观念的历史演变中可以更清楚地看到它的深远意义。以至于20年后，“五四”白话文运动、“文学革命”大致都遵循着这一文学理论路径，改革者们将中国白话文学不断推向前进。

二 “言文一致”的依据——书面语变革的实质

那么，从古代到现代，“言文一致”理论是否存在历史的继承性？它在原有的基础上又是如何突破的呢？

不妨从历史上所反映出来的有关“言文一致”的问题进行梳理，并进行归纳总结，从而进一步解释书面语改革的实质性问题。回溯历史上的“言文一致”论，核心问题有两个：一是为什么要“言文一致”，即“言文一致”的依据是什么；二是怎样做到“言文一致”，即“言文一致”以什么为标准。

历史上“言文一致”的主张主要是针对当时创作中古奥艰深、夸饰浮华文风提出的。由于“言文分离”的出现，“言文一致”的观念随后产生，它有的放矢，有较强的针对性。晚清主张“言文一致”的着重点和目的，主要是强调文化的普及运动、强调白话文在宣传维新思想上的工具与价值作用，它侧重解决文言文在表述与理解上的障碍问题，即文言文到白话文的通俗化问题，从而在更高层面上为维新变法扫清障碍。

“言文一致”的变革是在一定的条件之下、遵循一定的规律的。它依据以下三种理由。

一是遵循语言发展规律的需要。中国长期以来，书面语和口语处于分离状态。书面语（文学语言）走的是一条从语言到文字型的道路。先秦时，书面语大体是经过提炼的规范化的口语。自汉代开始，文学语言便渐渐离开了口语，向着文字型方向发展。辞赋堆砌古文奇字，指意难以明了。言、文也就是口语、书面语，它们的发展也有自己的规律，文字出现以前，我们的祖先使用的只有口语，文字出现以后就势必出现书面语，口语与书面语是两种不同的表达方式，在理解意义上存在一定的矛盾，即不协调性。它们是按照“不协调一致—比较协调一致—协调一致”的路线发展，当然它不可能达到完全协调一致。否则口语、书面语就不能发展了。黄遵宪的“我手写我口”是一个较高要求的主张口号。言文发展的路线体现了语言本身的调节功能，书面语对口语的发展有重要的作用，但是不能同口语过于脱节。

东汉王充指出“古今言异”的原因不是圣贤有意“使指闭隐”，而是因为语言在流传过程中“古今言殊，四言谈异”的自然变化，[①] 并率先对此问题进行了针砭；刘知几在此基础上充分肯定语言的发展变化以及对时代语的运用。他说“天地长久，风俗无恒，后之视今，亦犹今之视昔，而作者皆怯书今语，勇效昔言，不亦惑乎？”[②] 唐代文起八代之衰的韩愈，他和柳宗元一起倡导“古文运动”变骈为散，掀起了古文革新的波澜。虽然其“古文运动”的要求与现代的“言文一致”不尽相同，然而在古文的旗帜下，他们同样寻求语言的解放和创新。但是由于顽固势力的强大，终究没有取得胜利。不久韩、柳去世，古文运动不了了之。后来宋代、元代、明代及与之对应的平话、戏剧、小说这类通俗文学兴起，但由于遭受压抑与打击，认为是不登大雅之堂而遭受当局者排斥。历代文字、文体的变革都是针对当时文坛复古恶劣之风，即“言”与“文”不一致的困境而发起的，却都没有成功，虽然其“复古”的要求与现代的新文学迥异，然而在古文的旗帜下，他们同样寻求语言的解放和创新。同样，在散文领域，明代又掀起前后七子的复古运动，清代诗坛上摹山范水的文章充斥整个文坛，剽窃沿袭极尽夸张之能事，复古之风盛行。如果没有弄清古代汉语的意思，即使相同时代，也读不懂他人所写的文章。因此，袁宏道也讽刺今人作古语者“袭古人

---

① 郭绍虞主编：《中国历代文论选》第 1 册，上海古籍出版社 1979 年版，第 125 页。

② 郭绍虞主编：《中国历代文论选》第 2 册，上海古籍出版社 1979 年版，第 29 页。

语言之迹而冒以为古，是外严冬而袭夏之葛衣”[①]。黄遵宪慨叹：“五部州文字，以中国最古。上下数千年，纵横数万里，语言或积世而变，或随地而变，而文字亘古至今，一成而不易。父兄之教子弟，等于进象胥而设重驿。盖语言文字格格不相入，无怪乎通文字之难也。”[②] 语言随着时代的前进会产生新质内容，如果书面语跟不上时代发展的需要，代之以僵化固死，不能加以变通，言、文分离的局面就自然而然地产生了。

二是表达内容真实可靠与社会交流、抒写性情畅达随意与学习古人真精神的迫切需要。人们在平时使用于交流的日常口语和文学表达的书面语之所以会导致相互隔离，成为互不相关的两种话语模式，是言文长期分离的结果。文言的作用不一定替代通俗口语所发挥的功能，如唐宋以后，通俗文学戏曲小说模拟活人的声气成为创作的重要内容，这是文言难以表达的。随着时代的发展，文学的变革，文言的继续存在已经成为文学艺术发展的绊脚石。由此可见，“言文一致”的价值是多样的。明代学者谢榛在评论《古诗十九首》时得出了这样的结论：“‘古诗十九首’，平平道出，且无用工字面，对朋友说家常话，略不作意。如‘客从远方来，寄我双鲤鱼。呼童烹鲤色，中有尺素书’是也。及登甲科，学说官话，便作腔子，昂然非复在家之时。若陈思王‘游鱼潜绿水，翔鸟薄天飞，始出严霜结，今来白露晞’是也。”[③] 这就是说，不同的人由于身份、地位的不同，自然产生说不同的话，即使身份、地位基本相同

① 袁宏道：《雪涛阁集序》，载《明代文论选》，人民文学出版社 1993 年版，第 311 页。

② 吴振清等编校整理：《黄遵宪集》（上），天津人民出版社 2003 年版，第 142 页。

③ 贾文昭主编：《中国古代文论类编》，海峡文艺出版社 1988 年版，第 581 页。

的人，也会说不一样的话，这完全出于个人的社会阅历、文化水平等，不能千篇一律用一种腔调写出，“因人而施，口吻极似，正所谓本色之至也”①。因此，“言文一致”显得非常重要。例如“东周列国”的人们，尽管各用各的“语言异声”的语言，但是彼此之间，“朝聘会盟”，需要口头的“辞令”；经济运输，文化传播，都不能不频繁地打交道，就可能在原来各自语言的基础上要求产生一种共同的语言，即当时的“官话”，也就是所谓的“雅言”，从秦晋到齐鲁，当时大致通行这种“雅言”，实在是由秦以前1000多年间的“古汉语”积累发展而成的。② 事实上，在古代，“文言文”就是当时跟“字体”一起“规范化”了的“书面语”，这就是当时统治阶级和知识分子通用的“文学语言”。就这种口语与书面语而言，它们之间基本协调。

唐代史学家刘知几，从“言文一致”的角度，仔细地用先秦两汉和魏晋以后的文章进行比较鉴别，发现先秦两汉的书面语是与口语基本一致的；所以，要探求古人的真精神，就应该像古人那样作文时运用时代语言，这样才“庶几可与古人同居”③。苏轼论文崇尚自然，欣赏“如行云流水，初无定质”的文字。他批评扬雄的“艰深辞文浅易说”，主张文章不只要“了然于心”，也要“了然于口与手”④。后来，袁宏道进一步解释了“口”、“手”与“心声”的关系：“口舌代心者也，文章又代口舌者也。展转隔碍，虽写得畅显，已恐不如口舌矣；况能如心之

① 贾文昭主编：《中国古代文论类编》，海峡文艺出版社1988年版，第589页。

② 参见黎锦熙《汉语规范化论丛》，文字改革出版社1963年版，第21页。

③ 郭绍虞主编：《中国历代文论选》第2册，上海古籍出版社1979年版，第27—29页。

④ 同上书，第307页。

所存乎？”[①] 因此，只有用接近口舌的文字，才能自由自在书写性灵，流露个人的心声。“言文一致”就要探求古文的真精神，正如袁宏道说“学达即所谓学古”[②]。

同样，与封建社会中人际交往关系的分散性不同，现代发展起来的商品经济形式突出地强调了人的社会性。马克思在分析工业革命前法国农村社会的特点时指出：

> 小农人数众多，他们的生活条件相同，但是彼此间并没有发生多种多样的关系。他们的生产方式不是他们相互交往，而是他们相互隔离。这种隔离状况由于法国的交通不便和农民的贫困更为加强了。他们进行生产的地盘，即小块土地，不容许在耕种时进行分工，应用科学，因而也就没有多种多样的发展，没有各种不同的才能，没有丰富的社会关系。[③]

由于互相隔离，交流不多，他们基本上不用书面语，而是直接在农村的较小范围之内，运用方言俚语，就可以达到交流的目的，并不存在“言文一致”的关系。

中国封建社会的实情同样可以用马克思对法国农村社会的分析进行考察。“鸡犬之声相闻，老死不相往来”，是由于农民这种生活特点和生产方式决定的。甚至有一部分人认为，这是一种理想的社会生存方式。表现在文学上，历代统治阶级把文学当成是“载道”与“言志”的精神产品，它是一种高雅的工具，是服务与服从于士大夫阶层内的精神媒介。自然不用考虑其他人的需求，它与平民阶

---

① 袁宏道：《论文》（上），载《明代文论选》，人民文学出版社 1993 年版，第 302 页。

② 同上书，第 303 页。

③ 《马克思恩格斯选集》第 1 卷，人民出版社 1995 年版，第 677 页。

层无缘。平民大众只有靠口头文学诸如民间流传的神话、传说、民间故事等街谈巷议来做自己的精神产品。引车卖浆之流的方言、俚语等民间语言与所谓的正宗文学压根儿就沾不上边。但是到了商品社会后，社会秩序有了较大的变化，各社会阶层的文化互相融合、互相发展，一切都出现改观。商品的交换与流通，人们建立起各种各样的错综复杂的关系。任何阶层的任何人都不能孤立地生存在这个社会中了，他们之间成为一个相互交流、彼此融合的整体。在文学中，伴随日益多样化的商品社会，它势必肩负起审美与娱乐的特定使命，满足人们的多层次精神文化需求。因为文化市场的形成与民众文化水平的提高，不仅打破了封建士大夫对文学的垄断，而且还由于各民族之间文化的融合，使得保持一个民族完全独立的文学面貌都成为不可能。文学完全从封闭的状态中冲出来，深入民间，深入社会中有交往的人们之间。在这样一种文化背景下，“言文一致”要适应社会发展的需要。

三是“言文一致”对“现实”分担的需要。黄遵宪首提“言文一致”的书面语改革，主张“明白晓畅”之文是为“天下之农工商贾妇女幼稚”而写的书面语。提倡“我手写我口”，从白话文入手，要求“口语”与“书面语”不能差得太远。指明了语言、文字变革的方向。但其目的还是开启民智，为维新变法、改良政治铺平道路。如果黄遵宪早年批判封建朝廷的科举取士制度的落后，针砭八股文的荒唐无知，进一步提出“言文一致”是出于自发状态，那么，当他接触西方文化，吸收了一些民主思想，并从深层反省国人语言与文字的分离的现实就是一种自觉的行为。黄遵宪一针见血地指出统治者实行文化垄断的本质。推行“民可使由之，不可使知之”[1]，“非以明民，将以愚之”[2] 的愚民政策。正

① 李泽厚：《论语今读·泰伯》，安徽文艺出版社 1998 年版，第 204 页。

② 继任愈译：《老子新译》，上海古籍出版社 1985 年版，第 202 页。

是在深刻认识到这种文化垄断的沉重的历史后果，对“言文一致”的倡导，才从自发、模糊而走向自觉。他要求从诗歌打开缺口，把矛头直接指向“正宗”文学——诗歌，以其新变唤醒民众，达到救国救民的目的。白话文运动是“言文一致”的最有力手段，影响层面也非常复杂。不仅维新派倡导白话，“革命家”比如章太炎、刘师培等，甚至古文家如林纾都热情地提倡过白话。尽管他们动机不一，但是有一点是共通的，那就是大家都看到了白话与文言文相比更容易触及现实生活，虽然白话没有文言雅驯。这也是白话可资利用的原因。大家各有企图，“改良派视‘白话为维新之本’，革命派以白话为政治宣传的载体，守旧派当作可以保存封建专制残余的一种可资利用的手段”①。

由此来看，黄遵宪提倡“言文一致”主要是从语言发展的内在规律和文学的审美、文学改革现实的需要进行论证的。“五四”之后，以胡适为代表，国语运动期间制定并研发了一系列的方案，从上到下配套进行了试点与试验。它的指导思想就直接受到“言文一致”崇尚实用价值的理论支配。同样，文学革命提倡白话，除了包含了审美性的追求外，更多的是追求实用价值。文学革命主张双重原则的“言文一致”论是理论联系实际，是在生活中的具体运用，它表现为从文学语言的讨论扩大到应用文语言的讨论；从形式革命深入到思想革命。值得注意的是，“言文一致”论的重要依据正是语言自身的发展规律，国语文学时期也不例外，当然还应该从“进化论”思想探讨它。

三 “言文一致”的标准——书面语变革的目标

既然“言文一致”有着重要的依据及其存在方式，那么

① 夏晓虹：《晚清社会与文化》，湖北教育出版社 2001 年版，第 118 页。

"言文一致"的标准是什么？

简单地说，"言文一致"的标准有两个：一是"言"的标准；二是"文"的标准。他的表现形式就是"言近于文"、"文近于言"和"言文互近"。换言之，"言文一致"的标准涉及人们对"语言"的认识、对"文字"的认识、对"语言"与"文字"关系的认识。

黄遵宪说"语言为文字之所出"，但他更认识到语言与文字的相互关联。自从文字出现之后，民族文化更加得到传承，人们对它崇尚不已。翻阅典籍，可清楚地看到，在中国历史上，文字在更多的时候养尊处优，它比语言更受到推崇。文字系统以"形"为媒介具有持续性，所以比较稳定；语言系统以"音"为媒介，因而是不持续和不稳定的。媒介的差异以及技术条件的限制，使文字研究远远领先于语言研究。对于"言"与"文"，古人也试图进行过诠释，例如，王充指出"言恐灭遗，故著之文字"①，在语言文字的关系中语言是源，因此"文字与言同趋"。孔子的"言之无文，行而不远"也可以理解为言文关系的一种诠释，虽然重在突出"文"的记言价值，但暗含以"言"为本的观念。明人袁宏道说："口舌代心者也，文章又代口舌者也。展转隔碍，虽写得畅显，已恐不如口舌矣；况能如心之所存乎？"② 从而建立起"心声—口舌—文章"的表现途径。因此在语言和文字中，语言是文字的根本。这些都可以看作是早期"言本位"思想的萌芽。但是这些诠释似乎都把"言"与"文"割裂开来了，带有了某种片面性。现代人们似乎接受"语言为文字之本"，同样也存在一定的局限性。殊不知"言"与"文"

① 郭绍虞主编：《中国历代文论选》第1册，上海古籍出版社1979年版，第125页。

② 袁宏道：《论文》（上），载《明代文论选》，人民文学出版社1993年版，第302页。

相辅相成，任何一方的偏袒，都会导致只知其然，不知其所以然。只有黄遵宪等少数人洞察其中的渊源和妙处，并首著先鞭对此提出质疑，其中就包括“言文一致”论的主张。

一般情况下，“书面语”文学语言的“标准化”有赖于汉字的“规范化”。汉字“规范化”了，“书面语”就得受到制约，在某种程度上也有规范的可能。这是一个认可、接受到约定俗成的过程，尤其，统治阶级的强行硬推也很管用。统治者对于“书同文”（包括了“文同言”）的“统一”政策、配合制度如读经与科举的彻底实行，使之推而广之；另一方面对于民间的方言族语和“语同音”的困难情况的“分化”现象，只有听其自然。在漫长的岁月里，或自生或自灭，随遇而安，不必人为地实行干扰和破坏。历史上也有过这方面的经验与教训，这就是从公元前221年，以秦的统一为主要标志，直到晚清社会1895年的甲午中日战争，在长达2000多年的时间里，汉语出现“半统一”、“半分化”的“特殊过程”①。

进一步说，汉字为记录汉语的工具，是以记录意义为目标的。如果对“言本位”观念做进一步分析，由此延伸开去，还有“音本位”和“义本位”之别。“人们对汉字性质的定位是‘衍形文字’即‘形’是‘义’的反映。孔子说‘辞达而已矣’，辞所达的是‘义’而不是‘音’。虽然汉字是形声义三位一体的，但同时总是试图从‘形’中索‘义’，‘音’在汉字的分析中则往往被忽略，这势必导致对语言的忽略。因为与文字相比，语言的本质特征是‘声音’。在拼音文字体系中，‘语言’的‘能指’是‘音响形象’的同义词。”② 在文字和语言的相互关系中，文字记录语言的声音，语言是文字的表现形式，两者同

① 参见黎锦熙《汉语规范化论丛》，文字改革出版社1963年版，第21页。
② ［瑞士］索绪尔：《普通语言学教程》，商务印书馆1980年版，第102页。

处于一个整体。文字系统主要体现“形”和“义”的关系，语言系统则由“音”和“义”的关系构成，两个系统以“义”为交叉领域而发生关联。因此，“义”在传统语文观念中占有重要的地位。虽然在普通语言学意义上，古人已经提出了“言本位”的观念，但是汉字“衍形”的特殊性质使这种观念难以真正确立。因此近人王照在《官话合声字母原序》中指出，中国文字与世界上其他文字相比虽然创制在先，但是能通晓文义的人很少，其根本原因就在于，“文字不随语言而变，二者日趋日远，而因无文字为语言之符契也”。于是，创制一种作为语言符契的文字，就成了晚清现代文字改革的出发点和目标。

晚清代以来，学者们的视野被打开。在西方“衍声文字”的参照下，“言本位”观念进一步发展萌芽了“音本位”观念。黄遵宪在《日本国志·学术志》谈“言文一致”问题时，首先引述了“外史氏曰：文字者，语言之所从出也”这样一种典型的“字本位”的论调。但是，他紧接着说：“虽然，语言有随地而异者焉，有随时而异者焉；而文字不能因时而增益，画地而施行。言有万变而文止一种，则语言与文字离矣。”除了从理论上加以分析外，他还引用西方语言文字发展的历史进行说明。指出，西方语言与文字合一的经验即“以文就言”的原则。谈到中国的语言问题时，他认为中国传统小说之所以“适用于今，通行于俗”的秘密正在于“直用方言以笔之于书者，则语言文字几乎复合矣”，即文字忠实记录语言。由此可见，黄遵宪在肯定“字本位”的基础上，不仅明确提出了“言本位”原则，而且还暗含了“音本位”的文字改革的方法。这种观念到谭嗣同那里被进一步明晰。谭嗣同在《管音表自序》中说，“文字即语言、声音，非有二物矣”，指出文字具有记音价值。这个定义不仅突出了声音要素在文字中的地位，这种声音要素在过去的研究中没有得到重视。这里暗示了实现“言文一致”的一种途径，即“求文字还合乎语言、声音，必改象形字体为谐声，易高文典册为通俗”①。这可看作是对晚清至现代以来语言文学改革发展趋势的一种总结和展望。

黄遵宪提倡“言文一致”论，其目的就是要推广白话。虽然他也提出过一些具体的策略，但就作为白话文成为书面语后使用的正宗语言是一个复杂的过程，其变革措施尚需进一步完善，同时也留下了人们思考的问题。后来裘廷梁也主张“白话”而废“文言”。“文言”与“白话”本不是很科学地区分语言种类的概念，发展到后来，人们将两者对立起来也就成了从意识形态的急切需求中产生了一种革命的策略。因此这一概念不断地被研究者进行解释，这也反映了晚清以来中国语言文字变革的一个特征，即处在一个社会转型的历史关口，语言、文字以至到文学的变革，往往和社会文化心理、意识形态纠缠不清。政治言说、思想启蒙心态的急切，使人们往往不能对变革的对象做细致的学理分析，以至于变革对象处在模糊的语言背景当中。

第三节 书面语变革的“缺憾”与拓展
——“言文一致”后续探讨的难题

黄遵宪与晚清知识分子意识到，国人要普及教育，就必须提倡“白话”，但他们对“白话”的认识是停留在一种接近口语的书面语上，注重的是它的实用功能。在他们看来，“白话”可以与正式的书面语“文言”相安无事。甚至，由于“白话”分担

① 近代拼音文字创制的各种文字都是记音（拼音或注意）性质的。王照在《拼音字谱·自序》中说：“有音即有言语，有言语然后有文字。言语之用达心意，而文字之用代言语耳。”1806年，沈学在《盛世元音》中也说：“字也者，志也，所以助人省记者也。古字寓形，今字寓音……”

了开启民智的现实任务，还起到了“保圣教”等存留民族文化精髓的作用。他们追求的“言文一致”只能说是在提倡和使用“白话”时候的“言文一致”，而忽视了追求整体上的汉语符号系统之于“新世界”的言说诉求的“一致”。他们在做正式文章、写信札公文时，却又沉醉在那“言”与“文”不“一致”的“以为宇宙古今之至美”的古文，用的就是文言文（当然黄遵宪做得比较好）。他们忽视或者没有意识到汉语言说的方式与当下现实的阻隔正与文言文相关。“文言”和“白话”在此是一体一用的关系。

“言文一致”是一件任重而道远的事情，黄遵宪和他的同道们比较困难也不可能在他们的时代彻底完成。晚清的“白话”提倡者，多是深谙文言、熟练文言写作的知识分子。他们都是从文言文的“旧营垒”中“脱胎”而来，是处在文言文的时代来反对文言文的，其中的阻力可想而知。这种阻力不仅仅是来自外界的力量，而且还存在内在的因素。在他们做“白话文”的时候，本身就面临着种种矛盾。如何用一种崭新的“白话”语言，来描绘整个“新的世界”，确实存在不少困难，这不但涉及新的内容层面，而且涉及新的技术层面。古代语言与现代语言，是两个时代的语言系统，词汇、语法和表达方式都存在差异。稍不留意，其书面语往往容易滑入已有的“文言”文本和表达习惯当中，其结果只是形成一些文学程度稍浅、文白夹杂或不文不白的东西，像梁启超写的“新文体”、裘廷梁以“文言”写《论白话为维新之本》等就是明显的例子。这样的“白话文”之于“言文一致”的语言要求，实在是路途尚远。这说明，由“文言文”彻底过渡到确立白话文之正宗地位的艰难。梁启超、裘廷梁所做的努力，显示了作为过渡阶段的白话文是必不可少的，同时也说明了文言与白话相安无事、长久共存的两难。黄遵宪诗歌中使用“流俗语”，“流俗语”是在民间流传的一种老百姓语言，而这种语言经受了时间的锤炼与历史的沉淀，将继续流传下去。现代文学语言的变革，包括两个方面，一是现代化，二是通俗化，这是同一层面不相同的两个问题。在社会语言本身现代化之前，以“俗语”入诗并不能带来诗歌书面语的质变。俗语存在的时间相当长，它要和新的语言融合，尚需一个过程。而俗语和文言，则是同一语言系统中口头语言和书面语言的关系。吸收俗语，可以丰富书面语言，但不会改变语言的时代性。只有口语随时代变化以后，以现代的口语、白话写作，才能进一步创造出新文学。黄遵宪后来的创作，主要向着表现现代新事物、新思想发展。而在描写日本、欧美、南亚风光世态，表达民族自强、民主自由思想等这些新事物时，用“流俗语”必将造成不少困难①。所以，在“五四”之后，胡适在书面语的语言符号系统和意义之间，以一种新的语法改变了书面语的“言”与“文”的分离状况。胡适从书面语最坚固的“壁垒”——诗歌入手，用白话、“流俗语”作诗、作文，改变的不仅是诗歌语言形态，而且突破了书面语传统的“文法”（语法）。他要用“作诗如作文”的新文法去复活“死文字”，体现了语言文字的更新与语法结构的更新。

作为思想家与诗人的黄遵宪其历史功绩不可磨灭。黄遵宪与他的同道们相比，无论在“言文一致”的理论上，还是在诗文创作的实践过程中，都要比他的同道人走得更远。面对“新世界”，他的视野非常宽阔，他引进大量的新词汇②，而且这些词汇即使到了今天仍然在使用。黄遵宪倡导的“言文一致”是书面语改革的原则，但是原则的实现，还必须辅助以必要手段，比如“白话”字的音标、文字如何改革问题。黄遵宪用力最多的是文体改革，

---

① 参见王飚《独立风雪中的清教徒——黄遵宪诗学观的发展及其在诗歌近代化历史进程中的地位》，《厦门教育学院学报》2006年第1期，第17—18页。

② 这些新词汇在第三章中进行了列表归类，在此不再举例。

引进新词汇方面，也取得了巨大成效。他在《日本国志·学术志》中对日本的语言文字进行了系统而全面的阐述，对日本语言文字的产生、发展、现状及其特征进行了详细论述，为考察日本文字提供了第一手材料。黄遵宪对日本文字的考察不是仅仅局限在对日常的表层认识上，而是在阐述它的特征的同时，从语言文字发展进化方向的角度对中国文字改革问题做了深刻的思考。

虽然黄遵宪为中国书面改革而提出"言文一致"的理论，建立了历史的奇勋，但是，同样留下美丽的"缺憾"。也许是历史的局限，也许是时间与精力的局限，黄遵宪对白话文的历史价值和社会意义，对白话文的独特语言价值及其对文学的审美作用，对白话文与文学话语、与全民族共同语的关系等问题进行过认真研究，却因为维新变法的紧张形势所迫，有些问题的研究还来不及系统与深入。因而其理论具有原创意义而不免显得粗糙、零散。比如"白话"字的音标、文字如何改革问题，黄遵宪屡屡提及，却并没有具体的实施方案。这些都是留给后人需要解决的难题。但是黄遵宪的前瞻性思考有力地推动了后来者关于此问题的探索，为"五四"白话文运动打下了基础。

在此之后，同样对待日语的认识上，受到黄遵宪的很大影响，王照在《官话合声字母》中，用了很长的篇幅引用并阐述了黄遵宪在《日本国志》中关于"语言文字的'离'与'合'"的问题，他才模仿日本片假名创造了官话合声字母"五十音母"①；还有宋恕等人的"早切音字"的主张；谭嗣同"改象形字体为谐声"的主张；梁启超将言、文问题直接视为形音问题的观点；裘廷梁则公开提出"崇白话而废文言"、"白话为维新

① 以王照"五十音母"为代表的"官话合声字母"问世后不久，便在短短的10年内普及全国13个省，甚至被教育部门正式采用。

之本”口号①，这些理论的提出，无不受到黄遵宪白话文革新理论与实践的启发。

中国字体的繁杂在世界上是绝无仅有的，它确实给国人带来巨大的不便，在实际生活的交流和应用中，人们日益觉得“简化字体”成为必要而迫切的任务。这是一种自觉的理论意识，它是黄遵宪及其同人现代进化思想在文字改革中的具体运用。卢戆章于1892年《一目了然初阶》中提出，汉字就是沿“趋易避难”的方向发展的。“言文一致”的意思在卢戆章那里表述为“字话一律”，他将欧美、日本教育的普及也归功于拼音文字的这个特点②。康有为于1895年在《新学伪经考》中将事物发展的一般规律和文字发展的历史结合起来，试图证明：“凡文字之必先繁，其变也必简，故篆繁而隶简，楷正繁而行草简，人事趋于巧变，此天理之自然”；蔡锡勇于1896年在《传音快字》中以造字的目的和规律论证说：“六书之始，原为通词达意而设……历代相沿，隐寓删繁就简，趋易避难之意。”

综观所述，晚清至现代的文字改革是遵循文字内在的生存规律，沿着文字的发展方向，有的放矢地进行改革的。他们自觉地认识、有意识地借助现有的研究成果，企图把中国文字的改革推向前进。它表现为两种“简化字体”路径：一种以康有为做代表，他指出中国文字“由篆书到隶书，由楷正到行草”的发展轨迹，提出在原有字形的基础上减省笔画；另一种以蔡锡勇为代表，他通过对“六书”质变的分析，主张文字由表意向表音方向发展。这两条路径，是康有为、蔡锡勇在长期的文字改革探索中广泛地借助已有的研究思路与他们的实际研究相结合的经验总结，能够

① 陆耀东、程亚林：《近代诗学》，湖南人民出版社2000年版，第129—130页。

② 卢戆章：《〈中国第一切音新字〉原序》，载《一目了然初阶（中国切音新字厦腔）》，文字改革出版社1982年版，第6页。

接受实践的检验，具有较强的实践性与可操作性。当然，如果将黄遵宪的原则与康有为、蔡锡勇的“简化汉字”的方案进行比较分析，那么“言文一致”就比“简化汉字”更有它自身的市场了。这就是为什么1892—1911年出现的21种改革方案①的目标文字基本上属于音标文字的重要原因②，那是因为音标文字不仅满足了简化汉字的要求，而且能够直接反映语言语音的状态。

从1891年宋恕主张创造切音字开始，至少有十余人提出文字改革的主张或方案，并在士人中引起反响。从这些文字改革的主张或方案看，它们都是想通过推广“至灵至浅，至简至易”的“快字”、拼音字等，达到“立强国于无形实基”③。笔者进了归纳并列表（表2—1），请看这一时期提出的10个文字改革主张的方案④。

表2—1　　最早提出的10个文字改革方案

时间	人物	著作	主要内容
1891年	宋恕	《六斋卑议》	首次提出创造“切音字”的主张，开中国现代文字改革的先河
1892年	卢戆章	《一目了然初阶》	创制了55个字母（其中包括拉丁字母和拉丁字母变体），采用声母、韵母双拼制，“虽一生未入孔门，亦能无师自识汉字”。* 这是中国第一个汉语拼音方案

① 这里采用的是费锦昌《中国语文现代化百年纪事》的统计，高天如《中国现代语言激化的理论与实践》。

② 参见吴晓峰《国语运动与文学革命》，中央编译出版社2008年版，第34页。

③ 沈学《盛世元音》、王炳耀《拼音字谱》等等，均为拼音文字史料丛书，文字改革出版社1956年出版。

④ 参见汪林茂《晚清文化史》，人民出版社2005年版，第282—283页。

续表

时间	人物	著作	主要内容
1895 年	吴敬恒	未出版	采用独体篆文创制“豆芽字母”。但一直没有公之于世
1895 年	梁启超	《沈氏音书序》	认为康有为“取其十六音为母”，创制切音字，但未向外界公布
1896 年	蔡锡勇	《传音快字》	创制出 56 个字母（包括 24 个声母、32 个韵母），采用“一声一韵，两笔相连，切成一音”的方法
1896 年	沈学	《盛世元音》	采用记符号做字母。符号 18 种，兼做声母，其区别在笔画大小，也称作“天下公字”
1896 年	力捷三	《闽腔快字》	采用的字母与蔡锡勇的《传音快字》一样，所不同的是《闽腔快字》，用于拼写福州音
1897 年	王炳耀	《拼音字谱》	采用速记符号与拉丁字母相结合的办法，创制出 22 个声母、53 个韵母，用以拼读方言，或“北音”（即普通话）
1898 年	裘廷梁	《论白话为维新之本》	与文言文相比，白话有八益：一曰省力、二曰除骄气、三曰免枉读、四曰保圣教、五曰便幼学、六曰炼心力、七曰少弃才、八曰便贫民
1903 年	刘师培	《中国文字流弊论》	中国文字在数千年的流传中产生了不少弊病，欲救其弊，非用白话不可

注：* 卢戆章：《新字初阶序》，转引自倪见、卢戆章《中国第一快切音字原序》，载卢戆章撰《中国第一快切音字原》；蔡锡勇：《传音快字》。

这些扎实的工作，的确是对黄遵宪倡导的书面语的“言文一致”的进一步拓展，在某种程度上弥补了黄遵宪理论的不足。黄遵宪及其同道所做的努力，为“五四”白话文走向正宗打下了坚实的基础。

胡适在《〈中国新文学大系〉第一集导言》里专门叙述了从卢戆章到民国十七年（1928 年）国民政府正式公布《国语罗马字拼音法式》，这“三十多年的音标文字运动”，他评价最高，也最同情的还是王照，他认为“最明白主张‘言文一致’”的人就是王照。[①]

之所以对王照如此的感同身受，是因为作为后来者的胡适，他自己已从白话入手，掀起了文学革命，也最终成功地从经验出发，看到了王照的方案比同时代人更为独特的地方。王照认为，从拼音方案可行性入手，主张拼音要用来拼白话，决不能用来拼古文，他是用简单的字母来拼汉语中的“白话”、“俗语”。他的方案既涉及书面语的能指系统的分裂问题，又没有要求书面语完全仿效西方的拼音文字。[②]

王照的方案主要在语言的层面，还没有触及文学，但他从“白话”入手来改造书面语言文不一的状况的方案，无疑与后来的胡适的语言革新的方案有相似的地方。胡适并不赞同废除汉文，改书面语为拼音文字，在书面语之外寻找国人新的言说方式；胡适也不赞同“古文”、“文言文”占据书面语的主要地位。他最终的革新办法是从书面语内部，从废除书面语的“言”与“文”之间寻找一种容易趋向一致的内在理路。这个理路与黄遵

① 胡适：《中国新文学大系·导言（1817—1927）》，载《理论建设集》第 1 集，上海文艺出版社 2003 年版，第 7 页。

② 参见王照《官话合声字母·凡例》，第二十条，文字改革出版社 1957 年版，第 62 页。

宪起初的思考比较接近。

如果用王照与黄遵宪相比较，黄遵宪这个诗歌语言、文体的改革家，当然要站得高、看得远，他以高屋建瓴之势，看穿了语言革新的最终目的，即作为白话的书面语成为正宗语言。但是，黄遵宪还没有做得足够完善或者来不及做的工作，王照却扎扎实实地来做了。

当然，胡适提倡白话文的目的有他自己的如意盘算，就是为了通过白话文在文学中的广泛实践，建设一种“文学的国语”，打造成一种所谓全新的白话。他曾心有余悸地认为，王照的字母是以通过拼白话、俗语达到书面语的日常交流上的“言文一致”，他不敢苟同这个观点。并认为如果按王照的观点实践下去，那么中国文学的发展就会偏离现在的这个轨道，得不偿失。胡适不无遗憾地认为，后来的“读音统一会”忽略“白话”而注重字母，简直主次不分。

第四节　历史地位与影响

黄遵宪最早提出“言文一致”的主张。他与同人们的努力，为晚清的白话文运动奠定了相当的基础。从“言文一致”的角度重视民间语言的价值，积极推动文学语言的现代化与通俗化。“白话文”这个专有名词，尽管当时还没有直接被提出来，而且这种语言有待被界定。其实黄遵宪文中所预计将会出现的“农工商贾妇女幼稚皆能通文字”就是呼之欲出的白话文了。说白了，“白话文”就是指它的通俗性和所在时代的现代性。“适用于今，通行于俗”的新文体就是从它反映的现代性思想内容与通俗性的语言载体而言的，新文体就是包括采用白话文体在内的一种文学体裁。

以黄遵宪为首的晚清知识分子的“言文一致”理论去寻求，

其特征主要表现为，在民族危亡的现代性焦虑心理支配下的书面语能指系统的改革。在语言思想工具的观念之下，欲更新言说方式，则需更新语言工具。所以，有创造字母来拼汉字、改革汉字，甚至极端到废除汉文的方案。这种“言文一致”和后来胡适的“言文一致”是一种历史的继承与发展的关系。黄遵宪及其他的同道更多的是考虑语言在工具层面即表意符号层面上的“一致”性、说话的声音与文字的书写“一致”性。因为国难当头，变法在即，黄遵宪们所急迫要做的工作就是普及文化，开启民智，做好当下的启蒙工作。因此，不可避免地带有一定的功利性，从而一定程度上忽视了语言作为“形式”与“内容”的关联。语言在特定的社会历史中，并不是孤立的符号系统，其所肩负的表述功能是由表述者、文化语境、接受者、语言本身多种因素相互对话生成的结果。前者是词语本身的问题，后者则是受历史、文化制约的句法、语法的问题。由于社会现实必须通过语言来理解，语言问题肯定是文化变革的中心。黄遵宪基本上是从文学变革中诉求书面语的言说方式，旨在开启民智，维新变法。卢戆章、沈学、王照等清末切音字运动的提倡者是从效法西方音标文字形态着手，企图让汉语像音标文字一样容易掌握，以更新国民说话方式与书写方式来振兴文化教育。效法的对象相同，出发点也似乎相像。就思想境界来说，前者显然高于后者。但是就艺术层面而言，后者却显得更为精细。黄遵宪在宏阔复杂而矛盾的“言文一致”的追求中，主要从口语、流俗语入诗革新文学的语言风格；试图运用俚语、韵语及外国语法、创作混杂的“新文体”的方式来寻求书面语的更新。黄遵宪的眼光是敏锐的，他一针见血地指出“言”与“文”分离问题的严重性与危害性，也着手做了一些实际而扎实的工作。遗憾的是，黄遵宪在寻求解决这个问题时，没有把目标放在语言本身而进一步下功夫，来不及更多地做些细化的工作。这就留下了后续需要进一步探讨与解决的难题。正如万米赛跑，黄遵宪作为规划者、起始者传递的接力棒，卢戆章、沈学、王照等需要立即接过来继续冲刺。他们所进行的工作，是黄遵宪们未竟的事业，所以也显得十分重要。

黄遵宪开风气之先，最早提出书面语变革的思想，主张“言文一致”的理论，其地位是崇高的，影响是深远的。他为后来者提供了许多有价值的经验与思考，具有标识性与方向性作用。“言文一致”是个文学难题，继黄遵宪之后衍发了许多的关于“言文一致”的长达几十年的研讨与激烈的交锋，出现了不少有关这方面的专业性人才。

“言文一致”所呈现出来的问题确实很有价值。如何面对书面语的复杂性，在特定的现代性境遇中来革新传统的言说方式，这不仅是晚清知识分子的任务，也是民国直至“五四”知识分子的问题。黄遵宪在“文言”表意的困厄和“白话”开启民智的便捷之间的矛盾，在拼音文字所代表的文明的优越性和书面语的魅力、母语的情感之间的徘徊，仍是“五四”文学革命所发生的重要背景。

文学是语言的艺术，“新”文学必得有语言之“新”。“五四”文学革命的发生正是从语言革命开始的。所以胡适叙述“文学革命”的历史背景时不得不花相当的篇幅来叙述黄遵宪追求“言文一致”那困难的两幕：“一幕是士大夫阶级努力想用古文来应付新时代的需要，一幕是士大夫之中的明白人想创造一种新的文字来教育那‘芸芸亿兆’的老百姓。这两个潮流始终合不拢来。”[①]

黄遵宪“言文一致”论与在晚清掀起的“白话文”运动，

① 胡适：《中国新文学大系·导言（1817—1927）》，载《理论建设集》第1集，上海文艺出版社2003年版，第13页。

以及后来在实践中创作的“新文体”白话诗歌，对后来的影响非常之大。这是一个需要英雄而产生了英雄的时代，这是一个需要革命而产生了革命的时代。“白话文”应运而生，恰恰符合了人民的实际需要，符合社会发展的潮流，因而白话或半白话的书籍与报刊已能够很好地在20世纪初的革命宣传和拒俄运动以及美华工禁约运动中发挥它的优势，这种长短不一、可长可短的“新文体”，具有空前的宣传议论效果。后来因为邹容、陈天华、秋瑾等资产阶级革命家的广泛运用，“白话”文学也在这场运动中得到了长足的发展。尤其在1911年辛亥革命之后，资产阶级思想文化的传播和现代科学技术的发展更增加了对语言的清晰性、精确性和大众化、实用化的要求，“五四”新文化白话的发展势如破竹，又一次极大地冲击了中国的封建传统文化，白话要替代文言文成了一股不可抗拒的历史潮流。后来，资产阶级思想解放运动以“民主”和“科学”为旗帜，在“自由”与“爱国”为主轴的思想指导下，中国现代白话文运动蓬勃发展，陈独秀们以创刊的《青年杂志》为阵地，以铿锵有力的白话文对晚清腐朽思想发起更加猛烈的抨击。在“文学革命”成果的基础上，白话取代古文已呈现“水到渠成”之势。正是在这样的历史背景下，黄遵宪之前提倡的“言文一致”及其在晚清白话文运动中做出的努力，折射出了不平凡的历史意义，这也是黄遵宪对中国由晚清到现代文学革命进程中所创造的历史功绩。

第三章 “新派诗”创作的第一人

第一节 革故鼎新的心声

黄遵宪从青、壮年期间出使海外，见多识广。从亚洲到欧洲再到东南亚诸地方，每到一地，他亲自考察，各国政治、经济、民俗、地理、历史无不尽收眼底。走出国门，目的是寻找救民于水火的真理，探索民族发展的道路。他看透了中国封建社会的腐朽本质与晚清政府腐败无能，看到了“泰西”诸国先进的科技文化，同时也认识了他们侵略的本性，进而要求改革，要求救亡图存的爱国之心愈加炽热。而其中年以后所经历的一系列的内政外交的政治风波，更是在心中掀起了巨大的波澜。作为一个忧国忧民、具有远大抱负的诗人，所有这一切的饱经沧桑，为创作新意境、新风格，表现新事物的“新派诗”提供了极好的生活基础和思想感情基础。

一 新派诗：激情、保守与“既破且立”

为了更好地说明并论证黄遵宪的“新派诗”，不妨首先谈谈与“新派诗”相对照的“新诗”。最先提到“新诗”的是晚清“诗界革命”的重要人物梁启超。他在《饮冰室诗话》中，概括回顾了“新诗”的创作情况：

复生（谭嗣同）自熹其新学之诗。然吾谓复生三十以后之学，固远胜于三十以前之学；其三十以后之诗，未必胜三十以前之诗也。盖当时所谓新诗者，颇喜殷挦扯新名词以表自异。丙申、丁酉间，吾党数子皆好作此体，提倡之者为夏慧卿（夏曾佑），而复生亦綦嗜之。①

这里说的“新诗”，不是“五四”以后的白话新诗，而是戊戌变法前夕，一部分改良派人士的诗歌创作，当时又名“新学之诗”。“新诗”尽管采用的仍是传统的五七言形式，但确乎表现出不同于旧诗的新面目。

“丙申、丁酉间”，即1896—1897年间。当时甲午战争结束不久，以中国在战争中失败而告终，中国的形势每况愈下，内忧外患，日本及西方殖民主义者乘机加紧了对中国的侵略和争夺。清政府腐败无能，国难当头，阶级矛盾日益尖锐。

中国人民饱尝了国家灾难的痛苦，时代的危机强烈地激起了国人的满腔爱国热血。伴随西方资产阶级思想文化的传入，开明的知识分子要求政治改良。改良主义的政治运动在改良主义思潮的涌动下，迅速发展。在1895年，康有为、梁启超相继组织了“公车上书”之后，他们积极创办新闻报纸，如《中外纪闻》大搞舆论宣传，而且成立强学会，一股新的思想潮流在社会上造成了广泛的影响，海内空气为之一变。这种政治上的浪潮迭涌的局面，有力地推动了思想解放的波澜。先进的知识分子十分急切地要求向西方学习，企图力挽狂澜、救民于水火。他们仿效明治维新取得成功后的日本，在政治文化各个方面都力求维新。各地的学会、学堂、报馆纷纷兴办起来，传统的封建思想文化再也不能维持其垄断地位，封建思想文化已渐具瓦解之势。在思想界，一

① 张永芳：《诗界革命与文学转型》，中国社会科学出版社2004年版，第67页。

股“新学”与“旧学”之争的潮流意境兴起。

1895年至1896年间，夏曾佑、谭嗣同、梁启超三人在北京聚会。由于志趣相投，彼此互相欣赏，几乎每每相邀，天天见面。书生意气，指点江山，激扬文字，似乎谈得最多的就是当下的诗歌创作。高山流水觅知音，终日沉浸在思想解放的兴奋之中而不能自拔。所谓“新诗”，正是作为“新学”的直接产物而问世的。“新诗”的首倡者夏曾佑，以及“新诗”的基本作者谭嗣同、梁启超，都是“新学”的比较狂热主义者。据梁启超回忆，他们当时沉迷于“新学”，常用诗歌做“宗教式宣传”[①]。他们关注的是用旧体诗歌来宣传他们感兴趣的“新学”，而对“新诗”的实验并不在意。在这种情形下，“新诗”因“需要”而产生了。“新诗”在这时是作为一种手段被利用，于诗歌本身而言并不存在实质性内涵。

从思想内容出发，这种“新诗”，其实是韵文化的“新学”，与诗坛的关系并无太大关联。蒋智由后来评论夏曾佑的诗说“亚欧捭阖谋空壮，耶佛评论语更鲜”[②]。“驱役教典庖丁刀，何况欧学皮与毛。”着眼点都放在“新学”[③]。梁启超们作新诗的目的是要传达新知识、新思想，但是他们的创作往往“语句则生涩语、佛点语、欧洲语杂用”，“非常在一块的人不懂”[④]，即使常在一起的人也感到异常的隔膜。

后来梁启超回忆，他对夏曾佑的“新诗”创作颇有微词，

---

① 梁启超：《饮冰室合集》文集之44（上），载《亡友夏穗卿先生》，中华书局1989年版，第40—41页。

② 蒋智由：《旅居日本怀前塘碎佛居士》，诗见《清议报全编》。

③ 张永芳：《诗界革命与文学转型》，中国社会科学出版社2004年版，第69页。

④ 《亡友夏穗卿先生》，载梁启超《饮冰室合集》文集之44（上）中华书局1989年版，第40—41页。

“不备诗家之资格”。梁启超说：“穗卿自己的宇宙观、人生观常喜欢用诗写出来。他前后作有十几首绝句，说的都是怪话”。这里说的“绝句”当是指夏曾佑的七绝《无题》二十六首。其中最著名的是第十九首，诗云：“冰期世界太清凉，洪水茫茫下土方。巴别塔前一挥手，人天从此感参商。”梁启超注：“冰期、洪水，用地质学家言。巴别塔云云，用《旧约》述……”[①] 运用地质学名词和《圣经》中的典故，来表达对不同种族、国家之间相互竞争的感慨。夏曾佑的诗作，让人读后不知所云，觉得“怪话”连篇，但如果用它与旧学和传统诗歌进行比较，也的确是旧的诗歌创作中从未有过的材料，可谓“新”。谭嗣同则是另一个“新诗”作者，他对“新学”有个人的独特理解方法。其《金陵听说法》四首、《感旧》四首等，其中最著名者为《金陵听说法》。他的诗作往往引用佛、耶、孔三教的典故。“而为上首普观察，承佛威神说偈言。一任法田买人子，独从性海救灵魂。纲伦惨以喀私德，法令盛于巴力门。大地山河今领取，庵摩罗果掌中论。”诗中引用了“喀私德”（Caste，指印度种姓等级）、“巴力门”（Parlimant，议会）两个翻译的“新名词”，以效法西方民主，极力控诉封建纲常伦理。不惜以生硬晦涩来表示对“旧学”的反叛、对现实的激愤。但是，这样的诗作，确实令人费解。

“新诗”是一种短命之诗，并没有产生多大的影响。似乎产生以后，就未见其发展期。在当时，也主要是夏、谭、梁三人在一起相互酬唱。三人一旦分开之后，“新诗”面临消失的可能。只有谭嗣同创作“新诗”的劲头未受到影响，但也孤掌难鸣，自我陶醉而已。他们这种不可理喻的诗不会也不可能在社会上产生多大的反响。当然，这种“新诗”，主要是偏于政治上的需

① 梁启超著，舒芜校点：《饮冰室诗话》，人民文学出版社1959年版。

要，企图在政治领域开拓一片自由的天空。夏曾佑首倡“新诗”，为的是宣传他“自己的宇宙观、人生观”；谭嗣同、梁启超着迷于“新诗”，也出于对“新学”的崇拜迷信及其对“旧学”的鄙视和厌恶。出于宣传“新学”的需要，他们大胆地在诗中采用了许多枯涩的翻译词语和生硬的自造隐语，即使把诗写得不伦不类，也在所不惜。因此，收效甚微而事与愿违，甚至引起相反的效果。其弊病除堆积洋典故外，人们还尽可指责它词语生硬，古怪晦涩，不成诗意，毫无诗味……“新诗”为晦涩难懂，极具拗口，并没有得到欢迎，其诗风的轻狂也带来一些消极的影响。这种为新而新、为变而变，轻视了必要的通古和继承，淡忘了古今通变之间必要的张力与时代的文学现状，其结果可想而知。梁启超自己也说过：“至今思之，诚可发笑。”① 因为“此类之诗，当时沾沾自喜，然必非诗之佳者，无俟言也”。② 谭嗣同的“新诗”差不多作于这一时期，可惜就在此时谭嗣同因戊戌政变而慷慨就义了。谭之死，“新诗”也就不了了之③。事实上，在当时无论是宋诗派末流的“同光体”，还是流行一时的假古董汉魏六朝诗歌流派都是“生涩奥衍”抑或“杂凑模仿”，取法的是倒行趋古的腐朽诗风，拟古主义、形式主义的诗风笼罩着整个清末的“正统”诗坛。

当然，晚清的诗歌革新者敏感地察觉到，不能让中国诗歌在拟古僵化中衰亡，而应该为它另辟蹊径。于是最早探求中国诗歌新出路的维新党人，伴随着他们思想政治上的倾向，把目光转向了他们刚刚认识的、充满新鲜与奇异的西方文明世界。首先进入

---

① 梁启超著，舒芜校点：《饮冰室诗话》，人民文学出版社 1959 年版，第 49 页。

② 同上书，第 50 页。

③ 参见张永芳《诗界革命与文学转型》，中国社会科学出版社 2004 年版，第 71—75 页。

视野的，还是那些新鲜芜杂的外在现象，他们还来不及对这些繁杂的外在现象进行进一步的去粗取精、去伪存真，对于其内在的精髓尚待深入挖掘。“新名词”的引入，只是诗歌改革的初步试验，就连当初提倡“欧亚新声”的康有为本人，也还不太了解可资借鉴的“欧亚新声”究竟为何物。但是“新名词”的产生，却预示了真正“新诗”的开始。

笔者认为，夏、谭、梁所作“新诗”在主观上更多呈现的是一种姿态，这种姿态很重要。他们走在历史潮流的前面，作为激进派他们进行了这种诗歌变革的尝试。不可否认，“新诗”的尝试，在客观上也曾起到一些积极作用，如反映了对启蒙文化的重视、对思想解放的追求；对传统诗歌的反叛、自觉地追求诗歌的新变；有变革社会风气、试图开启民智的作用①。这种“以堆积满纸新名词为革命”② 的诗人，他们“无从索解”的诗作，尽管是中国古典诗歌改革的一种探索和尝试，但也留下了经验与教训。梁启超总结了这次尝试的经验教训，并从黄遵宪的诗作中得到了重要的启示。他说：“时彦中能为诗人之诗，而锐意欲造新诗国者，莫如黄公度……”③ 与此同时，一场声势浩大的深刻的诗歌变革在晚清诗坛似乎早已在酝酿成形。

那么，什么样的诗歌既能保留传统的审美趣味，又能起到宣传启蒙的革新作用呢？黄遵宪的“新诗”（后来的“新派诗”）给了梁启超启发，为他提供了范本。

谭嗣同、夏曾佑偏激进的所谓反传统姿态的“新诗”，其思想的出发点，值得肯定。但是，他们好高骛远，脱离于现实，企

① 参见张永芳《诗界革命与文学转型》，中国社会科学出版社 2004 年版，第 75 页。

② 梁启超：《饮冰室诗话》，人民文学出版社 1959 年版，第 51 页。

③ 左鹏军：《黄遵宪与岭南近代文学丛论》，中山大学出版社 2007 年版，第 40 页。

图高屋建瓴却缺乏应有的根基，难免不会陷于坍塌的命运。“新诗”显然不符合诗歌发展的基本规律。梁启超后来提出了要“以旧风格含新意境”的主张，但很少有人有意识地思考应该从“旧风格”中择取哪些东西，更少有人去想应该怎样对“旧风格”进行发展和改造。唯一对此做了认真探索的是黄遵宪，他深知革新诗歌必须在古人诗歌创作的基础上，不能凭空捏造，没有依据；要古为今用，推陈出新。在黄遵宪那里，继承与革新密切结合。他的诗歌改革理论是在清理几千年封建正统思想体系的基础上建立的，坚决抵制当时诗坛复古思潮。因此，黄遵宪主张“一曰复古人比兴之体；二曰以单行之神，运排偶之体；一曰取《离骚》、乐府之神而不袭其貌；一曰用古文家伸缩离合之法以入诗”①。黄遵宪在诗歌改革的过程中，把诗歌改革和古诗优良传统的继承结合起来，认为今人之诗可以效法古人之诗，尤其是古诗的形式值得借鉴。

其实早在1868年，年轻的黄遵宪便提出“我手写我口，古岂能拘牵”的口号，从书面语与口语的关系、从说与写的角度，倡导诗歌革新，反对复古，第一次用鲜明的口号，响亮地发出了诗坛变革的呼声。黄遵宪诗歌的变革思想比夏、谭、梁要早好些年，他的创作在实际上开辟了诗坛的新境。“新诗”与“新派诗”就其称谓上，出现的时间难分先后，在指导思想上也基本一致，但对于古代文化的继承与摒弃、对于外来文化的吸收与排斥，“新派诗”人不像“新诗”诸人在方式方法上如此极端与急躁冒进。

黄遵宪正式打出“新派诗”的旗号在1897年。湘乡曾重伯广钧为黄遵宪诗作序，认为古今以诗名家者，无不变体，而称黄

① 吴振清、徐勇、王家祥编校整理：《黄遵宪集》（上），天津人民出版社2003年版，第80页。

遵宪善变。“废君一月官力书，读我连篇新派诗。风雅不忘由善作，光丰之后益矜奇。文章巨蟹横行日，世变群龙见首时。”①黄遵宪明确地把自己的诗称为“新派诗”。这种“新派诗”的内容，“其述事也，举今日之官书、会典、方言、俗语，以及古人未有之物，未辟之境，耳目所历，皆笔而书之”②。除了反映本国现实情况之外，为适应和满足读者扩大了审美兴趣和需求，诗人的笔触还应伸展到域外。

梁启超说：

> 黄遵宪诗中的典故和新名词与谭嗣同、夏曾佑诗中的新名词最大的不同有二：一是黄遵宪使用新名词不是为了时髦，而是为了更好地反映时代内容；因此像谭嗣同、夏曾佑“新诗”中的“巴力门”、“喀私德”、“巴别塔”、“琉璃海”等佛、孔、耶教经典之类的新名词，从未见到。二是黄遵宪使用的新名词，不是只有“吾党二三子”才能懂得、“苟非当时同学者，断无从索解”的“故实”③；而是多数人都能了解的新词语。④

诗歌，作为时代精神的产儿，它必须在时代的召唤下，迈出新的一步。黄遵宪认为，诗歌作为一个历史过程既有连续性、相因相承的一面，又有非连续性、变革损益的一面，后代对前代既有变革、创新；又不能割断历史，有继承、发展。这不就是辩证

① 钱仲联：《人境庐诗草注笺》，《酬曾重伯编修并示兰史》中册，山海古籍出版社 1981 年版，第 761 页。

② 吴振清、徐勇、王家祥编校整理：《黄遵宪集》（上），天津人民出版社 2003 年版，第 80 页。

③ 梁启超：《饮冰室诗话》，人民文学出版社 1980 年版，第 50 页。

④ 同上。

法在诗歌中“扬弃”观的具体运用吗？他一生秉承这个规律，即使到了老年，依然痴心不改。

黄遵宪的新派诗之所以新鲜而不空洞，这与他的创作观点密切相关。从《人境庐诗草·自序》一文中，可以对黄遵宪的主要创作观点加以总结：第一，诗歌外“有事”、“有人”，则诗歌必须反映那种“事”和“人”，是言之有物的，有的放矢的，有感而发的；他的诗多半具有“叙事”的特点，特别是诗人自己的思想、感情、人格。《人境庐诗草·自序》中许多作品直接写个人的身世与交流、行踪与际遇、悲欢与抱负……也完全可以称作诗体的自传。后人对黄遵宪生平的了解，正大半得之于他的作品。第二，今天的时代既不同于古代，今天的思想感情当然也不同于古人，在诗歌艺术的表现上应该有自己的面貌。第三，立足于自己的时代，写自己时代的人和事。黄遵宪有两首五律，一作于早期，一作于晚年，都是自剖心迹的力作。1867 年，年仅 20 岁的黄遵宪，在《二十初度》云：“堕地添丁日，时平万户春；我生遂多事，臣壮不如人。离乱艰难际，穷愁现在身；摩攀腰下剑，龙性哪能训！”[①] 这是“新派诗”的写照。黄遵宪称之为“假借”，称之为取其“神理”而“不袭其貌”。“运用之妙，存乎心”，他不是生搬硬套，而是融会贯通，即“尝一胸中设一诗镜”，也就是说黄遵宪的诗境诗情是早已蕴蓄于胸，而诗的体例、方法、神理、变化都可以在古书上习得。

鸦片战争前后，古体诗在这一时期发生了由“雅”到“俗”的变迁。这种由“雅”到“俗”的变化，说明平民意识、民间话语在诗歌中有所渗透，士大夫文人以前那种高高在上的创作姿态，可能有所变更，他们转而眼光向下，在内容上有意识摄取民

① 吴振清、徐勇、王家祥编校整理：《黄遵宪集》，天津人民出版社 2003 年版，第 87 页。

间题材，在形式上效法民间诗歌的创作形式等等。黄遵宪在甲午战争之前就提出以“新意境”、“新语句”写诗。他是针砭古体诗的现状，有意识为之。因为古诗到了清代，其陈旧的尊古守旧、摹章效句的体例，以古为雅，以雅保古的诗风已经阻碍诗歌的向前发展。士大夫文人对超脱功利、养性自怡的追求，也是造成诗坛远离社会，更远离民众的原因。

所谓“新意境”，即诗歌必须反映新的思想和新的社会生活内容，而不是像旧体诗那样，专以毫无生气的风花雪月、才子佳人入诗。如“新派诗”人们所说的“直开前古不到境，笔力纵横东西球”①。“能熔铸新理想以入旧风格。”② 因此当时新派诗人所作的诗，大多数用来歌颂爱国英雄，宣传变法、吟咏新事物、反映民情民意等。所谓“新语句”，追求诗歌语言的通俗化，如黄遵宪所说的“以民间流行最俗、最不经之语入诗”，或直接从民歌中吸取材料。

黄遵宪是有意革新诗歌的，他认为：第一，文学的内容是持续发展的，这是一个动态的开放的历史过程，随着时代的变化，社会生活日新月异，文人作家可以从中掘取不尽的资源。在形式的文体上也可不断演变更迭，而非固定的、僵化的、封闭的过程。第二，文学的内容与形式的演化是渐变的、缓进的，是一个不断吸收新鲜质素、扬弃陈旧渣滓的自我完善过程，而不是骤变的、剧烈的、激进的过程。第三，作为一定文化历史条件下、一定文学发展阶段中的个人，就应该正确认识和因应文学内容和形式发展与演变的个性特征，尊重文学自身变革扬弃的内部规律，既要使文学愈来愈适应时代与人的需求，又要保持文学应有的独

① 丘逢甲：《岭云海日楼诗钞·说剑堂集题词为独立山人作》，上海古籍出版社1982年版，第35页。

② 梁启超：《饮冰室诗话》，人民文学出版社1980年版，第2页。

立品格，以保证它的持续发展与繁荣。因此，对文学运动的倡导，对文学的变革就应当采取“维新”的方式，即温和稳健、循序渐进、有变有袭的方式；而不宜采用“革命”的方式，即剧烈的、破坏的、情绪化的方式①。黄遵宪认为：古代诗歌中很多精彩的比喻直至今天都颇具感染力，《诗经》惯用比喻、拟人、双关和联想等作为传统的艺术手法，如“香草美人”、“恶人小鸟”等，使诗的意象鲜明而又含蓄地表现出来，达到一种审美效果。所谓“羚羊挂角，无迹可求”。今天的诗人继承古人的优良传统手法是必需的；效法古人作诗、作文的章法，因为古诗的章法运用于现代诗歌，能够使诗意畅通，前后一致，从而淋漓尽致地表现出来；要学习古人的创作精神，如《离骚》和乐府。以文为诗，从唐代的“文起八代之衰”的韩愈开始，宋代欧阳修、王安石、苏轼都曾做过努力，这些古文大家都不同程度地给后人留下了许多宝贵经验和教训，可供后人进行有效的借鉴。黄遵宪长于写长篇叙事诗，他利用散文中的写作技巧来写诗，取精用宏、移花接木，可以说是对诗歌表达功能的扩展，具有开拓性的意义，这是符合形象思维的艺术创作规律的。

黄遵宪对文体演变问题也一贯关注，并把它融入了人生经验。从“我手写我口”到“新派诗”，再到“新体诗”，黄遵宪在诗歌理论创新和诗歌创作的实践上表现出孜孜不倦的探索精神，他的诗歌革新思想与他的政治思想改革紧密联系在一起，体现着他一贯的富于独立意识、深邃冷静、豁达稳健的思想品格。这种思想特点与思考方式既不同于谭嗣同、夏曾佑和后来的裘廷梁等人诗歌中的过分偏激、急躁激进，也不同于严复等人的过于保守，与那些顽固愚昧的老古董先生相较，更不啻天壤之别。

① 左鹏军：《黄遵宪与岭南近代文学丛论》，中山大学出版社 2007 年版，第 48—49 页。

“新派诗”的提出，反映了甲午战争之后逐步走向政治舞台的维新派在文学思想领域的革新要求，这种革新主张又与他们在政治上的维新变法运动紧密相连，实际上成为晚清“诗界革命”之先导①。

黄遵宪以诗歌为契机，系统地贯穿了他的革新思想，他的文学变革，着手于创作实践，在实践中发展。因此，他的文学思想的发展是基于现实基础的，他对诗歌的探索具有相当的可行性与较强的操作性。他斟酌于通变，放眼于雅俗，求索于古今，博采于中西。力图创造“足以自立”的“我之诗”，显示出独具一格的思想特征与创作姿态。黄遵宪的文学发展观念与诗歌创作实践之间形成了协调一致的关系。其诗歌改革主张，是自然地随着他社会变法思想而产生，并与之深化。及至 1898 年，他积极参加的变法维新终于酿成实际的政治运动，同时，他的诗歌改革理论也最后形成，且伴有创作上的显著成就。

二 “别创诗界”与新老共赏

那么，黄遵宪心目中新的诗界，应该是怎样的呢？

黄遵宪不愿仅仅做个诗人，他要匡世济民。可是作诗是他毕生的爱好，他倾心为之，从未停歇过。正如所言：“少日喜为诗，谬有别创诗界之论。”② 出使英国期间，他着手整理编辑《人境庐诗草》，在《自序》中提出了极高的创作标准，即“欲弃去古人之糟粕，而不为古人所束缚”，对自己的诗歌创作也提出了极高的要求。如黄遵宪为宫岛称一郎评阅《养浩堂诗集》，

---

① 参见张永芳《世界革命与黄遵宪》，载《诗界革命与文学转型》，中国社会科学出版社 2004 年版，第 24—32 页。

② 吴振清、徐勇、王家祥编校整理：《黄遵宪集》（下），天津人民出版社 2003 年版，第 478 页。

四阅其稿，字斟句酌态度非常严谨，从不马虎了事，王韬也非常敬佩黄遵宪与冈鹿门专门讨论作诗之道，详细地阐述了诗学观点：

> 诗之为道，性情欲厚，根底欲深。此事似在诗外，而其实却在诗先（舍是无以为诗）。至诗中应讲求者：曰家法，曰格律，曰句调，曰风骨，凡此皆可学而至者也。若夫神韵之高浑、兴象之深微，此不可造而到焉者，优而柔之，渐而渍之，餍而饫之。或一蹴即至焉，或假其身而不能一至焉。盖有天限，非人力之所能也。先生沉浸浓郁，其书满家，而中经乱离。倦倦君国，又深有风人之旨，蕴蓄于中者，固可谓深且厚矣！顾此卷抚昧感事，慷慨悲歌，不少名篇。顾炼格间有未纯，造句间有未谐，树骨甚峻，而亦过于露立，过于怒张。则讲求于诗中者，似尚有所未至也。从事于学，所能至少者，而徐而俟之。他日造就，盖未可量也。譬犹龙驹凤雏，骨相既具，而神采未足；又譬犹名花异卉，苞蕊既含，而烂漫犹待。宪虽不才，拭目企之矣。①

在阐述作诗方法的同时，表述了自己对作诗的严格要求。它是黄遵宪诗歌的早期理论，与在《人境庐诗草·自序》中提出的诗歌理论相对照，可以看出他的诗歌理论的发展脉络。

文学创作贵在“创”，诗歌写作同样要追求出新。然而古诗就其内容和文体值得新诗借鉴和学习之处确实非常之多。新诗创作不能凭空而生、从天而降，它的创作是古诗的延伸和发展。古诗因为古人所作，因为它多讲究格律、对仗、平仄、押韵，还多用典故，所以束缚多；新诗就得抛弃这种陈旧的枷锁，以思想解

① 郑海麟：《黄遵宪传》，中华书局2006年版，第105—106页。

放与形式自由换取新生。即使作格律诗也得辅以格律不太严谨的韵律。新诗如果严谨地格律化，就与律诗、绝句或可以长短但有定格应循的词、曲没有分别了。在诗歌的表现形式上，黄遵宪主张自由而多样的形式，主张“以文为诗”，把散文的自由句式引入诗歌，从而变革诗体。黄遵宪在诗歌理论上主张思想内容的创新。他认为新派诗应有“古人未有之物，未辟之境”①，这“古人未有之物，未辟之境”是什么呢？首先是其取材、叙事要十分广泛，“其取材也，自群经二史，逮于周、秦诸子之书，许、郑诸家之论，凡事名物切于今者，皆采取而假借之”②。古诗中有许多修辞比喻或名言警句曾感染后人，但因为流传时间太长、沉积太深，有些修辞比喻日益陈旧僵化，毫无新鲜之感，使读者感觉人云亦云，因而很难引起人们的共鸣。诗人在诗歌创作中所要求的是“未有之物”、“未辟之境”，诗歌创作要有新名词、新思想、新意境。黄遵宪对这种钝化、僵硬的修辞比喻进行了有意识的颠覆与反叛。他的批判立足于当今，上溯往古，下括将来，具有厚重的历史感和不容辩驳的力量。他的诗作大量使用翻译词语和自造词语，并非“挦扯新名词以表自异”，他给诗坛输入了大量的新思想、新内容的同时，也带来了新鲜的词语与新鲜的意境。黄遵宪在诗歌创作中反映的积极努力，真正突破了古代诗歌中的僵死、老化的词句与陈旧、腐朽的修辞，这无疑为诗歌的现代性创新杀开了一条血路。

诗的语言是各种文学体裁中最为精练的，篇中每字每句都有讲究，字字句句几乎都蕴含丰富的意思，它们的存在必须有它非存不可的理由。在叙事诗中，诗句拉长之后，可以收到低回婉

① 吴振清、徐勇、王家祥编校整理：《黄遵宪集》（上），天津人民出版社2003年版，第80页。

② 同上。

转、情思不断的效果；句子要短的话，要短得有度，往往起到一字千金之效。诗句的长短伸缩，得以信马由缰，撒得开而收得拢。能够有效地表达诗人丰富的情感。而且，从布局谋篇到形式上的每项设计，要合乎内在逻辑。黄遵宪这种“伸缩离合”的诗，符合诗歌存在的内在要求。最明显的就是他力求创作出一种句式长短不一、错落有致的新体诗，以求扩大诗歌的表现容量，增强其表现能力。例如《樱花歌》中的最后一段，诗句的长短错落，配合着诗歌内容的波澜，表现出诗人情绪上跌宕起伏，而且形成诗句韵律和语气的回旋往复的效果；在《赤穗四十七义士歌》中诗句的安排更为大胆自由，诗中最长的句子达 27 个字。诗写日本四十七义士慷慨赴义的英壮之举，能够震动天地，撼动鬼神；《以莲菊桃杂供一瓶作歌》等诗中也多有表现，不一一列举。

梁启超认为作诗要“为庄严语有风格”，“长篇诗为长短句者不难，而五言诗最难；为奇险有壮采者不难，为庄严语有风格者最难”。它整齐、古朴、拙重，较难见好。五言诗的难与不难，是针对诗体的艺术表现力所言。如果说黄遵宪“新体诗”所创作的是一种长短参差、抑扬顿挫而显示了灵活变化、容易见好的诗歌的话，那么，他创作的五言古诗，要得到读者的青睐就不那么容易了。但其五言古诗却在“难”中做到了“不难”，力求五言诗在“庄严”中见“活泼”，避免了呆板，同时自有一种新美而隽永的新风格。

正如王瑶先生所说：“在未彻底打破旧诗形式以前，要使诗能够容纳一定的民主主义的内容，而又不破坏诗的表现力量，使诗仍能发生艺术的作用，这就是新派诗所能达到的最高成就。”①

晚清到现代，这是一个“东西文明”与“两相结合”的剧

① 王瑶：《谈晚清新派诗》，《光明日报》1955 年 11 月 27 日。

烈变更的时代，它承上启下、继往开来。在古与今的文化嬗变中，黄遵宪坚决根植于今的立场，在诗歌创作中吸取古人成功的经验与教训；在东与西、新与旧的文化碰撞、融合中，秉承容纳新学、磨洗旧学的精神，将中国的文化发扬光大，把诗歌文学推向发展。他敏锐地意识到中国固有文化（包括诗歌在内）“当益骛其远大者，以恢我先绪，以保我帮族”①；又深知“中国旧习，病在尊大，病在固蔽，非病不能保守”。因而主张“今且大开门户，容纳新学。俟新学盛行，以中国固有之学，互相比较，互相竞争，而旧学之精神乃愈出，真道理乃益明”②。且矢志不渝以今人“所见之理、所用之器、所遭之时事”，对古与今、新与旧的冲突融合保持着积极健康的态度。

知人论诗，黄遵宪的诗歌创作可称“史诗”之作。黄遵宪认为，诗歌创作要“采近事”，特别是引进西方的思想观念。

黄遵宪进行诗体革新，同样也是为了达到宣传革新变法的目的。而诗体变化所涉及的表现内容往往又与西方的思想文化或域外见闻有很多联系。他新派诗作中的“新”主要表现为内容的“新”，即题材新颖，主题新颖。如《东沟行》中描写北洋海军抗击日本海军舰队的那场战役，清楚地反映出敌军是如何采用灵活的战术而取胜的。敌军舰队的队形变幻莫测，“绵绵翼翼一字连，倏忽旋转成浑圆”，“敌军四面来环攻，使船使马旋如风”。可是北洋舰队打法相当蠢笨，“我军了敌遽飞炮，一弹轰雷百人扫”。在敌人尚远时就放了些空炮，等敌军急速靠近时，我军炮弹已将尽。失败后“从此华船匿不出”。黄遵宪认为这惨痛的教训必须记取，他简括地说：“人谈船坚不如疾，有器无人终委

① 吴振清、徐勇、王家祥编校整理：《黄遵宪集》（下），天津人民出版社2003年版，第391页。

② 同上书，第495页。

敌！”这样的诗歌当然侧重它的思想性，但是不可否认它的题材新，主题新。

黄遵宪具备政治家的胸襟与史学家的眼光。他的诗作反映了鸦片战争后中国社会的错综复杂，抒写了一曲曲维新变法与抗敌爱国的战歌，呈现出一种忧国忧民与动荡危机感的强烈思想感情；“草完明治维新史，吟到中华海外天”。在现代西方的时代思潮的影响下，诗歌创作则洋溢着对现代科学的礼赞之情；诗人饱含丰富的民族感情，关心祖国发展，积极地寻找民族的出路，具有“师夷长技以制夷”的紧迫感与时代感。《感事三首》打破偏狭的华夷之见，揭示了锁国自尊的谬误：“吁嗟乎！茫茫九有古禹城，南北东西尽夷狄；岂知七万科里大九州，竟在二千年来诸大国。”[①]“鄂罗英法联翩起，四邻逼外环相伺。着鞭空让他人先，卧榻一任旁人睡。古今事变奇到上，彼己不识宁勿耻？持被入直刺不休，劝君一骋四方志。”[②] 由于眼界空前开阔，问题提得十分尖锐，见识通透，诗意酣畅，读之新鲜而震撼。《逐客篇》中，探寻了华人华侨漂洋过海去做苦工而屡遭凌辱的原因，是因为祖国的落后而挨打；《以莲菊桃杂供一瓶作歌》，描写南洋无冬无夏、杂花满树、莲菊桃李供作一瓶中的奇观，梁启超以为它“半取佛理，又参以西人植物学、化学、生物学诸说，实足为诗界开一新壁垒”[③]，但诗歌还寄予着作者消除种族歧视、四海为家的美好理想。

黄遵宪依据自己所倡导的“新派诗”的理论，构筑新事物、新观念的崭新意境。以高度概括的艺术手法进行诗歌创作，情景

---

① 吴振清、徐勇、王家祥编校整理：《黄遵宪集》（上），天津人民出版社2003年版，第184页。

② 同上。

③ 梁启超：《饮冰室诗话》，载《梁启超选集》上卷，中国文联出版社2006年版，第327页。

交融、物我一体，《今别离》就是这方面的典型例证。这在历代的诗歌中从未有过：它借现代新事物火车、轮船、照相、电报、东西半球昼夜相反等新技术、新知识来抒发男女离别相思的主题，艺术地构筑了新鲜的意境。《锡兰岛卧佛》这首洋洋洒洒被梁启超誉为“空前之奇构”的长诗，突破在一国范围内观察朝代更替的狭隘的目光，而从世界范围去观察国家兴废生灭：“日夕兴亡泪，多于海水滴”；“吁嗟古名国，兴废殊无常”，从这样的角度提出对亡国危险的担忧，自然特别惊心动魄。在长诗中，黄遵宪描绘了基督教与佛教两种不同宗教存在的相互矛盾，尤其表现了基督教对佛教的排斥：“迩来耶稣徒，遍传新旧约，载以通商舶，助以攻城炮，谓天之一尊，获罪无所祷，一切土木像，荒诞尽可笑，顶上舍利珠，拉杂付摧烧，意使福威德，灯灭树倾倒，摩耶抚钵哭，迦叶捧衣悼。像法二千年，今真末劫到。”① 清末维新变法人士康有为、梁启超、谭嗣同、严复等，以佛教学说为理论基础阐发其维新变法和立宪的革命思想，他们积极地参与了当时佛教的文化复兴。应该看到的是基督教是伴随着资本主义文化扩张而来，它通过各种渠道的传播，在中国已有一定的规模和历史。同时，也应看到东方的佛教没有厚实的经济基础作为支撑，难以成气候，不可能享有崇高的地位，不足以让信教的民众得到护佑。在诗中，诗人由文明古国沦亡的遭际，想到了在“弱肉强食”的世界上，软弱消极的佛教与维新变法无济于事，不可能在中国得到广泛的传播。黄遵宪进一步指出，在科技发达的时代，只有学习声、光、电等西方实学才能国富民强，盲目崇拜西方宗教根本就不能够在这个世界上站稳脚跟，唯有在竞争中求得生存。通过中外宗教文化的比较，诗人同样认识到学习西方

① 吴振清、徐勇、王家祥编校整理：《黄遵宪集》（上），天津人民出版社2003年版，第177页。

先进科技救亡图存的重要。这也表明了他与一般维新变法人士不同的真知灼见。尤其，他在《日本杂事诗》中有大量的诗篇描写日本在变法自强之后所出现的新事物，从现代的声、光、电、化到人的衣、食、住、行，日本所呈现出来的物质与精神的现代风貌。例如《镜写真》“镜影娉婷玉有痕，竟将灵药摄离魂；真真唤遍何曾应，翻怪桃花笑不言”[①]。这里介绍的实际上就是照相术；也有介绍电报的：“飞电时传别后思，难将肥瘦说腰支；一灯红豆开缄读，近况何如问影知。”这些新事物、新景象，黄遵宪兴趣盎然，描写得非常生动。诸如此类的诗作，比比皆是，不尽列举[②]。

1902年，梁启超写作《饮冰室诗话》时，盛推黄遵宪为20世纪诗界中独辟境界的大家，其诗是能“熔铸新理想以入旧风格”者的典范。黄遵宪因为在诗歌革新中的实质性成就，尤其是他对“诗界革命”的创造性贡献，梁启超大力推介其新诗，黄遵宪诗名在一定程度上也因梁的推崇而极大地影响诗界。戊戌变法失败后，黄遵宪虽在政治上失意，郁郁不得其志，革职回乡后又困顿不已，但因梁启超文学革命的热情鼓舞而感染，他与梁启超即使相隔天涯，却依然感到近在咫尺。其“别创诗界”致力于古典诗学传统转换的创新意识，也更趋明确与活跃。黄遵宪十分重视文学在民族文明中的作用，与梁启超的文学救国论遥相呼应。世变无穷，诗歌革新也要与时俱进。黄遵宪在《与严复书》中论严复与梁启超关于“文界革命”的争论时以为要以

① 陈铮编：《黄遵宪全集》（上），《日本杂事诗》（第175首），中华书局2005年版，第59页。

② 参见王丕承《中外文化交流影响下黄遵宪诗歌理论的创新》，《上海师范大学学报》2000年第2期。

“文学之道，当以人人遵用之乐观之”[①] 为准则。使诗歌的创作有用，它反映新鲜的社会生活，符合人们的日常交流的需要，为现时代人所喜闻乐见，应该成为诗歌文体革新的依据和出发点。

黄遵宪的“新派诗”，作诗富于创新，不落前人窠臼。早年写的《杂感》诗非常严厉地批评了诗人埋头于故纸堆中寻找片言只语进行所谓的诗歌写作，动辄以六经之字入诗，陈陈相因，没有新意，“六经字所无，不敢入诗篇”[②]。而发誓要写出前无古人，后无来者的诗歌作品。这不但是他“新派诗”主张的最好注脚，而且以此付诸创作实践。“新派诗”最为显著的特点就是“别创诗界”，可以说他一生就是朝着这个方向努力的。在古代到现代的诗歌转型中，还没有哪个诗人比他做得更好。他的诗歌创作理论十分丰富，实践创作也很多，前所未有。因此成了中国诗歌从古典走向现代历史进程中一位承前启后的开拓者。

黄遵宪站得高，看得远。锲而不舍的钻研精神，使他广泛地、有选择性地从我国古典诗歌艺术中吸取营养，取得有益的东西。他能够从民间文学中广泛地吸取丰富的艺术营养，并把它融入诗歌的艺术创作之中去。他能运用民歌中的谐音、双关的修辞手法，而且不避使用方言俚语。如他写的《山歌》：“第一香橼第二莲，第三槟榔个个圆，第四夫容五枣子，送郎都得要郎怜”，诗歌中“莲”、“圆”、“怜”既谐音又双关，也表现了新婚夫妇的幸福、美满和依恋之情，这里也深刻地反映了客家乡俗中的风土人情。有些诗歌则不避使用方言俚语。如有关诗歌中的“食乳”（婴儿吮吸母奶）、“阿婆”（祖母）都是纯粹的客家方言。又如从《扫墓归不寐闻邻妇抚儿》云：“树静风停梦不成，

① 吴振清、徐勇、王家祥编校整理：《黄遵宪集》（下），天津人民出版社2003年版，第479页。

② 陈铮编：《黄遵宪全集》（上），中华书局2005年版，第75页。

枕函侧倚泪纵横；荷荷引睡施施溺，竟夕闻娘唤女声。”诗中“荷荷”、“施施”分别是客家妇女抱婴儿催眠和催溺的声音。深刻地描绘了客家妇女母子连心的深厚感情。又如《下水船歌》中运用《黄牛滩谣》；《夜宿潮州城下》中的《船夫曲》；《己亥杂诗》中运用“粤歌”、“竹枝词”；《岁暮怀人》中运用《夹竹桃》、《九姓渔船曲》等民间俗曲。他能够采用民歌、歌行体写人写事。黄遵宪从小深受客家山歌的熏陶，它从客家山歌中获得创作灵感，在诗歌创作实践中，大胆地把客家山歌和古体诗结合起来，形成了有血有肉的新派古体诗。这也是黄遵宪新派诗创作的源泉之一。

康有为所谓目中无“李、杜”，更何曾有“元、明”的气魄固然很大，但黄遵宪不只有伟大的理想，更注重脚踏实地，在现实生活中灵活变通。在提出“我手写我口”口号的前四年就写了《感怀》一诗，对迂腐儒者“信而好古”的历史观提出怀疑：“世儒诵诗书，往文矜爪嘴。昂头道皇古，抵掌说平治。上言三代隆，下言百世俟。”[①] 指出，“儒教不过九流之一，可议者尚多”，不过是“专制帝王假借孔子依托孔子者，借口以行其压制之术而已”，因此“昌言排击之，无害也”[②]。

由于深厚的古文功底，黄遵宪对封建正统文学思想理论基础的认识比较深刻。他能够清醒而清晰地去审视过去的文学现象，并把批判的锋芒扩展集中对准当时诗坛逆流。始终如一地强调诗歌的现实性，正是在批判逆流中诞生了“新派诗”的革新理论体系。[③]

---

① 吴振清、徐勇、王家祥编校整理：《黄遵宪集》（上），天津人民出版社2003年版，第80页。

② 郑海麟编：《黄遵宪文集》，《致梁启超书》，京都：中文出版社1994年版，第197页。

③ 参见魏中林《清代诗学与中国文化》，巴蜀书社2000年版，第187—188页。

三 “熔铸新理想入旧风格”——兼论新词入旧诗

黄遵宪胸怀大志，具有济国救民的文化情志，诗歌创作的立场从未改变，它反映了传统士人积极入世的文化立场。他的“熔铸新理想入旧风格”的直接表现之一，就是“直言眼前事，直用眼前名物”（夏敬观语）。当然，黄遵宪与传统士人的思想又不尽一致。出于“新理想”的思想支配，他的“直言眼前事”和“眼前名物”是来自现实的需要、诗歌变革的需要，不是装腔作势，为“言”而“言”，为“名”而“名”，而是作为“新理想”的“眼前事”和“眼前物”的具体代表写于诗中的。与当初夏曾佑、谭嗣同、梁启超的“新诗”创作的出发点不同。它不是一种纯粹的实验，而是体现了黄遵宪诗歌创作的革新思想，更多地符合了黄遵宪诗歌创作的美学情境、创作目的。

黄遵宪以天下为己任，关心社会现实、关心国家命运。以现实入诗原是他所承继的传统和天生的职责，他的诗歌紧扣时代的旋律。当他带着几分自负昂首阔步于世界之时，这种亲身体验的现实是与诗人在国内所经历的完全不一样的另一种世界。对别人来说，他们自封于国内，体验的还是一种夜郎自大、唯我独尊的残缺现实。而对于身居国门之外的黄遵宪，世界则是以一种全新文明的现实面貌呈现在他面前。这是一个不能避开的世界。他要振奋精神，以饱满的热情打量这个世界，探究这个现实，并以洋溢的热情把这种崭新文明介绍给国人。漫长的人类发展史，虽然创造了辉煌灿烂的古代文化，但此时闭关自守的中国文化与西方先进文化相比较，已经完全落后了。黄遵宪努力要使中国古典诗歌的优良传统、优良风格与世界新时代的内容和谐地统一起来。

晚清，正是西方文化进入工业文明的尾声，科学技术突飞猛进，信息产业日益发达，文化的融合愈加密切的时代，其科学技术为人类提供了丰厚的物质文明和精神文明。蒸汽机的发明，电的发明，自然科学和工业的发展，新生事物层出不穷，世界变得日新月异。这种新事物、新思想极大地刺激了人们的大脑，给社会带来新希望。黄遵宪涉足海外十多年，他的“海外”之作，就是描绘西方工业文明给世界带来的新生活、新变化。其诗作中所呈现的工业文明的新事物和新名词，描绘了科技文明给人类带来的实在的利益。

自梁启超在诗歌创作的实践上推举黄遵宪诗歌为样板后，黄诗实际上已成为“诗界革命”诸人在艺术风格追求上的准则。从创作上看，以黄遵宪为代表的这一风格倾向，与那个新旧交替的过渡时代，在一定意义上是相适应的，并确实取得了很大的成功。因此，黄遵宪的诗作，不仅为新派读者同声喝彩，誉为“近世间无第二人”[①]，“旷世独立”[②]，而且不少对“诗界革命”本身并不以为然的诗人，也都对黄诗非常推崇。“同光体”诗人之魁陈三立即称黄为“驰域外之观，写心上之语，才思横轶，风格浑转，出其余技，乃近大家，此之谓天下健者”[③]，又称黄诗《今别离》等为“千年绝作”、“意境古人所未有，而韵味乃醇古独绝，此其所以难也”[④]。

作诗追求“新”，是黄遵宪诗歌创作一以贯之的作风。黄遵宪“别创诗界”的主要内容就是要表现新事、新物、新境，而要表现这种诗歌创作的基本条件就是要有新语句，就难免要用新

---

① 高旭：《愿无尽庐诗话》，《人境庐诗草笺注》，上海古籍出版社 1981 年版，第 1282 页。

② 古直：《黄公度先生时笺自序》，《人境庐诗草笺注》，上海古籍出版社 1981 年版，第 1304 页。

③ 陈三立：《人境庐诗草・跋》，《人境庐诗草笺注》，上海古籍出版社 1981 年版，第 1083 页。

④ 钱仲联：《人境庐诗草笺注》，《今别离》条注释，上海古籍出版社 1981 年版，第 517 页。

词汇来表情达意，故其新词入旧诗的趋向明显①。

梁启超在《饮冰室诗话》中评黄遵宪“熔铸新理想入旧风格”为其独特贡献，以科学技术、声光化电、工业文明入诗，既是在写诗，但更多是一种新理想的抒发。新理想是主导方面，黄遵宪不以诗为志，则写这些诗时自然也不为诗而诗，不会在用“旧瓶装新酒”上生搬硬套，由于他的作诗观念是“我手写我口”，凭借对现代事物特殊的感悟。认识到现代科学与物质文明记述的重要，他满怀热情，讴歌了所见所闻的“新奇风物”。火车、轮船、电报、潜艇、飞艇乃至巴黎铁塔、苏伊士运河等现代科技的产物，都成为他描写的对象。黄遵宪为其新理想开辟了一线天光。

在梁启超看来，欲为“诗界之哥伦布”② 并非易事，必须在他的诗中具备三个条件：“第一要新意境，第二要新语句，而又须以古人之风格入之，然后成其为诗。”③ 梁启超对黄遵宪诗歌的认识也是经历了一个过程的，这一过程与“诗界革命”理论的发展是相互推动的。其实在“诗界革命”之先，黄诗就博得了不少喝彩，这给梁启超留下了深刻的印象。戊戌失败后的第二年，梁启超鼓吹“诗界革命”。梁启超在《夏威夷游记》中谈到“诗界革命”时，对黄遵宪的推许还是保守的。他说：“时彦中能为诗人之诗而锐意欲造新国者，莫如黄公度。其集中有《今别离》四首，又《吴太夫人寿》诗等，皆纯以欧洲意境行之，

① 参见董就雄《黄遵宪新词入旧诗及相关问题之探论》，《南开学报》2008 年第 6 期，第 90 页。

② 易鑫鼎编：《梁启超选集》，载梁启超《夏威夷游记》（节录），中国文联出版社 2006 年版，第 324 页。

③ 同上书，第 326 页。

然新语句尚少。”[①] “诗界革命”的一个必不可少的标志就是“新语句”的运用。有些人甚至认为新语句运用的多寡则体现为“诗界革命”的成败程度，梁启超也曾持此观点。梁启超期待着诗界开掘型、创新型的人才出现。直到20世纪初，以至《新民丛报》的出现，梁启超对黄遵宪的诗歌才完全臣服。因为黄遵宪的诗歌的“古风格”对新语句的选择，正符合梁启超“过渡时代”的诗歌，“当革其精神非革其形式”[②] 的要求。认为："近世诗人，能熔铸新理想以入诗者，首推黄公度。”又说“元气淋漓，卓然为大家”，可以说对黄遵宪的诗推崇备至。

黄遵宪的“新派诗”与当时以新名词追求新异的一些所谓新诗不同，虽然他也用了不少新名词、佛教典故、科学技术现象和成果，但区别就在于有感而发。他讴歌社会新生活，描绘强大生命力和具有无限发展前途的新事物，揭示了美好现实的真谛。比如伦敦大雾、苏伊士运河、埃菲尔铁塔、锡兰大佛、火车、轮船、电报、相机乃至东西半球昼夜相反的自然现象等入诗，并非为追求稀奇的艺术效果，而是以一个近乎现代人的感同身受来描写眼前的新意境、新思想。这些事物，使之与黄遵宪的故园之思相连接。

作为《人境庐诗草》的重要组成部分《己亥杂诗》，它在语言运用上的特点，是新词语特别多。所谓新词语，是与现代新事物相生相成，作为新概念出现的一种标记，它是在晚清以前的汉语中所无或虽有而其含义并不相同的词语。这类词语在黄遵宪诗歌创作中很多，主要集中于《日本杂事诗》。它的“初刻本”154首写于1879年；“定稿本”增删成200首，于1898年出版。

---

① 易鑫鼎编：《梁启超选集》，载梁启超《夏威夷游记》（节录），中国文联出版社2006年版，第325页。

② 参见刘冰冰《在古典与现代性之间——黄遵宪诗歌研究》，博士学位论文，山东大学，2003年第88—89页。

诗中大量运用了新语词，合计超过 450 个，其中概念源自西方的新词约有 150 个，取自日本固有语词约有 300 个①。这些新词，又主要以日本固有的词语最多。当然，与《己亥杂诗》相比照，其新词语的运用，《日本杂事诗》不如《己亥杂诗》多，这与《日本杂事诗》向以单行本形式流传有关。②

黄遵宪诗歌中对“新名词”的运用，可以做如下分析。在收集到的黄遵宪 1128 首诗歌当中，使用的“新名词”。据不完全统计，共有“新名词”270 个。按照社会科学③、法律专用④、专有人或物名称、自然科学及其他，将其分类列表摘录。

表 3—1 列出黄遵宪诗歌常用今名今事⑤的新词语。

表 3—1　　黄遵宪诗歌常用今名今事的新词语

社会科学	黄白黑种　明治维新　维新政府　海陆军　殖民地　同盟国　男女同权　象形文字　合众国　领事官　新派诗　民权天择　天演论　立宪专制　时事　同胞　尚武　黑奴　黄种　闭关　奴隶　宗教　独立列强　国家　总统　校长　华工　西学　外交　华人　通商　种族合众　共和　党魁　平等　自由　天衍　宗派　尊王　攘夷　传统演说　哲学　爱国　全球　语言　文字　列国　禁烟　人权　白人废奴　市场　民主　自强　内政　革命　立宪　专制　国会　世纪帝制　议员　元老　团体　国民　瓜分　病夫　当局　中立　新闻公理

① 钱仲联：《人境庐诗草笺注》，上海古籍出版社 1981 年版，第 3 页。

② 蒋英豪：《黄遵宪研究新论——纪念黄遵宪诞辰一百周年国际学术研讨会论文集》，2007 年版，第 497 页。

③ 参见刘冰冰《在古典与现代性之间——黄遵宪诗歌研究》，博士学位论文，山东大学，2003 年，第 89—90 页（包括专用人、物名词；自然科学名词）。

④ 参见聂中华《论日语法律名词的研究》，《文史哲》2010 年第 3 期。

⑤ 参见吴天任《黄公度先生传稿》，台北文海出版社 1976 年版，第 399—401 页。

续表

法律专用	剥夺公权　不告不理　无期徒刑　保释辩护人　缺席判决　法律辩护　有期徒刑　遗弃之罪　六老院人　以法治国　高等法院　监狱规则　裁判长　裁判官　传唤状　检察官　危害品　传染病　不动产　保证金　不治罪　罚金　拘留　罪名　罪证　作证　传唤　警察　法制　刑事　保释　犯罪　治安　贩卖　防卫　配偶　公判　再审　诬告私营　渎职　故杀　逮捕　遗失　被告　辩护　书记　裁判　检事　传单　惩役　出庭　民法　民权　版权　复权　复审　刑事　监狱　起诉　告发　讯问　延期　监禁　自首　对质　从犯　囚徒　信用　伪造　诽谤　证人　搜查　共犯
专有人、物名称	华盛顿　须磨德川　吉野海外　欧西　日本　幕府　欧罗巴　亚细亚　轻气球　隼人　相扑　西人　译人　西半球　格兰脱　地球（大球、圆球）五洲（五大洲）香港　耶稣　中华　三宝奴　西方　樱花　玻璃　欧洲　留学生　俄罗斯总领事　太平洋　三富兰西士果　美利坚（墨利坚）拿破仑　蒙古　十字军　中国海　婆罗门　义和团　义和拳　假面具　中国　地球图　教皇　花名册　印度海　支那　南北极　鄂罗斯　英　法　德　淡巴菰　巴黎　苏彝士河　新嘉坡　大西洋　南洋　欧澳美　天足　可兰经　西方人　天主堂　十字架　十字旗　嘉富洱　玛志尼　虾夷　物语　桦太　臣连　伴造　藤橘源平国造　太政官　佛兰西　火轮　檀那　奥姑　料理　扬花　斗花　蛭子　风音　元猪　花糕　瓠花　富士山　鹂颠　坚鱼　芝居　亚洲大陆　全球　犹太　朝鲜　瑞士　博物馆　美国　天皇　学生　监督　茗宴　世界　土著　美洲　群岛　印度　天堂　地狱　天使　末日　罗马　希腊　埃及　伦敦　波兰　马关　白人　赤道　地轴
自然及其他	动物　植物　几何学　声　气　光　石油　枪炮 鼻烟　送葬　烟筒　炮台 握手　喇叭　眼镜　点心　月饼　冰糖　影戏　拥护　欢迎　赌钱

考察黄遵宪所运用的新语词可以可以得出几个明显的特点：第一，与政治制度有关，表现了他对西方先进政治制度的高度关注；第二，专有人名、地理名称的新词语较多，展现了胸怀祖

国，放眼世界的宽广视野；第三，与科技有关的新语词比较多，显示了对西方科学技术的浓厚兴趣，其目的为“学夷制夷”；第四，有关民族与人种的新语词有所涉及。

黄遵宪诗中的新语词，乃是出于表现现代新思想、新事物的需要，是现代新词语的一部分。如不用这些新名词，就无法表现现代变化着的现实新生活。换言之，不使用这些新名词就不可能出现中国诗歌史上的“新派诗”。晚清至现代这种新变革，从中国诗歌发展史的角度来衡量是具有“革命”意义的。黄遵宪对于诗歌文学的革新，尤其是“新派诗”的创作，诗歌中新名词的运用，越来越趋于现代。当然是为了反映当时先进的新思想、新事物、新文化的需要，是现实生活飞速发展的投影，这些新名词已成为现代汉语的一部分，即使在今天也在经常使用，成为现代人们耳熟能详的词汇。黄遵宪对于促进中国现代汉语的发展，丰富现代汉语的表现力，建立了不朽的功绩。

具体考察，不难发现黄遵宪的诗歌中新词汇、新语句的运用是随着诗人阅历的不断展开而逐渐增多的。出现在《人境庐诗草》3—8 卷中的新名词约占总数的 2/3。比如最早使用的“耶稣”一词，是诗人第一次到香港，首次描写资本主义的文明世界。不久，黄遵宪涉足美国、新加坡、英国、德国以及东南亚各国，欧风美雨，诗人沐浴了东西洋文明的春风，在他笔下描述的多是异国的风土人情。因此，新人、新事、新风貌的新名词在诗人笔下如泉水般汩汩涌现。当然，综观黄遵宪在诗作中使用的新名词，有关日本的名词占有相当的比例。这和诗人生活在日本的时间之久，对明治维新后日本出现的新生事物相当程度上的了解有关，也与黄遵宪把日本明治维新当作典型成功的例子而专心著述有关，50 多万字的《日本国志》和《日本杂事诗》足以说明。有关日本名词中，有一部分是言当时新事新物的“新”词，也有一部分是翻译当时日本的一些事物的名称，而且在《日本杂事诗》中，有涉及日本的一些古语和一些现代词汇。他对日语虽说不上精通，但在生活中也会使用一些日语的词汇。如与日本友人笔谈时，中间就往往夹杂了一些日语词汇。

在使用新词语的时候，也是反复定夺的。黄遵宪运用新词语有他个人的看法。第一，主张以新事物入诗；第二，主张以新词语入诗；第三，在表述新事物的时候，可用新语词，也可借用古语词。当然，在使用新词语的时候，同样表现出犹豫不决、拿捏不是十分准确。面对一个新事物，黄遵宪同样要通过实践进行检验。如在写新事物的时候，该多用新词语还是古语词，黄遵宪要花费不少心机。一是对宋诗派的审美取向，诱使他钻向古书找合适的古词来表达新事物；二是他的改良家身份，又促使他多用新词。不难理解，在具体诗歌的创作上，黄遵宪会在这两者之间徘徊。

从表3—1中可以看到，黄遵宪使用的社会科学方面的新名词较多。他对新名词的定夺是有针对性的，就是在世界视域范围内，时代的思想跟进世界先进思想的步伐，与西方文明思潮遥相呼应。笔力所及，“新名词”的产生孕育着西方文明的欧风美雨，代表着先进的思想文化。虽然他也在诗中介绍过一些自然知识的名词，但是寥寥无几，而且，也是化用了中国传统的词汇。这反映当时思想界对人文科学的偏重，也与黄遵宪作为一个文人的身份与思想有关。何况，自然科学的名词毕竟不像人文科学方面的新名词那样容易推广，在阅读上也会遇到困难。在反复浏览黄遵宪的著述与诗集时，可以清楚地看到“世界”、“地球”、“五洲”、“黄种”等新名词的使用频率居多，这很符合其个人视野。反映了诗人最为关注的是中华民族在现代性进程中的命运与走向。“走遍全球西复东”的特殊经历使他对国家民族的观念体会得十分深刻。“新名词”在体现着他对中国在现代世界中命运的深深焦虑与思考。

黄遵宪运用新词语的特点是名词占绝大的比例，这是新生事物的名称。黄遵宪出使海外许多的国家，时间长达 14 年。第一站是日本，然后是美国、新加坡、英国、德国，及其东南亚诸国。所以在新词的运用频率上，现代发达资本主义国家的名称相对较高。黄遵宪以全球为观照对象，其视野相当宽广。他出使的目的与定位也非常明确，就是学习西方先进文明，寻找民族出路，其着眼点仍然是以中国为关注重心。如在思想、科技、人文等方面取法日本、美国、英国发达资本主义国家等等。

查阅《人境庐诗草》可以发现，卷 4 共收古今体诗 32 首，作于光绪八年至十一年。光绪八年即公元 1882 年，此年作《奉命为美国三富兰西士果总领事留别日本诸君子》，此诗是黄遵宪离开日本到美国就职时作，这也是卷 4 中的第一首诗；此后，他又于 1889 年任驻英二等参赞、1891 年任新加坡总领事，可见，丘逢甲所称誉的“新世界诗”应是黄遵宪这一时期所作。从内容上看，这些诗歌运用了一些新名词来书写他的新奇经历，确有新人耳目之感，如“慨想华盛顿，颇具霸王略。檄告美利坚，广土在西漠，九夷及八蛮，一任通邛笮。黄白红黑种，一律等土著”① 中“华盛顿”、“美利坚”等新名词及其所呈现出来的新意义，都是当时中国人闻所未闻、见所未见的。其他诗作，如《登巴黎铁塔》写他登巴黎铁塔的新奇感受；《纪事》记述美国总统选举的盛况；《以莲菊桃杂供一瓶作歌》写他在新加坡的奇特经历；在《今别离》中他用乐府的形式，表现妇人送丈夫远行、相思的离愁，都是这类诗的代表作。因此可以说，黄遵宪在这一时期所写的诗歌是地地道道的“新诗”，即他自己所称谓的“新派诗”。

---

① 吴振清、徐勇、王家祥编校整理：《黄遵宪集》（上），天津人民出版社 2003 年版，第 153 页。

从效果上看，这些新名词能够与中国已有的文言词汇融为一体，较好地传达他的思想情感，并能够被读者所理解、接受。因为它来自具体生活，表现了现实中的“新”，传达着新的意识形态与客观实际，这种语言呈现一种“陌生化”，但却是真正的“诗”，那就是对陈腐语言的颠覆与反叛，以崭新的姿态展示新的意义空间，让人们感到前所未有的新鲜与新奇。

由上述分析可以看出，黄遵宪对新名词的选择并写入诗中是经过通盘考虑、仔细斟酌的，其态度非常慎重。借梁启超的话说：“公度重风格者。”在格律诗的创作中，黄遵宪是“戴着脚镣跳舞”，他既要遵守格律诗的规则，又不能被规则所束缚，所以他创作的律诗不像古律那样呆板，在内容和形式方面都透露出现代诗歌的新气象。他使用了当时“流行”的新名词，但这些新名词的使用没有给他的诗歌格律造成任何的破坏。可以这样说，黄遵宪仍然恪守着中国诗歌传统的美学原则与审美趣味。黄遵宪对新名词的运用，在某种程度，也是对传统审美趣味的审视，这是黄遵宪“新派诗”中一个十分值得思考的问题①。

与梁启超、谭嗣同、夏曾佑相比，黄遵宪在新名词的运用上要自然成功得多。黄遵宪涉足海外的宽阔的视野，耳闻目睹了许多新生事物。这对来自愚昧落后、封闭保守中国的黄遵宪来说，具有强烈的震撼力，也给他留下了非常深刻的印象。多年的海外历练，使他对新事物的欣赏有着直接的体验与感受。但在传统的中国社会生活中，由于少有与这些新生事物相匹配的词汇，对将这些新生事物描绘、表现出来就造成了一定的困难。

因此，黄遵宪在对严复讨论翻译问题时，又一次提出了文字改革的主张：

---

① 参见刘冰冰《在古典与现代性之间——黄遵宪诗歌研究》，博士学位论文，山东大学，2002 年，第 91—93 页。

> 第一为造新字，次则假借；次则附会；次则謰语；次则还音；又次则两合。荀子有言：“命不喻而后期，期不喻而后说，说不喻然后辨。”吾以为欲命之而喻，诚莫如造新字。其假借诸法，皆荀子所谓曲期者也。一切新撰之字、初定之名，于初见时，能包综其义，作为界说系于小注，则人人共喻矣。①

他提出的“造新字”，与梁启超等人的“挦扯新名词”不谋而合，都是从当时社会的现实需要出发，以接受西方的现代文化为宗旨。受到黄遵宪的影响，1903 年，刘师培在《中国文字流弊论》中也谈到用俗语、造新字的问题。第二年，刘师培在《警钟日报》上发表《论白话报与中国前途之关系》也谈到白话报中运用新词汇的问题，并由此指出中国文学言文不一的弊病，而要扫除这个弊端，就必须提倡白话。

于此，丘逢甲曾对黄遵宪的“新派诗”给予了中肯的评价：

> 四卷以前为旧世界诗，四卷以后乃为新世界诗。茫茫诗海，手辟新洲。此诗世界之哥伦布也。变旧诗国为新诗国，惨淡经营，不酬其志不已，是为诗人中嘉富洱；合众旧诗国为一大新诗国，纵横捭阖，卒告成功，是为诗人中俾斯麦。②

第二节 感时忧世的情怀

如果说早期的黄遵宪有志于诗歌革新，在他的作品中尝试注

① 陈铮编：《黄遵宪全集》之《黄遵宪致严复函》，中华书局 2005 年版，第 435—436 页。

② 钱仲联：《人境庐诗草笺注》（下），中国青年出版社 2000 年版，第 826 页。

入其新思想新格调，那么，出使日本和欧美，游历世界，眼界与胸襟由此大为拓开。诗人从更高的视角，从世界现状和发展的高度来审视晚清多灾多难的环境，抑郁于胸，语意于诗，希望以此为国家尽自己的绵薄之力。在忧国忧时的情怀中，不断充实自己的“新派诗”。黄遵宪相当一部分得到读者青睐的诗，就是在鸦片战争以后黄遵宪“感时花溅泪”的“新派诗”。正因如此，他的诗歌内容风格与闭关锁国的诗人迥然不同，更与那些整天埋藏在故纸堆中寻章摘句的诗人截然相异。戊戌变法被革职回乡后，国难日亟，黄遵宪困守家园，老病忧伤，郁郁不得志，其诗歌也更显示出伤时感事的强烈色彩。他认为国人的出路也只在于“至诚贯注金石开，忠义激薄坚城摧。胜败在气不在势，如决江河驱风雷”等道德激励。

黄遵宪丰富的外交经历，赋予他得天独厚的了解外界的机会，对现实弊端的洞悉，使他较早萌发了改革思想，他最先提出过包括思想和形式在内的诗歌主张。黄遵宪所经历的时代，正值中国危机四伏、多难兴邦的时代。在出道之前，太平天国革命给他的生活带来巨大的冲击，带来了严重的创伤，接踵而来的中法战争、中日战争、戊戌变法、义和团事件、庚子事变等等，都给诗人带来极大的震动与感触，也给予了诗人极好的素材。他以政治家和诗人的双重眼光始终注目着重大现实事变，并以诗笔追踪了接连而起的战争风云。在《人境庐诗草》和《人境庐集外诗辑》中，这些重大的历史事件都有反映；有些事件甚至有多篇纪事诗，如关于中日战争，他取材于战争的诗歌，如《冯将军歌》、《悲平壤》、《东沟行》、《哀旅顺》、《哭威海》、《马关纪事》、《台湾行》、《度辽将军歌》等，本身就是这场令中国人伤痛的历史事件的真实写照，除纪事诗之外，其他如感怀诗、咏事诗等也有所反映。或以个人得失为归依、或对国家民族命运多舛的关注，而对自己的得失悲欢投入甚少。或形象记述了故事、丰富饱满地刻画了战争中的人物，堪称战争诗中的名篇大章[①]。

在晚清，封建统治者自得意于唯中华为大国、上国，闭关锁国。知识分子阶层也盛行国粹主义，抵制外来思想、经验和新生事物，自我陶醉于天朝大国之迷梦。鸦片战争的西方铁甲船舰撞破了古老的中华国门，远程大炮打破了知识分子的文化自恋情结。对于灵魂中深深积淀的“老大帝国”观念的诗人们来说，没有什么比在别人枪炮逼迫下割地赔款和对敌怯懦、未战先败更能引致屈辱和激愤。这就是说，诗歌主题表现为战争条件下民族意识的膨胀与战争题材本身契合而形成的力量。就晚清至现代历史的情况而言，士大夫文人对于战争的蒙昧心态和不懂于国际大势，“无论曲直、强弱、胜负、存亡，但一不主战，天下共罪之”[②]，若“问其所以制敌之策，则曰：‘恃我忠义之气在’”[③]。这种大言高论和虚憍心理，在当时相当一部分笼罩于战争题材的诗歌之中。实质上，战争原本就是广义上文化冲突的表面形式。因此，在晚清战争后对传统的呼唤，实在也是对随炮舰而来的思想文化的防御。晚清的诗人其诗歌特征显然带有上述内容。鸦片战争之前，进步文人的诗歌主题为反封建。鸦片战争之后，诗歌主题有所转变，诗歌以反帝爱国，谴责卖国投降、投敌为荣为主题。但也有以“奇技淫巧”反对西方文明的少许诗歌。它反映了爱国思想与具有现代意义的进步观念的结合。

能够较明显地冲破传统思想束缚，寻找新的救国出路的是以黄遵宪为代表的具有现代思想因素的诗人。他看到江河日下的国家状况，看到列强环伺的危机局势，无限忧愤。然而，“劫馀却

① 参见黄增章、陈志雄《杰出的诗人外交家：黄遵宪》，广东人民出版社 2006 年版，第 138—139 页。

② 唐才常：《上欧阳中鹄书》引郭嵩焘语，载《唐才常集》，中华书局 1980 年版，第 224 页。

③ 郭嵩焘：《郭嵩焘日记》第 3 册，湖南人民出版社 1982 年版，第 375 页。

抚好头颅”[①]的他，却只能在诗中追问“忧天热血几时摅”[②]，只能在人境庐里著长歌当哭之作。“遂举其胸中抑郁不平之气，仰天椎心，不敢告人之语，一泄之于诗。酒酣耳热，往往自歌自哭，自狂自圣，谓‘他日之读我诗者，其亦忽喜忽怒、忽哭忽泣乎？非所知也’。”[③]于战事方殷之际首次在诗里表达了这种深刻的思想。黄遵宪忧国忧时的诗歌主要体现为三个方面：反对列强的侵略；批判清政府与官僚腐败无能；对国内时局的忧虑。

黄遵宪感世忧国的情怀是和他深谋远虑的主张联系在一起的。诗歌摒弃了过去那种于对手一味笼统斥骂的极端态度，转而客观地承认、勇敢地提出学习对方长处的要求。它将炽烈的爱国激情与冷静的思考寻求相结合，将爱国精神化为对民族出路的实际探索，并将这种思考探索与外部世界相沟通，这就开辟了爱国诗歌主题演进的一个广阔的新层次，紧密拍合了历史律动的节奏。

据张堂奇的统计：

> 黄遵宪的近千首诗歌中，大体上可分为写景、咏物、感怀、纪事、咏史、议论、酬赠、思友、闺情等十余类，其中所占比例最多的纪事诗，占20%，感怀诗占15%，其后占比例较多分别是思友诗、酬唱诗。人境庐诗中的许多名篇，多见于纪事诗和感怀诗中。张先生认为黄遵宪的诗歌有一个重要的特质，就是忧、愤、悲，这种情绪贯穿于诗人的大部分诗作，这种情绪来源于诗人对国家危亡的忧患意识，对清

---

① 黄遵宪：《仰天》，载《人境庐诗草》卷9，商务印书馆1931年版，第3页。

② 黄遵宪：《日本国志书成志感》，载《人境庐诗草》卷5，商务印书馆1931年版，第8页。

③ 黄遵楷：《先兄公度先生事实述略》，载北京大学中文系近代诗歌研究小组编《人境庐集外诗辑》，中华书局1960年版，第133页。

政府及其腐败官僚阶层的苟且偷安和懦弱无能的愤慨，以及诗人空怀才华与抱负，却不能施展的伤感。正是因为这些因素交织在一起，并注入在其诗中，从而使他的诗歌都有浓郁的时代感，给人以强烈的感受。也正因为如此，黄遵宪的诗歌刚健者多，温婉者少；沉郁者多，闲适者少。[①]

帝国主义的武装侵略，清王朝的腐败无能，使黄遵宪从尊古守旧的思想枷锁中解放出来，主张研究现实，认识现实。而且以敏锐的目光放眼世界。自觉接受挑战，其诗描写新事物的意义不仅限于拓宽了诗歌的题材和意境，而且在于将民族生存的思考投向对新事物的展示。《近世爱国志士歌》旨在“以兴起吾党爱国之士之意志”；《以莲菊桃杂供一瓶作歌》“借以寄托其种族团结思想”；《纪事》虽讥嘲美国总统选举的混乱，但也追慕华盛顿“自树独立旗，不复受压制”的功业。类此诗思恰与抵抗侵略的主题殊途同归，是“师夷长技”的发展。其诗展开了一个五彩缤纷的新的领域，让读者不仅观赏了异域风光，而且得到不少的想象与启迪。

黄遵宪感世忧时的情怀，也表现在其他的一些诗歌创作中。他的诗当时被人称为“诗史”。诗歌忠实地记录了内忧外患中的祖国的痛苦面貌，忠实地表现了生活在那个时代的先进知识分子的爱国热情、痛苦、矛盾、理想和追求。

在《日本杂事诗》中，黄遵宪表达了对君主立宪政治理想的向往，真实地再现了明治维新这段历史，概括明治维新发生的背景、经过和结果。此外，对日本的税收和司法等制度，亦加以详细的介绍和生动的描绘，对日本没收旧官邸、建立西方式病

① 参见黄增章、陈志雄《杰出的诗人外交家：黄遵宪》，广东人民出版社 2006 年版，第 140—141 页。

院、开办博览会、改革国家礼仪、发行报纸、实行男女平等都加以介绍和反映，表现出借鉴外国文化的胆识。这种变化过程在《己亥杂诗》中表现得最为集中与明显。从他的诗中可以看出，中国正处在一个新旧更替的历史新阶段。

黄遵宪诗歌反帝主题突出的特点是增强了世界意识。他的“新派诗”反映整个时局的变化和中华民族的艰危处境。鸦片战争以后，黄遵宪的诗作主要表现为反帝爱国，揭露侵略者的狼子野心，从而脱离了早期一时一事狭窄的范围。诗歌创作意识的转向，反映了复杂的社会题材，体现了诗歌现实主义的人文关怀。并且加重了现实忧虑，激发了民族自新信念。因此，他的一些诗歌高扬爱国主义的尚武精神，展望未来，重唤新生。梁启超在《饮冰室诗话》里特别推重《军歌》的价值，“读此诗而不起舞者，必非男子”。他曾作《爱国歌》祝愿祖国“二十世纪新世界，雄飞宇内畴与伦”。

戊戌变法的失败，宣告了变法改良的道路行不通。与此同时，西方思想文化的滋养，血的现实教训以及重新唤起的种族意识很快相继催生了一批专制制度最后的掘墓者，从而驱动晚清至现代爱国诗歌发展的最后历程。毋庸赘言，诗歌的中心内容是从各种角度宣传、呼唤打碎现实制度的民主民族革命，黄遵宪的诗歌创作如“新派诗”更多是关心民族命运、关注民众疾苦，从而寻找民族新出路。

第三节　亘古未见的世界视野

晚清以前，中国是一个闭关自守、妄自尊大的民族国家。封建统治昏聩无能，老百姓愚昧无知、鼠目寸光。中国 20 世纪以前的诗人，既没有走出过中国，也没有抒写过外域诗情，更谈不上将国外文化介绍进来、写进诗里，也没有将中国用诗歌介绍给外国。历史青睐于黄遵宪，给了他一个特殊的际遇，使他跨出国门，成为走向世界的中国第一个诗人。

“诗界革命”的另一巨子丘逢甲，在《人境庐诗草跋》中，将黄遵宪赞誉为“诗世界之哥伦布”。黄遵宪是中国古典诗歌中后一个高峰，又是第一个集中表现现代思想的中国古典诗人。在他的诗中，人们仿佛听到了20世纪现代化隐伏的足音。黄遵宪传递了20世纪新文化运动的先声，他不止是在诗歌领域打造了第一艘20世纪之初“诺亚方舟”、开辟了一方文化新洲，而且给人们带来了新世纪的曙光。他一脚踏着过去，一脚跨向未来，用他的诗歌描绘了一个全新的理想世界，也使中国人的生存理想和看待世界的眼光发生了转移。

黄遵宪是个具有全球视野的诗人，他创作了“新世界诗”①，可谓亘古未有。其新颖之处就在于它描述了新的世界，新的事物。它不仅指国境之外，即地域之新；更指政体全新的国度，即“文明之国”，实质是写时代之新。翻开《人境庐诗草》第四卷首篇诗作，题为《奉命为美国三富兰西士果总领事留别日本诸君子》（同题七律计五首），诗中自负地宣称：“海外偏留文字缘，新诗脱口每争传。草完明治维新史，吟到中华以外天。”②

自从黄遵宪有幸于1877年东渡日本，就打开了他进入世界文明的通路。出使日本还不是十分遥远，日本与中国一衣带水，交往的历史悠久，人种相同，文字也相通。但黄遵宪来到日本就有全新的感觉。作为文化参赞，黄遵宪使中日文化交流出现了盛况，他与日本士大夫交游，讨论诗文学术，也将中国文化介绍给

① 它为丘逢甲所言，也即“新派诗”，主要指黄遵宪《人境庐诗草》卷4之后的诗，即他离开日本到美国之后写的诗。

② 陈铮编：《黄遵宪全集》（上），中华书局2005年版，第148页。

了日本人民。但最重要的，是对日本的历史及现状有了较为详尽的了解，见识了日本明治维新后的诸多改革，日本明治维新后的社会气象使他惶惑，随后使他思索，引发了对中国社会发展的思考。接着接受了孟德斯鸠和卢梭的启蒙思想，使建立君主共和国的思想成为他的终身信仰。后来，他远涉重洋，到美国赴任，更加真正体验到游历域外的感受。为此，他在留别日本友人的诗中充满豪情地以“东西南北人”自居：“昔日同舟多敌国，而今四海总比邻。更行二万三千里，等是东南西北人。”[①] 在结束日本任期后，赴美途中写的组诗《海行杂感》，切实令时人耳目一新，其感受独特。诗人体会到了世界的广阔与故国的狭小，“东流西日奈愁何，荡以天风浩浩歌。九点烟微三岛小，人间世要纵婆娑”[②]。“九点”指华夏九州、“三岛”指日本领土，相对于未曾到过的广阔世界，诗人已经领略过的本土和邻国，实在微妙得很。日后作者归乡时写的诗作，更形象地将国家之微与地球之大做了生动的比拟。这在今日成为常识，但在闭关锁国的当年，国人认为自己位于世界的中心，华夏之大几为整个世界。只有乘坐轮船也要行走几个月才能到达大洋彼岸的诗人，才能在行旅中对于世界之大有切身的体会。黄遵宪的海外诗，胸怀祖国，放眼世界，自有其全新的认识价值。

走向世界的过程，也是黄遵宪由封建士大夫转变为维新改良派的过程。这是一个痛苦、艰难而又震荡和飞跃的过程。其诗尖锐、集中而深刻地反映了一代知识分子上下求索、脱胎换骨的思想变革，反映了中国知识分子走向世界的艰难历程。他诗作中的一切内容，都是从这样一种思想转变过程的视点去观察表现的。

---

① 陈铮编：《黄遵宪全集》（上），中华书局2005年版，第149页。

② 吴振清、徐勇、王家祥编校整理：《黄遵宪集》（上），天津人民出版社2003年版，第149—150页。

因此，他的诗歌内容扩展、诗风革新、新意熔铸的过程，正是伴随着他走向世界的过程而产生的。

放飞想象，其诗奇特、大胆，真正呈现出新世界、新意境、新事物。有的诗则充满奇思妙想，甚至想象到其他星球也有人类，臆测他们怎样观察地球，“星星世界遍诸天，不计三千余大千。倘亦乘槎中有客，回头望我地球圆”①。如果说这类想象丰富的诗作输入新知识较为夸诞的话，那么另外一首纪事之作，作者则是根据科学知识与亲身体验带给读者的新知：“中年岁月苦风飘，强半光阴客里抛。今日破愁编日记，一年却得两花朝。”②可见诗中所写，是西洋历法常识，是对地球公转与自转带来时差的真切观察与生动描绘。它在当时确实给读者带来新的科学知识，令人耳目一新。

此外，黄遵宪的组诗还生动地纪写了外国人物，即“俄罗斯公使夫妇，每夕对坐，弹琴和歌”的情状，纪写了身在茫茫大海中，难辨时刻与地点的枯燥尴尬，如“中分大半睡迷离”、“计程难说到何洲”等句，非常趣味的是将人与人所操语言不同而难以沟通的窘迫，连类而及想到鸥鸟的交谈：“拍拍群鸥逐我飞，不曾相识各天涯。欲凭鸟语时通讯，又恐华言汝未知。”③其喻惊人，想象无限。黄遵宪先后出任清政府驻日、美、英和新加坡的外交官，使他有机会广泛接触西方文化和民主主义思想，从而逐步确立了他的政治改革方向，从封建政权改革派转向了维新改良派的立场。他在诗中前无古人地抒写了从未有过的政治理想和社会理想，讴歌了西方的民主制度，积极向西方寻找救国救

① 吴振清、徐勇、王家祥编校整理：《黄遵宪集》（上），天津人民出版社2003年版，第150页。

② 同上。

③ 同上书，第151页。

民的道路，把西方社会的发展和兴起的历史描绘在诗歌中。其后，连任美、英、新加坡诸国外交官，最重要的收获是对西方社会政治、法律制度有了比前人更直接、更全面、更深入的了解，形成了在中国实行君主立宪的政治蓝图。其诗表达了比前人更清醒、更深刻的认识。

黄遵宪这些走向世界的诗，除了反映欧、美、日社会政治、经济制度和宗教、文化、教育等方面的状况，还写了人类历史的重大事件、异域风情和地理风貌。“风乘我耶我乘风？便凌霄汉游天上。年来足迹遍五洲，浮槎曾到天尽头。”[①] 他不但出使多国，而且游历了越南、斯里兰卡，游历过伦敦、巴黎、苏伊士运河等许多名胜古迹，在纪游诗如《八月十五夜太平洋舟中望月作歌》、《归过日本志感》、《舟中遇雨》、《到香港》、《自香港登舟感怀》、《伦敦大雾行》、《登巴黎铁塔》、《苏伊士运河》等；纪事诗如《逐客篇》、《纪事》、《番客篇》、《罢美国留学生感赋》、《琉球歌》等[②]，都体现了他宽广的思想视野。

“足遍五洲多异想，吟到中华以外天”[③]，这是黄遵宪相对于晚清众多诗家的独异之处。他不仅是一位继承传统的杰出的现实主义与爱国主义作家，而且还是一位跨出国门、吟诗域外走向世界的诗人。“百年过半洲游四，走遍全球西复东”[④]，诗人从东洋到西洋再到南洋，14 年独特的域外生活的经历给创作带来了五彩缤纷的新异内容，这使他的诗歌具有了一种奇特的文化色彩和

① 吴振清、徐勇、王家祥编校整理：《黄遵宪集》（上），天津人民出版社 2003 年版，第 151 页。

② 参见徐肖南《走向世界的客家文学》，华南理工大学出版社 2001 年版，第 7—8 页。

③ 吴振清、徐勇、王家祥编校整理：《黄遵宪集》（上），天津人民出版社 2003 年版，第 198 页。

④ 同上书，第 235 页。

审美境界。他拥有广泛的海外生活经历，站在中外文化交流的最前沿，视野比较开阔，思想较为开放，受西方民主精神和自由意识影响的结果。在中西文化的交流影响下，中国近代文学冲破了封闭的文化系统，扩大了审美的范围。[1]

杨站军说：

> 日新月异的新事物，五彩缤纷的社会生活，熔铸了诗人新的审美意识，使诗人的审美趣味和审美感受由祖国河山之美扩展到异国风光的鉴赏，由古代传统历史文化延伸到资产阶级的物质文明和精神文明，资产阶级的自由、平等、人权、博爱乃至政治上的民主革命、共和政体，这些新的观念也逐渐进入了诗人的审美范围，使作家的审美理想发生了新的变化。[2]

后来到“诗界革命”时期，以黄遵宪、康有为、梁启超为首的诗人，进一步明确提出诗歌要表现新思想、新事物、新意境，要求诗人扩大审美范围。黄遵宪诗中所言“吟到中华以外天”，反映出在西方文化影响下对诗歌创作所提出的新的审美要求。

第四节 渐趋自由与通俗的诗体

一 追求自由与通俗的诗歌

以黄遵宪为首的文化先驱者对语言通俗化的思考更多的是出

---

① 郭延礼：《中国近代文学发展史》第 1 卷，山东教育出版社 1990 年版，第 48 页。

② 同上。

于启蒙的现实需要。通俗化的语言是改良派开通民智、新民的重要工具。在当时，绝大多数百姓无法接受教育，文化水平很低，要对他们进行思想启蒙，最有效的方法就是通过他们所喜闻乐见的通俗文艺来宣传新思想。而通俗文艺在语言形式上的一个重要特点就是要推广日常生活语言、民间流俗之语，即白话文的广泛使用。

在传统时代，文学没有自己独立的地位，它从属于经学，它的使命是“载道”。所谓“文以载道”、“诗以言志”，以典雅的文言、华丽的辞藻，来表达儒家伦理和政治观念，达到使人“明道”的目的。显然，这些文学是写给那些上层阶级，所谓达官贵人看的，只能是有文化的人才能看懂。这种文学无论从形式，还是内容，它只属于贵族们。而黄遵宪提出以流俗之语入诗，以自觉利用民间语言资源的姿态，走民间文学之路，这当然是对当时诗坛文风的一种颠覆与反叛。复古主义者不论是汉魏六朝诗派还是清代的同光体派诗人，都坚决反对在诗歌中运用通俗化语言，并似乎振振有词地说：“诗最患浅俗，何谓浅？人人能道语是也。何谓俗？人人所喜语是也。”这些复古主义者的诗歌语言，只能是从故纸堆中寻找。他们甚至将目之所见、耳之所闻的东西写入诗中，称为乳臭小人之事，不值一提。可见这些复古主义者只是停留于故纸堆中寻章摘句，作诗的方式始终按照千古不变的条条框框，“循规蹈矩”，了无新意可言。他们以一种顽固不化的心态，竭力反对现实主义与通俗的诗歌。黄遵宪则将“市井之谩骂，儿女之嬉戏，妇姑之勃谿”视为“天地之至文”，并以一种深远的眼光预示这种“流俗语”为“五千年后人，惊为古斓斑”。

黄遵宪是遵循着文学的基本规律进行革新创造的。因为文学的变革同其他领域一样，也是循着文化启蒙运动的轨道向前行进。既不能因循守旧，更不能急躁冒进、揠苗助长。在文学的雅与俗的变革方面，它无形之中呈现出两个倾向：一些原本不登“大雅之堂”的白话文、小说、里巷歌谣等俗文化，因有识之士的提携，被作为“开民智”的工具，它们的地位得到提高，这是为了开启在当时中国人口占绝大多数的文盲，让他们有受教育的机会；同时，一些原来端坐于“大雅之堂”的所谓雅文化，也要服务与服从于这个变革的需要，端正自己的发展方向，向“俗”的方面转化，与平民百姓相“嫁接”。这两个倾向是相辅相成的，统一于一个整体，即面向民众的文化启蒙。“从‘文以载道’、‘诗以言志’说也可以看到，文学只是文化载体，其内容随着时代的变迁而变化。甲午以后，变法运动的兴起，使封建主义的‘道’和‘志’遭到越来越多人的厌弃；而‘开民智’潮流的奔腾，对作为文化载体的文学提出了新的要求。这一切，都在推动着文学的变革。”①

黄遵宪的文学主张主要体现在他的诗歌理论创新上，这是他作为晚清的一位杰出诗人所建立的历史奇勋，功不可没。他在诗歌创作的早期，就提出了“别创诗界”的理论：一是主张全面改革文学语言，提倡用俗语进行写作；二是强调文学创作必须描写现实生活，抒发真实感情。他重视诗体革新，致力于文学的通俗化、口语化。

他在运用革新诗体抒发思想感情方面，取得了很高的成就。他认为，作诗取材要广，既要熟悉古代的典籍文献，又要观察现实生活；既要熟悉借鉴古人，又要向民间文艺学习。比如，黄遵宪对客家山歌很熟悉，评价很高。他在伦敦使馆期间，还记录家乡山歌，寄给国内同好，并打算共同搜集、编纂广东的山歌集。可见他也是民歌的热心记录、整理者。特别是他在自己的诗歌创作中大量运用民歌，使之融为一体，从而显示出具有泥土芳香的

① 汪林茂：《晚清文化史》，人民文学出版社 2005 年版，第 293 页。

民族风格特色。

“土人旧有山歌，多为妇女相思之辞，尚系獠蛋遗俗。今松口、松源各乡尚相沿不改。每一辞毕，辄问以无辞之声，正如妃呼豨，甚哀厉而长。”[①] 从黄遵宪的这段文字看他的作品受到民俗文学不少的影响。他能够用方言俚语进行诗歌创作，如《拜曾祖母李太夫人墓》是一首描写大家庭琐事之诗，经作者以接近流俗语的口语写来，加以个人独具的诙谐，便亲切动人，隽永有味。诗中方言、口语俗语屡见不鲜，如“我生堕地时，太婆七十五，明年阿弟生，兄弟日争乳。”[②] “诸母背我骂，健犊行破车；上树不停脚，偷芋信手爬。昨日探鹊巢，一跌两败牙；噀血喷满壁，盘礴画龙蛇。”[③] 语言明白如话，就是今天读来仍不费力。

黄遵宪《人境庐诗草》中很多的诗以客家方言来解读，都像是家常话一样平白。如《己亥杂诗》中一首：“五十年前事未忘，白头诸母说家常。指渠落地呱呱处，老屋西头第四房。”[④] 诗中除了“诸母”在客家口语中通常没有表述方式之外，其他都可以说是完全口语化的。“渠”则是客家方言，用于第三人称，既用于指“他”，也用于指“她”。《人境庐诗草》和《人境庐集外诗辑》所收的山歌都是用方言俗谚写的，如“邻家带得书信归，书中何字侬不知。等侬亲口问渠去，问他比侬谁瘦肥。”[⑤] 在其所采辑的山歌中，对一些字做了修改，如上面一首中的“侬”字，据说原稿中是“厓”字，就是“我”的意思，是客家话、客家山歌中使用频率最高的字。但“厓”字在普通话中并无“我”的意思，故黄

① 吴振清、徐勇、王家祥编校整理：《黄遵宪集》（上），天津人民出版社 2003 年版，第 241 页。

② 同上书，第 166 页。

③ 同上书，第 167 页。

④ 同上书，第 242 页。

⑤ 同上书，第 93 页。

遵宪将其改为带有第一人称的“侬”字。“平生两事轰轰乐，爆竹声腾鹞子飞。”“鹞子”，粤俗呼风筝。再如“荷荷引睡施施溺，竟夕闻娘唤女声。”“荷荷”，是客家妇女引婴儿入睡的声音。“施施”是客家妇女引逗婴儿撒尿的声音，二者都是方言中的象声词。这些方言、俚语，黄遵宪用起来得心应手，而又生动活泼。土语、谚语的运用，使黄遵宪的诗歌创作更能切入现实，贴近时代，具有更浓烈的生活气息。对于“民歌体”诗歌创作的运用，黄遵宪不仅有诗歌创作的实践，他更有理论阐释：“当斟酌于弹词粤讴之间，或三、或九、或七、或五，或长短句，或壮如陇上陈安，或丽如河中莫悉，或浓至如《焦仲卿妻》，或古如《成相篇》，或俳如俳枝辞。易乐府之名而曰杂歌谣；弃史籍而采近事，必有迭起而投稿者矣！”① 不受旧体诗格式的束缚。这是对旧体诗“六经字所无，不敢入诗篇”原则和“恶俗恶熟”诗风的否定。黄遵宪这些所言，已经接近现代白话诗的雏形，对后来的“白话诗”运动很有启发作用。

黄遵宪对旧体散文做了革新，创造了一种冲破“义法”、“雅法”束缚的“新文体”。在创办《时务报》于全国各地聘请主笔时，当时被推荐的主要有三人：梁启超、章炳麟、麦孟华。他十分欣赏梁启超明白晓畅的文风，而对《时务报》撰稿的麦孟华、章炳麟亦推为“均高材生，大张吾军，使人增气”。他尤为激赏章炳麟发表在《时务报》第19期上的《论学会大有益于黄人亟宜保护》一文，认为“甚雄丽”，但同时又批评章炳麟的文笔“稍嫌古雅”，指出“此文集之文，非报馆文。作文能使九品人读之而悉通，则善之善者矣”。于是黄遵宪聘请梁启超，而没有聘用章炳麟作为报刊的主笔，这也体现了他对文体革新主张

① 黄遵宪：《致饮冰室主人函》，载《中国哲学》第8辑，三联书店1982年版，第398页。

文学风格的自由与通俗的一贯要求[①]。事实证明黄遵宪的看法是正确的。梁启超主笔《时务报》时，就是利用这种“新文体”进行维新宣传的。这种新体散文后来风靡海内外。

光绪二十八年（1902年），黄遵宪在给严复的一封信中将诗文改革的思路进一步明细化。严复翻译介绍了一批西方思想学术领域的代表性著作，并首倡“信、大、雅”的翻译标准，在当时有很高的声望。但是，他主张以汉代以前的的字法、句法来翻译，其译作可以模仿先秦的文体，这样只有读过很多古书的人，才能读懂他的译作。梁启超读了严复翻译的亚当·斯密的《原富》后，在《新民丛报》上推荐，称赞严复“于西学中学皆为我国第一流人物”，但同时也指出，文界早就应该革命了，著述和翻译是给人民传播文明思想，像这样具有高深学术思想的著作，如果没有平白流畅的文字进行翻译，普通的人便不能受益。严复则反驳说：“理之精者，不能载以粗犷之词；而情之正者，不可达以鄙俗之气。”[②] 认为通俗的文字不能用来翻译西方理论高深的著作。他声称自己的译作就是给读过很多古书的人看的。黄遵宪与梁启超的看法相类似，他在给严复的信中称其译著：“隽永渊雅，疑出北魏人手。”但随后指出：“今日以为二十世纪之世界矣，东西文明，两相结合。而译书一事，以通彼我之怀，阐新旧之学，实为要务。公于学界中又为第一流人物，一言而成为天下法则，实众人之所归望者也。”于此，黄遵宪不赞同严复的文言文翻译，而是希望他能适应时代的需要，在改革文字语言的通俗性方面做出表率。黄遵宪表示“公以为文界无革命，弟以为无革命而有维新”。针对严复的翻译方法，黄遵宪以翻译佛

① 黄升任：《黄遵宪评传》，南京大学出版社2006年版，第385页。

② 黄增章、陈志雄：《杰出的诗人外交家：黄遵宪》，广东人民出版社2006年版，第122页。

经为例，认为鸠摩罗什国改变先前翻译的方法，从而促进了佛教在中国的传播。举元明以后的章回小说为例，指出这些都是旧文体所没有的，而且深受欢迎。结论是：“文字一道，之于人人遵用而乐观之，足矣。”①

黄遵宪倡导“新派诗”，提倡“我手写我口”，不但主张“方言俗谚”入诗，还采用散文笔法，在句式节奏方面也来一个革新，力图打破旧体诗格律的束缚，用比较自由的形式表现新思想、新意境。

所谓“新思想、新意境”，即诗歌必须反映新的思想和新的社会生活内容，“能熔铸新理想以入旧风格”。因此当时新派诗人们所作的诗，大多是用来歌颂爱国英雄、宣传变法、吟咏新事物、反映民情民意等。所谓“新语句”，即诗歌语言的通俗化。以通俗语言的诗作，直接唤出了民族觉醒的声音，痛斥帝国主义入侵暴行，盛赞爱国英雄和揭露清王朝腐败无能、丧权辱国罪行。如《冯将军歌》、《朝鲜叹》、《琉球歌》、《台湾行》、《哭威海》、《出军歌》等，有力地产生了振聋发聩的号角作用②。其“古文家抑扬变化之法作古诗”，就是如何运用古风形式、以文为诗进行诗歌创作的问题。黄遵宪的“新体诗”在内容上追求新鲜，在形式上就非常自由活泼，着意于突破拘束，更富于句式、声韵上的变化。可称为“自由体”诗歌。如“一时惊叹争歌讴，观者拜者吊者贺者万花绕缭每日香烟浮，一裙一屐一胃一刀一矛一杖一笠一歌一画手泽珍宝如天球”③那样的句式，

① 黄增章、陈志雄：《杰出的诗人外交家：黄遵宪》，广东人民出版社2006年版，第122—123页。

② 张振犁：《晚清卓越的民俗学者黄遵宪》，《河南师大学报》1983年第2期，第33页。

③ 吴振清、徐勇、王家祥编校整理：《黄遵宪集》（上），天津人民出版社2003年版，第142页。

极尽抑扬变化之能事。其民歌体诗大多自由，章法似散文，句子伸缩自如。“噫嘻呼儒生读书不识羞，动夸虎头燕领径取万户侯。万户侯耳岂足道，乌知今日稗瀛大海还有大九州。”① 采用了散文化的句式作诗，打破了古体诗旧格律的束缚，又不失诗的韵律和节奏。

值得注意的是黄遵宪在实际的诗歌变革实践中，他的“歌词”② 体产生。20世纪末，在欧洲兴起了现代“歌词”，后来它才与“歌”一起传入中国，它是独立于音乐之前并要求音乐与之配合的“歌词”体。具有文字流利、节奏感强、每段的字数比较确定、韵律抑扬顿挫的特征。他创作了代表作如《军歌》、《小学校学生相和歌》、《幼稚园上学歌》；继而梁启超也创作了《爱祖国歌》、《黄帝》、《终业式》以及杨度的《黄河》、《扬子江》等。这种“歌词”体便先后流传开来。“诗界革命”以后，有很多人进行了这种“歌词”体的创作。黄遵宪诗：“南蛮北狄复西戎，泱泱大国风。蜿蜒海水环其东，拱护中央中。称天可汗万国雄，同同同！”③ “剖我心肝挖我眼，勒我供贡献。计口缗钱四万万，民实何仇怨！国势衰微人种贱，战战战！”④ 等最为典型。全诗采取一式的七五七五七三句式。各章内部韵脚之平仄大体视尾字而定。从句式上看，基本上是长句为分句，短句为主句；长句陈述，短句判断，尾句叠字。这种一舒一刹、愈扣愈紧的韵律节奏，形成一种天风海雨、金戈铁马般振奋人心的氛围。慷慨激切与发扬高蹈的内容恰相符合，体现了新形式独特的艺术

---

① 钱仲联：《人境庐诗草笺注》，古典文学出版社1957年版，第20、29页。

② 吴振清、徐勇、王家祥编校整理：《黄遵宪集》（上），天津人民出版社2003年版，第349页。

③ 同上。

④ 同上。

效果①。

杨站军认为：

> 追求诗歌语言的通俗化、口语化，是黄遵宪诗歌理论的一个重要的特征。他不仅在《杂感》组诗中表达了“即今流俗语，我若登简编”的态度，而且在《人境庐诗草》中还主张不避“方言俗语”，“耳目所历，皆笔而书之”。他对口语化、通俗化的民歌十分推崇，许多作品如《山歌》、《都踊歌》等均是在民歌的基础上改写而成，这些主张和追求，正可以看作日后以通俗自然为特征的白话新诗的前奏。在诗歌的表现形式上，黄遵宪主张形式的自由化。在《人境庐诗草·自序》中他集中阐述了自己的主张，“尝于胸中设一诗境”……主张“以文入诗”，把散文式的自由句式引入诗歌，从而变革诗体。及至晚年，黄遵宪提倡“杂歌谣”的写作，也表现出对诗歌形式自由化的追求。②

郭延礼说：

> 语言的通俗化始终是黄遵宪努力的方向，他虽然未完全实现“我手写我口”的理论主张，但仍有不少诗写得通俗流畅，明白如话，像《拜曾祖母李太夫人墓》、《送女弟》、《小女》、《已亥杂诗》中的若干篇什都具本色，几乎如话家常，特别是他后来写的《小学校学生相和歌》、《幼稚园上

---

① 参见张宜雷《近代文学变革散论》，天津社会科学院出版社2000年版，第45—46页。

② 杨站军：《游移在激情与保守之间——诗界革命研究》，博士学位论文，上海大学，2007年，第88页。

学歌》、《新嫁娘诗》等，明白如话，语言的通俗程度并不“雅”于五四时期的新诗，周作人称黄遵宪的诗“开中国新诗之先河”[①] 大约也是就此而言。[②]

由此可见，黄遵宪诗歌理论主张与诗歌创作实践，已经走出“大雅之堂”比较接近民众了。其启蒙主义精神由此焕发，并发挥越来越重要的作用。

二 与“五四”新诗关系重新定位

要搞清黄遵宪与“五四”新诗的关系，就得说明“五四”新诗的本源在哪儿？“五四”新诗是一种怎样的诗歌体裁？它具备哪些诗歌特征？它是否在现代断裂的文化下产生的一种诗歌文体？黄遵宪的诗歌对“五四”新诗有什么深刻的影响？带着这些问题，以事实为立论，对黄遵宪与“五四”新诗的关系进行重新定位是非常必要的。

首先回到“五四”新诗的本源。它是构成“五四”新诗的本质。寻找“五四”新诗的原初建构，只能在一个特定的历史事件中去寻找。只有展示或摆明“‘五四’新诗本源”，才能凭借对其来龙去脉的清理而揭破片面观念的荒谬与无根，给其明确的定位。

正如上述，在晚清至现代之间，中国诗歌的发展已经到了“陈陈相因”的阶段，似乎失去了活力，旧诗已经成为“陈设之古玩”，对于民气国运已没有积极影响。于是，在甲午战争以后不久到戊戌变法前夕，伴随着改良主义思潮的日益高涨，谭嗣

① 周作人：《知堂外文集》（1949年以后），岳麓书社1988年版，第326页。

② 郭延礼：《关于黄遵宪“新派诗”的评价问题——读〈谈艺录〉对公度诗的评价》，《文史哲》2007年第5期，第80—81页。

同、夏曾佑、梁启超等人，探索“新学”，提倡“新诗”。他们把传统诗歌视为“旧学”予以否定，在西方寻求救国真理的同时，努力探索诗歌的出路，自创“新诗”。不过，由于对“新学”的急切热情，他们在事实上已使“新诗”变成了“韵文化的新学”，它与思想界的关系远比诗界的关系密切。新诗局限在“挦扯新名词以表自异”，谭嗣同等人为“新”而“新”，写出来的诗句苦涩难懂，并不受到欢迎，梁启超也自我反省。因此，这种新诗很快夭折了。

只有在戊戌变法时期，维新派代表黄遵宪、梁启超等倡导“诗界革命”，提出诗歌“能以旧风格含新意境，斯可以举革命之实矣”[①]；“取泰西文豪之意境风格，熔铸之以入我诗歌，然后可以为此道开一新天地”[②]。黄遵宪长期的外交活动使他的文学观念发生深刻变化，他把域外的思想文化、奇异风物大量引入诗歌领域，使中国诗歌焕发了生机。他追求传统诗歌形式与新内容的和谐，严谨的韵律与散文化的笔法的关联，“流俗语”、新名词与旧格调的统一，典型地体现了“旧风格含新意境”新诗理论。黄遵宪是一个有意革新诗歌的人，他针对当时盛行的拟古主义和形式主义给予严厉的批评。他认为：“今之世异于古，今之人亦何必与古人同?”要求诗人“扫除词章家一切陈陈相因之语，用今人所见之理，所用之器，所遭之时事，一寓之于诗，务使诗中有人，诗外有事，不能施之于他日，移之于他人；而其用之于感人为主”[③]，在大胆变革中，“别创诗界”。

---

① 梁启超：《梁启超诗话》，载《饮冰室合集·饮冰室文集之四十五》（上），中华书局影印1989年版，第41页。

② 梁启超：《新中国未来记·总批》，载《饮冰室全集·饮冰室专集之八十九》（上），中华书局影印1989年版，第56页。

③ 任访秋：《中国近代文学史》，河南大学出版社1984年版，第222页。

有一种观点认为“黄遵宪的诗歌实践与新诗关系之间存在着巨大的历史落差，仔细考察一下黄遵宪与胡适等人的诗学主张和实践，就会发现二者是分属现代与近代文化和语言断裂前后的诗歌”①。

代表这种观点的李卫涛先生还有一段代表性的话，“需要指出的是，五四新诗是在近现代社会文化断裂的大背景下产生的。对新诗而言，与旧传统的断裂是指中西文化在近代遭遇之后，尤其是在五四时期，中国古代传统的儒家主流文化被认为不合时宜而逐渐被现代汉语体系所替换，并最终被五四的‘整体性反传统思想’② 所抛弃，从而失去了接续的可能性，造成了一个文化断裂的现实。所谓语言断裂则是指近现代之间的古代汉语体系逐渐被现代汉语体系所替代，一整套关于语言的规则都发生了突变”③。

李卫涛先生主要基于“两个方面的依据”：一是“与黄遵宪为旧诗加入新的内容相比，胡适等人是从文化断裂的层面来重新考虑诗歌的表现内容，尤其是突出强调了在新诗中对个性解放的抒发”④；二是“从语言断裂的层面来说，现代汉语的出现使得新诗的创作和旧诗的创作成为了两种不同的范式，彼此之间的规则完全变了”⑤。

这种观点乍一看来，石破天惊，很有新意。它轻易地并从根本上否认了“五四”新诗与黄遵宪之间的内在逻辑

① 李卫涛：《黄遵宪诗学实践和新诗关系再定位》，《理论学刊》2004 年第 12 期，第 112 页。

② 林毓生：《中国传统的创造性文化》，三联书店 1988 年版，第 150 页。

③ 李卫涛：《黄遵宪诗学实践和新诗关系再定位》，《理论学刊》2004 年第 12 期，第 112 页。

④ 同上。

⑤ 同上书，第 113 页。

关联。

质疑之一：“文化断裂”说。为了澄清这个问题，必须弄清“五四”新诗的来龙去脉。

对于“五四”新诗可以从其语言内容和形式进行界定，它有两个明显的特点：一是诗歌创作的白话；二是诗歌形式的自由化。为了明白“五四”新诗的现状，还得搞清五四新诗的背后所隐藏着的巨大而复杂的社会意识形态，即“从黄遵宪的诗界革命到‘五四’新诗运动，不同时期发生的两种诗歌行为，或为‘维新’或为‘启蒙’，历史血缘上的承续，使二者在诗歌功能的发挥上显示了一种惊人的相似”①。前后相承的诗歌，其目的非常相同：开启民智。由“诗界革命”过渡到“五四”新诗运动，是同一过程的不同阶段，并没有本质的区别，从复杂的社会意识形态到具体的诗歌内容与形式，后者对于前者的借鉴是十分明显的。

黄遵宪提倡的“用古文伸缩离合之法以入诗”，目的是主张诗歌的自由与散文化。他身体力行地提出了一种“杂歌谣”，其篇幅长短不一、句式与字数多少不等、艺术风格则多种多样的“新体诗”的理论，并努力在自己的创作实践中大胆尝试。他曾写有《军歌二十四章》、《幼稚园上学歌》10 章、《小学校学生相和歌》19 章等。胡适正是在黄遵宪诗歌的变革中，看到了“五七言成为正宗诗体后，最大的解放莫如从诗变为词”的重大变革，看到了宋词“由五七言之整齐句法变成比较自然的参差句法”的积极作用。黄遵宪大量的“新派诗”的创作，在形式上不拘一格，在内容上则冲破思想的牢笼，极大地抒发了对新世界、新事物、新生活的个人情感。在谈到黄遵宪的诗作时，胡适

① 王元中：《诗界革命与五四新诗运动》，《天水师范学院学报》2002 年第 1 期，第 18 页。

认为“都是用做文章的法子做的”[①]。胡适的“作诗如作文”的观念，是以“文”式的自由表达为美，显然是受到黄遵宪诗歌创作的启发。胡适进而认为新诗不但要打破五七言的诗体，更要推翻词调曲谱的束缚，“不拘格律，不拘平仄，不拘长短”，最终形成新诗“自由的，是不拘格律的”观念[②]。“五四”新诗正是沿着这一理念产生而发展的。

由此可见，李卫涛先生的“文化断裂”说显然不能令人信服；而“个性解放的抒发”说，虽然在“五四”时期，新诗更为强调与突出，并由此割裂两种诗歌的必然联系也是不恰当的。

> 和黄遵宪、梁启超提倡的诗界革命一样，五四时期胡适等人提倡用白话作诗的内在动机之中，也有着一种明确的对于中国旧诗传统不满的。要理解这一点，我们无需更多的资料，只要看看五四新文学运动发起时的那两篇名文——胡适的《文学革命论》和陈独秀的《文学革命》就可以了。胡适的文学改良“八事”，主要针对的就是处于中国传统文学正宗地位古典的格律诗词。他以为这些旧诗词充满了无病呻吟的滥调套语，所以他公开指斥说“律诗乃真小道尔”，反对用典对仗，主张废除格律。陈独秀的文学革命主张，更是以激烈的口吻讲中国古典的律诗本质上是一种雕琢阿谀、铺张空泛的腐朽僵硬了的东西，已经没有什么文学价值，所以是必须给予否定和革命。[③]

---

① 康白情：《新诗底我见》，载《中国现代诗导论》第 3 集，花城出版社 1985 年版，第 225 页。

② 胡适：《谈新诗》，载《胡适学术文集·新文学运动》，中华书局 1993 年版，第 385 页。

③ 王元中：《诗界革命与五四新诗》，《天水师范学院学报》2002 年第 1 期，第 17 页。

以黄遵宪为首的晚清“诗界革命”是诗歌史上的一次重大的革新，开“五四”新诗运动风气之先，因而它为中国诗歌向现代转型提供了不少直接的启示与教训①。从“五四”新诗观念的内在裂变来看，它既顺应了中国诗歌发展的历史趋势，又直接承受了晚清“诗界革命”优良传统。任意将两者进行切割，都是知其然不知其所以然的主观臆断，将导致形而上学的错误。

“五四”新诗在诗体上追求通俗与自由化，是初期新诗人在建立白话新诗的诗性规范时的主张，黄遵宪的“我手写我口”及其实践创作的新派诗早就具备了这些内质，只不过“五四”运动文学的新诗在这方面做得更为突出、明显罢了，其实质一样，这恰恰体现了它们之间的密切联系。以“诗体大解放”为名目，胡适所言“诗体的大解放，就是把从前的一切束缚自由的枷锁镣铐，一切打破：有什么话，说什么话，该怎么说，就怎么说”②。当然是有着追求个性解放的清晰时代的背景。

“五四”白话是一种发展的白话，即“国语”，也即现代汉语，随着“五四”白话文运动的发展，作为领袖人物之一的胡适清楚地认识到这一点。但对于“国语”的真正本质，胡适的认识还有待提升。胡适作为“五四”白话文的领袖式人物，他有关诗歌的理论，理所当然代表了“五四”新诗的发展方向。当初胡适撰写的《文学改良刍议》也只是对文学的一种改造，其八项主张在当时的反响不能说不巨大，可是八项主张并无新意，这几乎是黄遵宪“我手写我口”理论的翻版。以白话文代替文言文是胡适文学改革思想的基本核心内容。他认为白话文是

① 龙泉明：《中国新诗流变论》，人民文学出版社 1999 年版，第 18 页。

② 康白情：《新诗底我见》，载《中国现代诗导论》第 9 集，花城出版社 1985 年版，第 81 页。

书面语与口语的合一，即言文合一；言文是以儒家经典为摹本，与口语相脱离，言文相分家的书面语，是板滞僵化的“死文字”；“死文字”决不能创造“活文学”。诸如此类，胡氏的许多观点，并不陌生，似乎都可以在黄遵宪的文集那里找到。只是到了后来随着“五四”白话文的进一步深入，从“言文一致”到所谓“国语”逐渐的统一（相对的），胡适提出“国语的文学，文学的国语”的主张，这似乎才具备一种“五四”白话文的高度。

胡适倡导的新诗在最初可以追求的是一种白话或者“国语”的诗歌。这也正如李卫涛所说：“因此这时候新诗总像‘刷洗过的文言诗’[①]，‘而且大都是从旧式诗、词、曲里脱胎出来’”。[②] 既然是“刷洗过的文言诗”与“从旧式诗、词、曲里脱胎出来”，那么从诗歌的语言、文字，甚至文体都有所继承而发展。历史上任何一种诗体都是经过继承而演化的，从来没有一种诗体一诞生就是“全新的自我”，如果有，它也是昙花一现，何况像“五四”新诗这么一种经过了历史的沉淀而保存下来的诗体。

质疑之二：“语言断裂的层面”说。

这个命题本身需要进一步商榷。纵观中国书面语变革的历史，语的断层的现象曾经出现，但这种情况也是存在于个别的特殊时期。语言的形成需要经过漫长的历史磨合，如若一经产生，则具有强大的稳定性、内在固定性。当然它又是不断地衍化的，这种衍化进一步体现了它的历史继承性。语言“衍化”的历史就是继承与嬗变的过程。现代汉语之所以成为今天的书面语，那

---

① 《胡适文集》第4卷，人民文学出版社1998年版，第392页。

② 李卫涛：《黄遵宪诗学实践和新诗关系再定位》，《理论学刊》2004年第12期，第113页。

是从文言到半文言半白话再到白话，这样一个继承而发展的承转起合的推演。这恰恰印证了从黄遵宪到胡适对白话文进行革新的历史艰难性。

“五四”新文化运动发轫之初，胡适之所以发起白话文运动，一是特定的社会历史背景；二是传统文化本身，它是黄遵宪所开创的“诗界革命”在新的历史时期的自然延伸。胡适走民间文化之路，与黄遵宪对客家民俗文化的崇尚非常神似。“五四”时期封建思想的禁锢已经大为松弛，使“五四”人享受到更大的思想自由，在接受西方文化的浸染的量与度上有了不同，其思想风貌当然与以前也有差别，但这种差异并不防碍“五四”新文化对前期传统文化的继承。在黄遵宪时期，西方文化还只是一种重新观照本土文化的参照系，在他们的知识结构中，东方与西方两种知识结构是互相黏合、互为参照的，呈现出二元，并非铁板一块。这种情况到了“五四”时期却发生了相当程度的变化，就胡适而言，指导他思想意识的是进化论，这些西方的理论是他观察世界和改造世界的精神武器。在“五四”时期，知识分子的文化结构慢慢发生了变化，传统文化与西方文化正发生某种程度的融合互渗。胡适继承并进一步发动了“白话文”运动，无疑是一位承前启后者。由于文学在启蒙方面所发挥的不可替代的作用，凸显了文学的社会地位，这样，就把黄遵宪、梁启超当年所倡导的“新文体”、新小说、戏剧作为“改良群治”的重要手段，于是，文学具有了启蒙人们思想的特殊功能。胡适揭起“白话文”运动的旗杆，打着自己旗号的“国语的文学，文学的国语”，这同黄遵宪在晚清提倡白话运动的“我手写我口”的理论是互相贯通的。当然，也体现了时代的变化。

“五四”时期是一个历史转型时期，社会结构、价值观念、心理状态都发生了深刻而巨大的变化，原有的概念、范畴、词汇体系已经无法容纳日益增长的新内容和意义。因此，旧的语言体系到新的语言体系的转型，便是历史的必然了。但这种语言转型不能一蹴而就，只能是在现成语言资源的基础上起承转合，是谓“扬弃”。语言极为敏锐地、准确地反映了时代的本质变化。“五四”知识分子正是在黄遵宪等人的基础上开辟出新的境界。胡适及时把握了语言与时代的新旧内在联系，在发起白话文运动时，他并没有充分的语言学的理论准备，他依照的是进化论思想。就诗歌革新而言，他敏锐地意识到“五四”新诗与黄遵宪诗文革新语言的本质联系。胡适凭借广博的西方文化知识，在语言上的改革，是进一步对黄遵宪在晚清倡导白话文语言革新的延伸与拓展。

“没有晚清何来五四”，换言之，“五四”白话思想之源，正是从黄遵宪他们推动的晚清白话文学运动的硕果中继承而来。从“新名词”、“新材料”、“新风格”、“新意境”，再到“技法”、“语言”，黄遵宪诗歌的革新贡献无不开启了“五四”时期白话新诗提倡者的思路。黄遵宪在诗界革命中主张和追求“口语化”，以“流俗语”入诗，后来成了“五四”新诗的诗人进行新诗建设的一种重要启示。新诗即白话诗，具体所指白话语言。初期的新诗建设中，能否将新诗口语化，成了变革中国诗歌一个最为重要的敏感点和突破口。这同样体现了黄遵宪的“我手写我口”的诗歌革新主张。

胡适对黄遵宪是非常推崇的，他认为：“黄遵宪是一个有意做新诗的，他二十岁时的诗中，有《杂感》五篇，其二云‘我手写我口，古岂能拘牵？即今流俗语，我若登简编’这种话可以算是新界革命的宣言。”[①] 黄遵宪深刻认识到，推动晚清白话

① 康白情：《新诗底我见》，载《中国现代诗导论》第3集，花城出版社1985年版，第222页。

文运动所要解决的难题，就是要解决必然导致中国人在思维上的含混模糊的弊端的问题，新诗人对于白话和口语的重视，正好对号入座，符合这一认识规律，当然体现了语言革命实践的考虑。以胡适为代表的新诗白话文运动的倡导者们也看到了以文言文为代表的旧语言文字与以概念的精确为前提的科学语言是相违背的，因此，革新语言大有必要。不仅如此，新诗人要“文以代语而已，达意状物，为其本文”①，这正与黄遵宪“言文一致”的诗歌理论如出一辙，因此，新诗人追求“努力造成一种近于说话的诗体”②，这难道不是黄遵宪毕生孜孜以求的目标吗？从“我手写我口”、“言文一致”到“作诗如作文”，二者的关系不言而喻。黄遵宪诗歌革新的通俗与自由化主张与白话新诗在本质上都是一种“散文化的诗”，前者对后者的影响不能说不深刻。当然，“五四”新诗，也要向前发展，散文化程度要更高些，这也恰恰符合文学的发展规律。

黄遵宪的“诗歌革命”，不仅仅是革其形式，诗歌的内容是革命中最为重要的一环。提倡“白话文”是文学革命的基本前提，是文学革命的一部分，但并不能代表就是文学革命。“白话文”为中国文学革命鸣锣开道，它能够加速或促进文学革命的进行。黄遵宪一开始就特别重视“诗界革命”内容的实在性，绝没有停留在语言文学文字改革的浅层。他诗歌创作中的新思想、新内容、新意境，为中国“五四”新诗的发展进行了艰难而有效的前期铺垫。黄遵宪对文言与白话的语言形式在内容方面的承载，做了仔细的分析，即形式和内容并不能等量齐观。他认为白话文的形式适合于新思想、新文学的内容，但他也同样可以

① 谢冕：《新诗与新的百年》，天津社会科学院出版社 2000 年版，第 124 页。

② 康白情：《新诗底我见》，载《中国现代诗导论》第 3 集，花城出版社 1985 年版，第 145 页。

装进反动的东西。文言文的形式，适合于封建思想、封建文学的内容，但它也并不是绝对不能为革命思想、革命文学所利用。“旧瓶可以装新酒”，反之亦然。文学革命发展到陈独秀、钱玄同的阶段，才超越文体改良，接触到内容。正因为如此，黄遵宪的实际创作中也没有绝对地抛弃文言，而是做了实事求是的扬弃。“五四”文学革命者们为强调革命之决心，做一点矫枉过正的表述也是可以理解的。1918 年，北大成立歌谣研究会，开始征集民间歌谣，胡适为《歌谣周刊》写复刊词。可见，他们崇尚的正是“手口如一”的文学。

除此之外，在诗歌的通俗化以及对民间文学资源的利用上，黄遵宪在“诗界革命”中的一些主张和试验，也都给“五四”新诗运动以有益的启示。

在中国新文学和新诗产生之后，人们有理由找到新文学产生的历史必然缘由，也就是从中国古代文学中寻找新文学变革的历史渊源，黄遵宪当然被视为典型的代表。他点燃了中国“五四”新诗创作的星星之火，并辅以燎原之势。胡适在《五十年来中国之文学》一文中曾对中国新文学渊源做了追溯，并且建立了后代论述新文学渊源时所不能摆脱的研究范式，其中对黄遵宪诗歌进行了高度的评价，胡适大力赞誉其白话入诗的理论主张①。这样，在理论链条上，胡适已经将黄遵宪的诗歌当成新诗一个最突出的本土源头之一。陈子展进一步认为，黄遵宪主张“‘我手写我口’，不避流俗语，为后来胡适、陈独秀、钱玄同、周作人一班人提倡白话文的先导”②。吴芳吉在谈到新诗的发展历程时说：

① 《胡适文集》第 4 卷，人民文学出版社 1998 年版，第 352 页。

② 陈子展：《中国文学之变迁：最近三十年中国文学史》，上海古籍出版社 2002 年版，第 19—20 页。

新诗之历程有五：始以能用新名词者为新诗，如黄公度《人境庐诗草》是也；次以能用白话者为新诗，如留美博士之集是也；次以无韵律者为新诗，如留东学士之集是也；次以谈哲理者为新诗，以教会某女士之集是也；再次以欧化者为新诗，如京沪诸名士之集是也。[①]

在这里吴芳吉充分肯定了黄遵宪诗歌对于白话新诗的影响。他认为，新诗从产生到发展的五个历程中第一个就是黄遵宪的《人境庐诗草》，并进一步肯定其“始以能用新名词者为新诗”，开了后来胡适、郭沫若等人新诗的先河[②]。

事实上，在“五四”新文学时期，从胡适倡言“诗歌革命何自始，要须作诗如作文”到钱玄同竭力主张“今后当以‘白话诗’为正体”之类，均针对传统文言旧体诗在新的历史时期面临深刻危机而发，在当时是为影响和推广白话代替文言、“言文一致”的文学革命主张。胡适、钱玄同、刘半农等是将诗歌作为白话文学须攻克的最后一大难题，以不可辩驳的力量掀起一场“革命”，将白话新诗推为正宗。从“诗体解放”入手，总结晚清文学改良运动与“诗界革命”历史经验而做出的选择。晚清由黄遵宪、梁启超、谭嗣同、夏曾佑诸人倡言、掀起的“诗界革命”对旧体诗做了积极改良，他们成为以胡适为代表的“五四”新诗运动革新的起点。“五四”运动正是在晚清文体革新运动的基础上实现了中国文学的现代转型的，并在思想史上谱写了光辉的篇章。[③]

---

① 吴芳吉：《四论吾人眼中之文学观》，载《吴芳吉集》，巴蜀书社 1994 年版。

② 吴芳吉：《四论吾人眼中之新旧文学观》，载钱仲联《人境庐诗草笺注》，上海古籍出版社 1981 年版，第 1303 页。

③ 参见黄升任《黄遵宪评传》，载《中国思想家评传丛书》，南京大学出版社 2008 年版，第 580 页。

第四章　民间文学、民俗资源利用的自觉与对新文学的建构

第一节　民间的发现

所谓民间，亦称民间社会。它是作为一个领域性空间生存的，嵌入其中的是与上层建筑相对分离的社会团体与社会组织。他们依其熟悉的方式生活，以追求各自不同的利益①。“民间力量与智慧的显现从人类历史起步阶段就已开始，不过进入阶级社会后便遭到统治阶级的打压。当统治者能够从容地控制局面时，民间力量和智慧就会昂然挺进‘公开’，大行其道甚而会进入上层。聪明的统治者总是善于利用民间力量与智慧，留给其充分的活动空间，使其与主流意识和谐相处，达到稳固统治地位的目的……”②

文学是社会生活的反映。人民生活是一切取之不尽的创作源泉。而民间文学不仅是比较接近自然形态的东西，同时也是优美的艺术品。它是哺育作家的保姆。作家的智慧和灵感蕴藏在人民生活和人民创作之中。在文字出现以前，民间文学是劳动生活中唯一存在的文学形式，千百年以来，它以一种口头的方式记录了

---

① 何增科：《公民社会与第三部》，科学社会出版社 2000 年版，第 98 页。

② 潘万木：《〈左传〉的民间叙述立场》，《荆门职业技术学院学报》第 20 卷第 5 期，第 16 页。

劳动者生产、生活与思想的历史。劳动者把千百年来创造的语言和真挚、优美的诗句给予了作家；他们所创造的各种口头文学体裁，给作家准备了活泼多样的创作形式；劳动者创作的内容又为作家文学提供了无限丰富的题材[①]。

自从作家文学出现以后，作家文学与民间文学就发生了难以割舍的联系，只不过随着知识者作为一个独立阶层的出现，民间文学逐渐被视为与国家权力、知识分子或文人文学相对的“他者”或“异己”，中国古代尽管不乏“礼失求诸野”、“观风俗，知厚薄”的文化传统[②]，但只是基于统治阶级利益和王权巩固的现实驱动，难以真正重视民间在物质和精神层面的巨大创造力量。更何况，无论是统治阶级还是强大的文人文学传统往往固守着雅与俗、正与野的二元对立的思维方式，难以认清民间所具有的巨大活力[③]。

那么，对于“民”与“民间”，黄遵宪是如何理解、有何新的发现？“民间”与“文学”的结合，其生命活力又体现为一种怎样的情形呢？

确切地说，黄遵宪的所有理论主张（包括文学）都是为他的政治理想服务的，这也是一切政治家共同拥有的品性。黄遵宪具有一种典型的“民间情结”，作为上层统治阶级的一名士大夫，拥有这种“情结”，尤为显得难能可贵。准确地理解黄遵宪的所谓“民”与“民间”的意义，得从他的政治理想谈起。

黄遵宪从小得到了比较完备的教育，受到了比较系统的家庭良好培养，这就使他具备了健康的情趣与较高的智商、美好的品

① 参见钟敬文《民间文学概论》，上海人民出版社 1980 年版，第 71 页。

② 郭绍虞主编：《中国历代文论选》，上海古籍出版社 1988 年版，第 141 页。

③ 参见刘进才《语言运动与中国现代文学》，中华书局 2007 年版，第 202 页。

性。同时，其家族世代为宦，曾祖父为商人，祖父、父亲曾做地方、京城官员，这种家庭背景和朴实的门风，带给他一种平民气息，一种现实精神。“儒生不出门，勿论当世事。”17 岁时的黄遵宪就表现了超凡的理性思考和实干作风。他从小就有清醒的头脑，踏实而不浮华，性格开朗，平易可近。同时，客家人崇文重教，“修身、齐家、治国、平天下”的理念对他影响也非常深刻。从士大夫家庭中走出来的他，自幼就带着一股清晰、刚健的淳 S 民间气息。

倡导维新变法是黄遵宪治国理念的基础，民强则国富。他主张改革要从民间做起。先是从地方庶政着手，奠定稳固的根基。地方庶政一旦得到实现，由此可以用这种模式逐渐向全国推广，使之普及而成为一种新的社会风尚。他认为“苟欲张国力，伸国权，非民族之强，则皮之不存毛将焉附？国何以自立？苟欲保民生，厚民气，非地方自治，则秦人视越人之肥瘠”①。而地方行政是一切行政的基础，它为占绝大多数的底层之民服务。过去因为统治阶级忽视了地方行政，乡村社会没有得到有效的管理，酿成了许多天灾人祸，老百姓在痛苦的深渊中揭竿而起。黄遵宪深深知道地方自治的重要性。改革地方行政，就应先从一些老百姓切身利益和相关的事做起，老百姓得到了实实在在的利益，地方行政制度就可以顺利地得到实现。民间保卫局的设置，就是其民间理念的具体实践。黄遵宪认为要树立新政形象，凡事就得替百姓着想，帮老百姓办实事。他在湖南新政期间，明察暗访，走过湖南许多乡村，深深懂得民间疾苦与老百姓之所需。当他得知地方官僚趁势，称霸一方，老百姓因受到欺凌而起来反抗的时候，黄遵宪深知维护地方治

① 参见黄增章、陈志雄《杰出的诗人外交家：黄遵宪》，广东人民出版社 2006 年版，第 103 页。

安，打击地方势力的迫切性。他认为："警察一局，为万政万事根本。诚使官民合办，听民之筹备，则地方自治之规模隐寓其中，而民智从此而开，民权亦从此而伸"；"警察一署，为百新政之根柢。若根柢不立则无奉行之人，而新政皆成空言，故首注意于是"。其地方庶政构想，是参见日本明治维新的成功经验，"保卫局"一职，是参考日本的警视厅和西方的警察制度。但又不是照搬照抄其地方自治的理念和管理方式，它明显区别于日本和西方。黄遵宪对民间社会的重视，其想法于心中酝酿多年。他自觉地以此作为培养民气，向民众灌输民权思想的基础。

如果说黄遵宪对现代政治变革的要求是重视民间社会的民权作用，那么黄遵宪对待诗歌文学的革新就是自觉地利用民间文学与民俗资源。

黄遵宪早年提出的"我手写我口"的诗歌创作纲领，是民本思想的集中体现。"别创诗界"，不为"古拘牵"，他要打破古人文学思想的束缚。他强调有感而发，反对矫揉造作的文章，要言之有物。其亲近民间语言，自觉利用引车卖浆之"流俗语"，这是和他诗歌创作的一贯风格、"诗界革命"终极追求目标密切相关。

"我手写我口"的理论主张如何付诸实践，黄遵宪认为重要的办法之一便是诗文创作从民歌中吸取营养。

黄遵宪对民歌有一种天然的感情，也与地域根源密切相关。其降生于此的广东梅县（今梅州市）是客家人居住的大本营，客家人的摇篮。客家人原为从汉族分化出来的一个民系。本是三代遗民，具有悠久的历史。它主体多是宋末元初从中原一带迁徙到粤、闽、赣的"中原旧族"。《送女弟》："中原有旧族，迁徙名客人。过江入八闽，展转来海滨。简啬唐魏风，盖犹三代民。"[①] 因为这些移民，"礼俗多存古意，世守乡音不改，故土人别之曰'客人'"[②]。客家梅州，风景秀丽，是人文秀区，乃客家人的精神家园。尤其，作为精神载体的客家山歌，以梅州最盛。黄遵宪自幼便受到山歌的熏陶。据张元济《岭南诗存·跋》："瑶峒月夜，男女隔岭相唱和，兴往情来，余音袅娜，犹存歌仙之遗风。一字千回百折，哀厉而长。俗称'山歌'，惠、潮客籍尤甚。"[③] 古朴的民风、良好的人文环境，给黄遵宪接受与学习民歌，并在后来的诗歌创作实践中创作类似于民歌体的诗作提供了良好的契机[④]。

黄遵宪在浓郁客家文学氛围的家乡生活了长达30年（前后相加）。客家童谣、山歌濡染了他幼小的心灵。从小经过曾祖母李太夫人教会的启蒙童谣，即使到了晚年，仍然记忆犹新，他由衷地赞美其"清如新炙簧"。这反映了口语化的童谣对其影响之深。他热情赞叹："山歌每以方言设喻，或以作韵，苟不谙土俗，即不知其妙。"客家民间文学口语化的特色，使黄遵宪深切体会到，以"流俗语"入诗，一定会使后人喜闻乐见，即使"五千年后人"也会赞叹不已！

诗人的曾祖母是一位民间文学的爱好者。她经常读书、听弹词，如《天雨花》。《天雨花》是明末清初女作家陶贞怀写的长篇弹词，写明代万历年间丞相左维明与皇亲郑国泰、阉党魏忠贤斗争的故事，它歌颂了正义，鞭挞了邪恶，同时也表现了作者的忠君爱国思想，这对童年的黄遵宪有一定的影响。李太夫人还经

---

① 吴振清、徐勇、王家祥编校整理：《黄遵宪集》（上），天津人民出版社2003年版，第86页。

② 同上书，第240页。

③ 钱仲联：《人境庐诗草笺注》，上海古籍出版社1983年版，第55页。

④ 参见郭延礼《中国文学的变革——由古代走向现代》，齐鲁书社2007年版，第268—269页。

常对怀抱或膝下的曾孙讲些神话或传说故事，像《神光映读》、《李二何妻子毁容》、《四铸元魁塔顶》等[①]，都是对儿童教育的绝好启蒙素材。客家人崇文重教，“修、齐、治、平”的理念深入人心。这一切，都使诗人心神向往，一是培养了他对民间文学的兴趣；二是为诗人的文学创作提供了思想营养之源。

黄遵宪对民间文学一直怀有最为真挚的感情。他在《手写本山歌·题记》中说：“十五国风妙绝古今，正以妇人女子矢口而成，使学士大夫操笔为之，反不能尔。以人籁易为，天籁难学也。余离家日久，乡音渐忘，辑录此歌谣，往往搜索枯肠，半日不成一字。因念彼冈头溪尾，肩挑一担，竟日往复，歌声不歇者，何其才之大也?”[②] 黄遵宪推崇客家民间文学，它基本代表了其民间文学观。它是区别于封建文人、士大夫的。即认为民歌是一种即兴而作的灵感语言，需要有才气，并非像封建文人、士大夫所认为的下里巴人的淫秽之词。他深知民间文学的好处、妙处。比如客家民歌中的赋、比、兴及双关、比喻、谐音等表现手法；七言四句的句式；唱词中的中原古韵，它吸取、融合了当地土著居民歌谣的唱腔等等，从内容到形式纯属天然。主张所谓阳春白雪的高雅之词的文人挥毫为之，反而难以奏效。他认真研究民歌，探索客家民歌的基本特色，如歌词清丽；声调纯真、天然；情感真挚缠绵、抑扬顿挫等。所谓客家山歌实际上是客家人南迁后对中原民歌的继承和发展，它相当完整地继承和保存了中原民歌的艺术传统如“号子”、“拖腔”、“尾驳尾”的手法。[③]他收录客家山歌 15 首，保存在《人境庐诗草》手写本中。黄遵

① 参见郭延礼《中国文学的变革——由古代走向现代》，齐鲁书社 2007 年版，第 270 页。

② 钱仲联：《人境庐诗草笺注》，上海古籍出版社 1983 年版，第 54—55 页。

③ 叶春生：《岭南俗文学简史》，广东高等教育出版社 2003 年版，第 85 页。

宪有意为之，对客家山歌在思想内容和艺术形式上进行鉴赏评判，闪烁着真知灼见，学术价值很高。高尔基说："人民不仅是创造一切物质价值的力量，人民也是精神价值的唯一的永不枯竭的源泉，无论就时间、就美还是就创作天才来说，人民总是第一个哲学家和诗人：他们创作了一切伟大的诗歌、大地上一切悲剧和悲剧中最宏伟的悲剧——世界文化的历史。"[①]

在晚清的白话文运动中，黄遵宪从"言文一致"的角度意识到民间语言对文学变革的重要作用。黄遵宪在1887年即已看到："若小说者言，更有直用方言以笔之于书者，则语言文字几乎复合矣。余又焉知他日者不更变一文体为适用于今、通行于俗者乎？"[②] 这种"直用方言"、"通行于俗"的文学语言，无疑是焕发着勃勃生机的民间语言。黄遵宪还以自己的创作实践表明了他眼光向下、开放卓识的民间文学意识。在小说创作上，他认为："小说所以难作者，非举今日社会中所有情态一一饱尝烂熟，出于纸上，又将方言谚语，一一驱遣，无不如意，未足以称绝妙之文。"[③] 其所创作的组诗《新嫁娘诗》及其"歌谣体"诗，是他对民间文化资源的自觉开掘和运用的结果。他重视方言俗语的民间文学审美取向，成为"五四"新文学走民间创作之路的先声。

从晚清白话文学改良，到"五四"白话文学运动，从黄遵宪到胡适，无论从运动的本身，还是从运动的倡导者来说，都可以看到前者对后者的影响，后者对前者的继承与发展。笔者认为，黄遵宪是"五四"白话文改革的活水源头：从文字到语言

---

① ［苏联］高尔基：《个性的毁灭》，载《高尔基论文续集》，人民文学出版社1979年版，第54页。

② 黄遵宪：《日本国志·学术志二·文学》，天津人民出版社2005年版，第810—811页。

③ 钱仲联：《人境庐诗草笺注》，上海古籍出版社1981年版，第1250页。

的革新；由诗歌文体创作到致力于由传统到现代的转化，黄遵宪均开民间风气之先。

1917年1、2月间，胡适的《文学改良刍议》和陈独秀的《文学革命论》相继发表，在理论层面揭开了新文学发生的新篇章。文学改革的“八项”主张和文学革命“三大主义”以决绝的姿态从根本上动摇了作家文学或者说“文人文学”的古典文言传统，也投向了民间文学这一丰饶的文化原野，尤其是关注存活于底层民众日常生活中的口耳相传的民歌民谣①。“五四”白话是一种发展的白话——“国语”，也即现代书面语。随着“五四”白话文运动的发展，作为领袖人物之一的胡适清楚地认识到利用民间资源的重要性。当初胡适撰写的《文学改良刍议》也只是对文学的一种改造，其着眼点在于对民间文化资源的发掘。胡适的八项主张在当时反响不能说不大，可是八项主张并无新意，几乎是黄遵宪“我手写我口”理论的翻版。

黄遵宪提出“言文一致”的文学主张，认为应当建立一种“语言与文字”合的“适用于今，通行于俗”的新文体，它是从民间最为基本的语言着手的。而以白话文代替文言文也是胡适文学改革思想的基本核心内容。胡适同样认为：白话文是书面语与口语的合一，也即言文合一；文言文是以儒家经典为摹本，与口语相脱离，言文分家的书面语，是板滞僵化的“死文字”；“死文字”决不能创造“活文学”。诸如此类，胡氏的许多观点，并不陌生，似乎都可以在黄遵宪的文集那里找到。只是到了后来随着“五四”白话文的进一步深入，从“言文一致”到所谓“国语”逐渐的统一（相对），胡适提出“国语的文学，文学的国语”的主张，这似乎才具备一种“五四”白话文的高度。

① 参见刘进才《语言运动与中国现代文学》，中华书局2007年版，第203—204页。

"我手写我口"是黄遵宪为诗界革新发出的第一声呼唤，诗界呼号有旗帜。黄遵宪高屋建瓴，充当维新派在文学理论建设中的巨擘，也洋溢着"诗界革命"强烈的乐观之气息。这是他学习民间文学得出的理论成果，从而把现代诗歌的发展向前推进。"我手写我口"成为推动古典文学向"五四"白话文学发展过渡的桥梁，在现代文学发展史上具备相当重要的意义。

第二节 民歌情结与诗歌创作的"杂歌谣"化

黄遵宪在《山歌手写本·题记》中说："仆今创为此体，他日当约陈雁皋、钟子华、陈再芗、温慕柳、梁诗五分司辑录。晓岑最工此体。当奉为总裁，汇选成篇，当远在粤讴之上也。"[①] 让客家山歌走进诗歌的殿堂，把创作口语化的"山歌"作为诗人开拓诗歌境界的尝试和创造，这正是他的过人之处。

历史上许多著名的文人墨客都喜欢民歌的乡土特色，广东民歌（包括客家民歌）也不例外。从古代到现代，都有广东民歌的论述与记载，学术界对广东山歌极为重视。除上面提到的梁绍壬、张元济外，还有清代许多的大诗人，如王士禛、朱彝尊、李调元等；现代学者郑振铎、顾颉刚、赵景深、谭正壁、钟敬文等人都有评论。黄遵宪本人则早有搜集家乡山歌的设想。他在《人境庐诗草》卷1，也编入了《山歌》九首（钞本十二首）[②]。

生活在客家山歌之乡的黄遵宪，对山歌情有独钟，他有一种"民歌情结"。这种"民歌情结"使黄遵宪对异邦的民歌也十分关注。"民歌情结"对诗人的文学创作思想的形成与发展，带来

① 钱仲联：《人境庐诗草笺注》，上海古籍出版社1981年版，第55页。

② 参见郭延礼《中国文学的变革由——古代走向现代》，齐鲁书社2007年版，第273—274页。

了积极的影响。可以归纳为两个方面：一是表现在他进步的民间文学观；二是体现在他自觉利用民歌体例进行诗歌创作。

郭延礼认为，黄遵宪学习民歌并得其真传主要有四点①：第一，善于汲取民歌的艺术营养；第二，汲取民歌中之“情真”说，主张写诗要情真、意真、抒发我之心声；第三，长期的民歌熏陶，赋予黄遵宪的部分诗篇以民歌风味；第四，运用客家的方言词汇创作了大量的民歌体诗歌。

诚如周扬说：“民歌是文学的源头，它像深山的泉水一样静静地、无穷无尽地流着，赋予了时代的诗歌以新的生命，哺育了历代的杰出诗人。”② 民歌艺术对作家文学创作的影响是有历史渊源的，从我国第一位大诗人屈原的《九歌》、《天问》，到建安“三曹”、“七子”几乎都受到汉代乐府民歌的影响，唐代李白诗取自乐府古题，刘禹锡学习四川巴东地区的民歌“竹枝歌”等等。文学史上作家文学与民间文学构成了最为密切的互相联系，这方面的事例不胜枚举。黄遵宪也正是这样一位善于摄取民歌的艺术营养以滋补自己创作的诗人。

黄遵宪在诗歌创作中自觉吸取民歌中的艺术营养，是下过很大功夫的。他对民歌体例的诗歌创作发挥得淋漓尽致，为作品增添了不少生机。如《拜曾祖母李太夫人墓》、《己亥杂诗》、《新嫁娘诗》都是汲取民间营养成功的范例。不仅如此，在他的一些诗作中体现了民歌的精神，比如他的长诗《岁墓怀人诗》、《八月十五夜太平洋舟中望月作歌》、《下水船歌》等，在创作艺术的品质上明显带有民歌的痕迹。他热衷于对民歌的研究，并把民歌创作之精髓往往融化到个人的诗作中去，即所谓的“民歌

① 参见郭延礼《中国文学的变革——由古代走向现代》，齐鲁书社 2007 年版，第 275—277 页。

② 周扬：《新民歌开拓了诗歌的新道路》，作家出版社 1959 年版，第 12 页。

情结”。由这种“情结”衍发的文学创作，在他的晚年更有新的探索与发现。黄遵宪对歌谣的关注，使其诗歌创作如《今别离》、《己亥杂诗》、《番客篇》、《纪事》诸诗，也都渗透着山歌影响。所以，在1902年梁启超要在即将创刊的《新小说》上开辟“杂歌谣”专栏时，黄遵宪不但可以提出自己对此专栏的设想，而且在栏目上还创造出了优秀的带有民歌风味的作品。

《新小说》是梁启超于1902年创办的一份以登载小说为主的月刊杂志。对于其中的“杂歌谣”专栏，梁启超最初拟定的名称是“新乐府”，其“新”在于内容方面，“专取泰西史事或现今风俗可法可戒者”，而形式上仍囿于中国古代的乐府诗，“用白香山《秦中乐府》、尤西堂《明史乐府》之例，长言永叹之”①。晚年的黄遵宪虽然由于戊戌变法失败而告老还乡，但是他依旧关注着中国文学的发展，他不同意梁启超原来的设想，提出了自己更具实践意义和创新性的想法。在形式上，黄遵宪认为应该放弃已经文人化的乐府体式，而取径于更具民间色彩的弹词和粤讴；句式方面，三言、五言、七言、九言、长短句等等，可以自由使用；风格也要追求多样，不拘泥一种。从这些考虑出发，他认为，专栏名称不如改为“杂歌谣”。这一名称与“新乐府”相比，显然具有更大的包容性。内容上，黄遵宪主张“弃史籍而采近事”，“如梁园客之得官，京兆尹之禁报，大宰相之求婚，奄人子之纳职，候选道之贡物，皆绝好题也”。从其观点来看，更倾向于以中国近事为主题，对梁启超标举“泰西史事”不尽赞同②。梁启超果然心领神会，马上接受这一建议，在《新小说》创刊时，特辟“杂歌谣”专栏，加大力度宣传通俗诗体。

---

① 中国唯一之文学报《新小说》，《新民丛报》1902年创刊第14号。

② 吴振清、徐勇、王家祥编校整理：《黄遵宪集》（下），天津人民出版社2003年版，第494页。

也正是在这个时候，黄遵宪已经开始致力于创作新式的通俗歌词，颇为得意地试着写下《军歌二十四章》。黄遵宪先把《出军歌》的前四首寄给在日本的梁启超，梁启超“读之狂喜”。他又将其余的20首寄给梁启超，并在信中说：“鼓勇同行之歌（即《出军歌》前四首），公以为妙。今将二十四篇，概以抄呈。如上篇之敢战，中篇之死战，下篇之旋张我权，吾亦自谓绝妙也。此新体，择韵难，选声难，着色难，愿公等之拓充之，光大之也。”[①] 为了配合黄遵宪的“杂歌谣”思想，梁启超还亲自拟作了《爱国歌》四章，并在该栏目上发表。黄遵宪还把在晚年先后写就的《出军歌》等章称为“新体诗”，实际上就是“杂歌谣”体，颇近似于自由体诗。诗歌有极强的音乐性，如《出军歌》、《学校歌》等。读后，梁启超不禁拍案叫绝，说读《出军歌》“而不起舞者，必非男子”。

在对待诗歌的革新上，黄遵宪与梁启超是有默契的。于是，在通俗诗体“杂歌谣”和“新体诗”的创作上，两人遥相呼应。这种文体传播范围广、影响大，在当时思想界和文学界都引起了广泛的反响，有力地推动了白话文学运动和文体的革新，而备受人们的青睐。而且，对于当时如火如荼的“诗界革命”也是一个推动作用，因为诗界革命的终极目标就是诗歌语言的通俗化。这为随之而来的资产阶级革命，他们的领袖人物如秋瑾的《宝刀歌》、《宝剑歌》、《剑歌》；陈天华的《警世钟》、《猛回头》；邹容的《革命军》；还有高旭、马君武、向警予等人的作品提供了诗歌创作的范式。在文学革命中，柳亚子主办的《复报》，便辟有“歌谣”一栏，沿袭了黄遵宪这一思路，并在专栏上辟有“音乐新唱歌集”栏，以征求各地的专家、学者、诗歌爱好者创

① 吴振清、徐勇、王家祥编校整理：《黄遵宪集》（下），天津人民出版社2003年版，第499页。

作的新体歌词进行发表①。无疑，这都有黄遵宪“杂歌谣”思想的影响因子。

黄遵宪文学变革的重要动力和参照就是基于他的民歌理念。他所说的斟酌于弹词、粤讴之间，篇幅长短不一，句无定式，字数多少不等，三言与七言兼用，即有歌谣之风。其格调欢快流畅，风格变化多样，就是一种民歌体式，或者说新体式的民歌。以至于20世纪五六十年代之交关于诗歌走向问题的讨论中，有一派主张中国诗歌要走民歌的路子。如果追根溯源，20世纪初（1902年）黄遵宪“杂歌谣”的提出是其源头活水②。

晚年的诗人把更多的目光投向了教育，他感于童谣对儿童的作用，亲自创作了《幼稚园上学歌》十首和《小学校学生相和歌》十九首。宣扬新思想，倡导小朋友热爱学业，自强自立，团结起来，同雪国耻，齐兴国家，创造太平盛世。《幼稚园上学歌》的句式和语言明显有客家儿歌的痕迹。诗歌的句式大多是三言体，也有五言体，最长不超过七言体，这完全是客家儿歌的一般形式。其中，“摇钱树，乞儿婆；打鼓鼓，货郎哥。人不学，不如他。上学去，真蹉跎”③这一首儿歌显然受到“蟾蜍啰，哥哥哥，唔（不）读书，冇（无）老婆”这首梅县儿歌的启示，诗人对它进行必要的加工创造，提升其精神境界。又如“上学去，莫停留，明日联袂同嬉游。妹骑羊，弟跨牛，此拍板，彼藏钩，邻儿昨懒受师罚，不许同队羞羞羞！上学去，

---

① 参见张永芳《诗界革命与文学转型》，中国社会科学出版社2004年版，第43页。

② 郭延礼：《中国文学的变革——由古代走向现代》，齐鲁书社2007年版，第283页。

③ 吴振清、徐勇、王家祥编校整理：《黄遵宪集》（上），天津人民出版社2003年版，第352—353页。

莫停留"[①]。其中"羞羞羞"就是客家儿歌中常用的口头语。旧时梅县儿歌中就有"羞羞羞，猫儿打胡鳅。胡鳅钻入泥，猫儿担塘泥"。又有"羞羞羞！小蛮牛。背书背唔（不）出，总是吮指头，明日打屁股，目汁（眼泪）两行流"[②]。出于对孩子的年龄和接受习惯的考虑，在《小学校学生相和歌》中，诗人将一般的句子延长为五言与七言句型。这种上口的儿歌，读之令人振奋。对儿童爱国自强教育具有极大的引导和鼓舞作用。其民歌味很强的组诗《新嫁娘诗》，读来朗朗上口，还可以用歌的形式唱出来。

关于"歌词"的创作，黄遵宪并非偶然为之，而是他长期艺术积累的结果，他到过世界各地，欧美、日本都十分重视唱歌教育，"欧美小学唱歌，其文浅易于读本；日本改良唱歌，大都通用俗语"[③]。黄遵宪喜欢日本的俚曲歌谣，他在《日本国志·礼俗志》中有专门的记载，并写有《都踊歌》，此歌就是日本京都地区男女且歌且舞时的"歌词"。被放归故里的黄遵宪，也关心日本当时民间流行的"新体诗"。他推测日本的新体诗应该在旧和歌的基础上发展起来，需要就其词理做一定的变更改造，而不一定采取废弃旧诗歌、重新创造全新的诗体的方式。从其对日本文学的关切中，又可以看到黄遵宪对文学改革的基本看法。他曾与梁启超讨论如何创作"报中有韵之文"的问题，认为"易乐府之名而曰杂歌谣；弃史籍而采近事"[④]。黄遵宪本着虚心的

① 吴振清、徐勇、王家祥编校整理：《黄遵宪集》（上），天津人民出版社2003年版，第353页。

② 管林：《黄遵宪与民间文学》，载华南师范大学近代文学教研室编《中国近代文学评林》，广东高等教育出版社1993年版，第160页。

③ 梁启超：《饮冰室诗话》，人民文学出版社1980年版，第77页。

④ 黄遵宪的《军歌》共24章，分《出军歌》、《军中歌》和《旋军歌》各8章。

态度，向古人求教，在继承中求得诗歌的发展，在变革中求得诗歌的生存。化腐朽为神奇的思想方法，体现了他诗歌创作中的一贯理念。

黄遵宪关于歌词的创作是他晚年实践诗体进一步革新、促进诗歌与音乐结合的重要一环。其《出军歌》选入了“学堂乐歌”，由现代音乐家李叔同（1880—1942）选曲配歌，在当时颇有影响。黄遵宪用心良苦，从择韵、选声、着色来为这类歌词创作，可见他是十分注意其音乐特点的。他还仿西方列队歌曲形式，作《小学校学生相和歌》，此歌凡 19 章。梁启超在《饮冰室诗话》中说：“其歌以一人唱，章末之三句，则由诸生合唱。”[①] 黄遵宪化用古代乐府中的“和声”来相对于西方歌曲中的“副歌”。“和声”的合唱，反复歌唱，既深化了主题，又增添了一唱三叹之妙。他的《幼稚园上学歌》也被选入《最新改良唱歌教科书》，在当时也产生了不一般的反响。在黄遵宪一些句式简短的诗歌中，最为典型的如《哭威海》是完整的三言体。三言体只在两个领域发展，一是民谣短歌，一是庙堂诗歌。他的《哭威海》以短促的三字句和紧凑的鼓点渲染全诗的气氛，描写时事战争绘声绘色。其中巧妙地运用客家童谣中常用的头驳头，尾驳尾的手法，明显带有客家山歌的印痕。如：“噫吁戏！海陆军，人力合，我力分。如蠖屈，不得伸，如斗鸡，不能群。毛中虫，自戕身，丝不治，丝愈棼，火不戢，火自焚。遁无地，谋无人，天盖高，天不闻，四援绝，莫能救，即能救，谁死守？”[②] 连缀手法紧凑，简单有力，读之朗朗上口。它能够很好地宣泄诗人的愤激情绪。老少皆宜，人人喜欢听、喜欢唱。

---

① 梁启超：《饮冰室诗话》，人民文学出版社 1980 年版，第 60 页。

② 吴振清等编校整理：《黄遵宪集》（上），天津人民出版社 2003 年版，第 210 页。

黄遵宪是以一种自觉顺应或自觉利用的态度对待民间语言、文学通俗化的。出于整理乡土文献的动机[1]，他还写有记录客家方言的札记100多条，拟作《客话献征录》一书。在随使海外后，由于外来文化的影响，其对诗歌通俗化的必要性更加持一种积极的态度。《日本杂事诗》中写道日本的假名："莫嫌蛮语笑陬隅，国字能通用汕余；丫髻女儿初弄笔，涂鸦便寄阿娘书。"[2]他曾给严复写信讨论文体的演变，指出："今日已二十世纪之世界矣，东西文明，两相结合。"

第三节　新思想与新形象

一　现代民俗思想的最早阐释与新文学民俗思想的滥觞

中国地大物博、历史悠久，创造了异常丰富的文化资源，其中包括丰饶的民俗资源。历代学者对民俗文化的思考，形成了具有中国特色的民俗观念。如采风观政说、致用于礼论、治化教民与移风易俗说、补史匡正说、兴邦治国说等。[3] 传统的中国民俗学主要有两种观点：第一，地理民俗观。它以特定的地域空间为单位，从地理条件、物产资源、谋生方式等方面解释民俗的成因及特色。第二，政教礼俗观。这是中国传统民俗学中又一重要观念。西周初期，周公摄政，不仅在政治、经济等方面多所改革，而且制礼作乐，大兴文教，配合统治，使王朝政权日益巩固，为日后的治国化民奠定了基础。西周文化在长期积累和损益前代经

---

① 黄遵宪1891年《与胡晓岑手札》云："阁下所作《粉榆碎事序》有云：'吾粤人也，搜辑文献，叙风情，敢以让人'弟年来亦怀此志"。（见北京图书馆照相本《黄公度手札》）。

② 该书自注云："其土音不过四十七字四十七音……点画又简，易于习识。故彼国学语以后，能通假字，便能看小说、作家书矣。"

③ 张紫晨：《中国民俗学史·前言》，吉林文学出版社1993年版，第86页。

验的基础上空前提高，其主要精神在敬天事神，更重人事。在明清地方志中仍然常有“在上为政教，在下为风俗”①。晚清由于特殊的文化背景，在西方文化的压力与刺激下，使得作为一个特定文化现象的风俗在当时受到世人的瞩目。无论是文化保守者、维新派，还是激进的革命者，都不约而同地选择了评论“风俗”作为表达自己社会政治主张的特定角度，而对风俗的形成、变易、建设等方面都提出了不同意见，即使其立场相去甚远。②

民俗作为一种民族和地区共有的文化意识，正是民族“共同文化共同心理素质”的体现。黄遵宪有自己的民俗观。作为一个外交官，他是致力于日本人、欧洲人来了解中国人风俗的，他的思维习惯与方式表现了时代的特征。他的《日本国志》、《日本杂事诗》对日本社会民俗的观察可谓深刻，其中都有详细表述。

综观黄遵宪的民俗观，其突出特点有三：宽泛的民俗观；移风易俗的焦虑、希望与对精神民俗的倚重；对民俗文艺的重视和运用。

黄遵宪很强调风俗的形成对于社会的影响，正是由于他看到风俗对人的影响、控制之强，所以才有改革恶俗建立美俗的主张。他对移风易俗寄予希望，也心存某种程度的焦虑，因为在封建恶俗猖獗的情况下，恶俗一日不除，社会则一日不得安宁。黄遵宪对精神民俗的倚重，就是把研究民俗与治国化民与移风易俗直接联系起来。他能够树立这样的一个明确的指导思想，是经过长期的实践而逐步形成的。特别是在随使日本后，接受了改良主义思想。在黄遵宪民俗思想的某种程度的影响下，19 世纪末 20

① 贺麟：《文化与人生》，商务印书馆 2002 年版，第 234 页。

② 黄遵宪：《日本国志·礼俗志一》卷 34，上海古籍出版社 2001 年版，第 351 页。

世纪初，从事维新或革命活动的资产阶级各派别，为了动员整个民族参加自己领导的运动，莫不高度重视社会风俗的改造。严复提出“鼓民力、开民智、新民德”的口号；梁启超力主“震慑国民之精神”；邹容更大声疾呼“拔去奴隶制之根性以进为中国之国民”；章太炎则指出，革命“不仅驱逐异族而已，虽政教学术，礼俗材性，犹有当革者焉”；李大钊、恽代英等中国共产党人在无产阶级争取解放的激烈斗争中，也热烈提倡“可以指导人生”的新文化改造国民精神。鲁迅更以锲而不舍的毅力，着意于受“古训”和“传统思想”熏陶的“未经革新的古国人民”的精神改造。从这一意义上说，黄遵宪、严复、梁启超、邹容、章炳麟乃至鲁迅，都是改造社会风俗思想的继承者和发扬光大者。

黄遵宪是晚清启蒙民俗思潮中最为典型的代表。他对民俗文艺或者提出看法，或者进行理论研究，或者用来进行学术阐释，或者利用它们来教育民众。既有理论，也有创作。其中，黄遵宪对民俗文艺精神的重视，更不容忽视。

民间文学是民俗文艺的一个重要的组成部分。黄遵宪不仅受中国民间文学的影响，也受到西方民间文学的神话学的影响，他身体力行推动传统神话观的转折，对于将神话当作狭义的历史事实看待，他是持否定观点的，从而把神话和文学紧密地结合起来进行研究。在《日本杂事诗》中歌咏日本古史神话，他发表对神话的见解：“盖盘古开天，女娲播土，万国同然，不足怪者。”① 对歌谣理解深、兴趣浓。其对歌谣的辑录，赞赏它的文学之美，显示了他个人的学术倾向。他不仅自己辑录山歌，还倡议学界人士共同为之，并且利用民歌体进行创作，着力推动诗歌

① 黄遵宪：《日本国志·国统志一》“神武天皇”句下注，上海古籍出版社2001年版，第25页。

革新的通俗化，这对“诗界革命”和白话文运动的影响十分深远。他把对民间文艺的重视，自觉地和他的维新变革思想结合起来，这是他强调民间文艺的教育作用的有力表现。

从学术的观点来看，就民俗学来说，在黄遵宪时代，民俗只存在于民间，中国还没有把民俗学作为一个正统的学科确立起来。在晚清，黄遵宪就有意识着手“民俗”的研究与整理工作，很有先见之明。当然，他的这种民俗工作主要是与文学联系比较紧密的。他把民俗与政治活动、文学、史学的研究紧密地结合起来，从民俗活动中考察它们的实际情况，提出了不少有关民俗问题的理论和见解。其涉及的内容非常广泛，如民俗形成的原因、特点、内容、目的与方法等等。这种思想在当时很前沿，它深刻地影响到“五四”时期的民俗思想与民俗文学运动①。

“五四”民俗思想的发展，得益于晚清民俗的艰难铺垫。特别是黄遵宪的有关民俗问题的理论，开始时不为人们所理解，但伴随民俗学运动的不断深入开展，“五四”时期的民俗学者慢慢地从其中得到了解与启发。

“五四”民俗学运动开初，以“五四”新文化运动后成立的北大歌谣研究会和《歌谣》周刊时期为开端。“五四”时期《歌谣周刊·发刊词》里说明了收集歌谣的目的：

> 本会搜集歌谣的目的共有两种：一是学术的，一是文艺的。我们相信民俗学的研究，在现今的中国确是很重要的一件事情……歌谣是民俗学的一种重要资料，我们要把他辑录起来，以备专门的研究：这是第一个目的。因此我们希望投稿者不必自己先加甄别，尽量的录寄，因为在学术上是无所

① 参见杨宏海《黄遵宪与民俗学》，载《纪念黄遵宪逝世一百周年国际学术研讨会论文集》，2007年版，第258页。

谓卑猥或粗鄙的。从这学术的资料之中，再由文艺批评的眼光加以选择，编成一部国民心声的选集。意大利的卫太尔曾说“根据在这些歌谣之上，根据在人民的真感情之上，一种新的‘民族的诗’也许能产生出来”。所以这种工作不仅是在表彰现在隐藏着的光辉，还在引起将来的民族的诗的发展，这是第一个目的。[①]

当时民俗学运动的目的还相当单纯，即是以“求得‘白话文学之历史根据’为出发点的”[②]。也就是倚重民俗学进行文艺运动的开展。

在“五四”民俗运动中，周作人、胡适、郑振铎等人给力最多、贡献最大。对于黄遵宪的评价，这些民俗学者也主要从“白话文学”的角度来评断，比如通俗的民间语言（包括方言、俚语）、对于民歌的收集整理、对国外民间神话的见解等等。郑振铎说：“清末有黄遵宪的，他也曾拟作或改作了若干篇流行于梅县的情歌，得到了很大的成功……这些山歌，确是像夏晨荷叶上的露珠似的晶莹可爱。”[③] 无论如何，黄遵宪研究民俗的诗作和著述，对“五四”民俗运动的进一步开展，对“五四”白话的形成，都产生了不可低估的作用。当然，北京大学《歌谣》学会的创始者周作人有更进一步的看法：“《日本杂事诗》一编，当作诗看是第二著，我觉得最重要的还是看作者的思想，其次是日本事物的记录。”[④] 他认为应该从接近民

① 见北大《歌谣周刊》1922年12月。

② 《兼评我国民俗学运动》，《民俗复刊号》第1卷第1期。

③ 钱仲联：《人境庐诗草笺注》，《诗话下》附录3，上海古籍出版社1981年版，第1305页。

④ 张永芳等编：《黄遵宪研究资料选编》，香港天马图书有限公司2002年版，第581页。

俗学的“学术”的角度而不仅仅是从“白话文学”的角度来对黄遵宪进行多方面的评价。周作人认为：“《学术志》二卷、《礼俗志》四卷，都是前无古人的著述，至今也还是后无来者，有许多极好意思、累大见识。”也有学者认为歌谣研究的目的，一是文艺的，二是历史的。文艺方面，是“可以供诗的变迁的研究，或作新诗创作的参考”。历史方面，“大概是民俗学的，便是从民歌里去考见国民的思想、风俗与迷信等，语言学上也可以得到不少参考的资料”①。这种见解与周作人的观点雷同，并进一步从民俗思想本身挖掘黄遵宪对民俗文学的重视与作用。

中国民俗学作为独立学科的确立，是在1927年后，以中山大学民俗学会的创立和《民俗》周刊创办为标志的。《中大民俗学会简章》明确提出“本会以调查、搜集及研究本国各地方、各部族之民俗为宗旨，凡一切关于民间之风俗、习惯、信仰……皆在调查、搜集及研究之列，并尽力介绍各国民俗学之理论与方法”。民俗学者江应梁，在从事民俗学研究的过程中，引用黄遵宪关于民俗的有关理论来作为论据，对英国民俗学家彭尼女士关于民俗学形成的研究观点提出质疑。他援引黄遵宪《日本国志·礼俗志》中有关民俗形成的一大段理论进行论证：“所谓民俗者，即最进步的民族中，也有关这种历史遗留的存在，民俗不能说他是落后民族所独有的东西。”② 民俗学家杨成志也在《民俗学之内容与分类》一文中，将黄遵宪有关民俗中礼俗的定义做了说明，他认为黄遵宪的民俗思想要比西方民俗学家的理论更到位。可见黄遵宪的民俗思想，在中国新文学建构的初期是受到

① 见《晨报副镌》1922年4月13日。

② 江应梁：《昆明民俗志》，《民俗》1921年第1卷第2期。

十分关注的[①]。在研究客家民俗的时候，另一民俗学者罗香林参考黄遵宪的有关民俗材料，并收集客家文献。其所藏黄遵宪《山歌》就有15首，是最原始、最完备的。尤其值得注意的是，罗香林考察客家历史时，得出其源流为“中原旧族”说的理论，这种观点与黄遵宪客家历史的源流说如出一辙。罗香林关于客家民系的源流、文教、风习、妇女等问题的论述，也与黄遵宪非常相近。无可否认，黄遵宪的有关论述对罗香林影响之深刻。

无论是“五四”时期北大兴起的歌谣运动还是中山大学的民俗文化运动，它们作为新文化运动的有机部分和它的学术史意义是应该正视与肯定的，黄遵宪的民俗思想具有标志性作用。

黄遵宪不仅以实际行动写下了大量的客家民俗诗，而且形成了他独特的客家民俗观。他对民俗学的内涵、外部特征以及其价值功能都有较为先进的阐述：“凡托居地球，无论何国，其政教习俗皆有善与不善。”[②] 他对故乡与各国的风土人情表达一种欣喜与赞赏的态度，但对各种陋习则进行批判。他要求国人效法日本明治维新的优良风尚，移风易俗。在借鉴西方民俗的时候，要紧紧围绕国人的民俗特色与具体情况而行之有效。取其精华，剔除其糟粕，这给以后的知识分子和民俗学者予以直接的启示。无论是“五四”时期北大歌谣研究会的胡适、周作人、沈伊默、刘半农、郑振铎，还是杨成志、罗香林、钟敬文，都不同程度地受到了黄遵宪《日本国志·礼俗志》、《日本杂事诗》、《人境庐诗草》中民俗思想的影响。江应梁称赞说：“黄遵宪氏，对于民

① 参见中国社会科学院近代史研究所编《黄遵宪研究新论》，杨宏海《黄遵宪与民俗学》，载《纪念黄遵宪逝世一百周年国际学术研讨会论文集》，2007年版，第258页。

② 吴振清、徐勇、王家祥编校整理：《黄遵宪集》（下），天津人民出版社2003年版，第372页。

俗的形成，有极透的见解”①，杨宏海则认为黄遵宪为“近代民俗学的先驱”②。

二 客家女性意识与客家风土人情——女性观与“乡情长卷”诗

在长达几千年的封建社会中，中国妇女一直生活在社会的最底层，她们深受“三从四德”、“三纲五常”等腐朽愚昧的封建伦理思想的压迫，深深地套上了伦理道德精神枷锁。男尊女卑的等级制度，使她们在心灵上受到伤害，在身体上遭受摧残。19世纪末，当西方“天赋人权”的思想传入中国时，晚清先进的知识分子也开始探索妇女解放的道路了。妇女地位的提高、精神的解放；妇女如何真正取得“人”的地位、取得“女人”的地位，一直是中国社会需要解决的难题（这也是“五四”新文化运动要着力解决的问题之一）。出于对中国妇女苦难的深表同情，他们为妇女的解放奔走呐喊：一是从思想上给予启蒙；二是从身体上给予自由，并号召妇女们在自身努力追求中获得解放与自由。但是，积重难返的病症，其根本上的疗救不可能一蹴而就，它的解放之路注定蹒跚而漫长。国人认识到，要摆脱全体中国人民受奴役的地位，首先就要摆脱中国妇女受奴役的地位。这种迫切需要，使晚清维新思想家在许多场合也展开了论争。

作为晚清著名启蒙主义者的黄遵宪，是其中一位典型代表。

黄遵宪的妇女观，是一个逐步认识、发展与完善的过程。黄遵宪是封建体制内的士大夫，他目睹了中国妇女的生存境况，其受压迫之深，在全世界无与伦比。出使国外后，欧风美雨，西方

① 参见杨宏海《黄遵宪与民俗学》，载《中国文化研究季刊》第2辑，复旦大学出版社1985年版。

② 同上。

异域文化与精神的感染，使他不断深究中国妇女生存结构的深层原因。因此，黄遵宪的妇女观，是中国传统文化与西方文化相互碰撞、交汇融合的产物。深厚的传统文化的滋养与异域的精神启迪，正是黄遵宪妇女观形成的终极原因。

黄遵宪妇女观的内容较繁杂。虽多片言只语，并无系统，但是将他的相关文章做梳理，就可以看到他解决妇女问题的真知灼见，映射出他妇女解放的闪光思想。其内容主要见于《人境庐诗草》、《日本杂事诗》、《日本国志》和《黄遵宪与日本友人笔谈遗稿》的某些部分中，也见于他留下的散文杂著。他谈论妇女，往往涉及一些较为重要的问题[①]：反对缠足；倡导女学；提倡男女平权，但又不脱伦常纲纪；赞美劳动，提倡贤德。

第一，反对缠足。妇女缠足是中国遗留下来的几千年的陋习，它犹如一把锐利的刀子，摧残从肉体到心灵的身心健康，不知残害了中国多少妇女。即使在黄遵宪生活的时代，妇女缠足之风仍然普遍流行。他反对缠足的思想是一以贯之的，而且他有力地将这种思想主张付诸实际的行动，在实践中不断彰显他的实际理想。

为了鼓励妇女改掉缠足旧习，防止妇女因放足而受到守旧势力的歧视，在湖南新政期间，曾亲拟告示，明令禁止缠足，指出："缠足一事，贻害无穷，作俑千年，毒四城。今译以不缠足为富国强种根本，所见尤大。"[②] 新政期间，制定了《湖南不缠足会嫁娶章程十条》，规定凡入会的都可以互通婚姻，并提倡婚姻不限远近。他对缠足的行径从理论到实践都采取了卓有成效的

---

① 参见左鹏军《黄遵宪与岭南近代文学丛论》，中山大学出版社 2007 年版，第 73—80 页。

② 黄遵宪：《黄公度廉访批》，《湘报》第 53 号，中华书局 1965 年版，第 466 页。

措施，他反其“道”而行之，赞扬天足的自然。《己亥杂诗》：“窅娘侧足跛行苦，楚国纤腰瘦死多。说向妆台供媚妾，人人含笑看梨涡。”① 自注：“有耶稣传教士语余：西人束腰，华人缠足，惟州人无此弊，于世界女人，最完全无憾云。”在千百年来男权统治的社会模式中，始终处于弱势地位的女性成为男子赏玩的物品和传宗接代的工具。丧失了基本权利的女性，只有通过媚悦男子才能得以生存。为此，不惜缠足忍受跛行之苦，束腰面临饿死之危。这种戕害自然之躯的结果使女子丧失自立生活的能力，进一步附加了其从属、依附的可悲命运。这种依附—取悦—戕害—再依附的恶性循环固然有女性自身的因素，但外在强制空间、日积月累沉积下来的封建旧习才是扼杀这种独立人性的主导力量。龚自珍以病梅为例揭露封建社会对人性的摧残，黄遵宪则化龚自珍的间接隐喻手法为大胆直面披露，显示了民主思想和崇尚个性自由思潮的进一步发展。他尖刻地讽刺了缠足那种病态的“金莲之美”。《寄女》云：

> 江南二三月，夹道花争妍，谁家女如云，各各扶婢肩，碧罗湖水媚，茜纱秋云娟。就中最娇诩，绣罗双行缠，一裙覆百金，一袜看千钱，婷婷复袅袅，纤步殊可怜。笑谓蛮方人，半是赤脚仙，新样尖头鞋，略仿浮海船，上绣千鸳鸯，下刺十状莲，指船大如许，伸脚笑语颠。汝辈闻此语，当引扇障颜。……②

诗人以颇具讽刺的笔调刻画了这样一幅图景：血泪洒满脚跟

① 黄遵宪：《人境庐诗草》卷9，商务印书馆1931年版，第6页。

② 吴振清、徐勇、王家祥编校整理：《黄遵宪集》（上），天津人民出版社2003年版，第222页。

的缠足女子，似乎不知缠足带来的痛苦，不以为耻，反以为荣，她们还嘲笑这些大脚板姑娘的天足。愚昧无知若此，不由引起人们无限的遐思和同情。正如吸食鸦片一样，中国妇女的缠足有似于此。其原因何在？这是因为妇女文化素养的严重缺陷，她们自身懦弱，自暴自弃，深陷痛苦而麻木不仁。黄遵宪在他的诗中实际上已涉及中国妇女文化启蒙的深层问题。封建道德伦理对中国妇女的残害如此之深，丧尽天良。其实，黄遵宪也向中国妇女敲响了警钟，即妇女的解放不仅要靠外在的力量，还得全靠妇女自身在思想上的解放。只有妇女自身的觉醒，在人格上和精神上求得解放，她们才有出路。而且，黄遵宪把妇女解放的问题提高到"人权"的日程上来，男女的不平等是基于"人权"不平等，妇女地位的低下，是基于"人权"的低下。黄遵宪把缠足与吸鸦片视为同类，是愚不可及的现象。于是，切骨痛恨并竭力用笔挞伐之。《为同年吴德潇寿其母夫人》诗云："西俗重妇女，安居如天堂……虽则同女身，若乐何参商？……人权绌已甚，世情习为常。"① 他对中西妇女的人权地位做了仔细的比较，表现了对缠足妇女的人生遭遇的深刻同情。《寄女》道："父母谁不慈，忍将人雕镌，幸未一缸泪，买此双拘挛。迩闻西方人，设会同禁烟。意欲保天足，未忍伤人权。吁嗟复吁嗟，作俑今千年。"② 他谴责批判缠足的始作俑者，将笔锋指向千年以前。诗里所表现的天赋人权、自由平等的观念显然来自西方现代文化的影响。③

第二，提倡妇女接受教育，提高妇女自身素质，倡导女学。

在《湖南不缠足会嫁娶章程十条》中，黄遵宪规定"应随

① 吴振清、徐勇、王家祥编校整理：《黄遵宪集》（上），天津人民出版社 2003 年版，第 212 页。

② 同上书，第 222 页。

③ 王杰承：《中外文化交流影响下黄遵宪诗歌理论的创新》，《上海大学学报》2000 年第 2 期。

地倡立女学塾”[①] 等。提倡普及女子教育，使妇女在文化上得到提高。黄遵宪反对“女子无才便是德”的封建旧俗，主张女子学习文化。为了强化其自身素质，就得读书识字。他倡导女学，普及妇女文化。只有文化提高，视野开阔，她们的觉悟才能进一步提升。让妇女也成为她们自身解放的一股力量。因为妇女的解放，不仅依靠社会的解救，更重要的靠自身的觉醒，这是问题的症结所在。黄遵宪在《古香阁序》中写道：

> 予历使海帮，询英法美德诸女子，不识字者百仅一二，而声名文物为中华，乃反异于是，嗟夫！三代以后。女学遂亡，惟以执箕帚，议酒食为业，贤而才者，间或能诗，他亦无所闻焉。而一孔之儒，或反持女子无才便是德之论，以讽议之而遏抑之，坐使四百兆种中，不学者居其半，国胡以能立？近者风气甫开，深识之士，于海滨创设女学，联翩竞起，然求其能为女师者，猝不易得。……中国女学之陋，非独客人。[②]

俗话说得好，“妇女能顶半边天”。黄遵宪充分认识到妇女力量的伟大，占人口一半的中国妇女是她们解放的重要力量，妇女生存的状况如何，是有关国计民生、民族兴衰的大事，万万不可掉以轻心。黄遵宪是有眼光的，他从民族兴亡的高度责任感、使命感出发，深入考察了西方社会妇女的生存地位与受教育状况，对鼠目寸光的孔儒之学进行了无情的反驳，对“女子无才便是德”的腐朽思想进行了严厉的批判。他提出了中国必须兴

---

① 湖南省志编纂委员会编：《湖南近百年大事记述》，载《湖南省志》第 1 卷，湖南人民出版社 1959 年版。

② 郑子瑜编：《人境庐丛考》，商务印书馆新加坡分馆 1959 年版，第 175 页。

女学的思想，这确是有识之见。

第三，反对歧视妇女、男尊女卑的封建思想，赞扬并提倡夫妻之间和谐与互爱。提倡男女平权，但又得遵循正常的伦理道德。

黄遵宪在诗作中提倡男女平等，共同打造家庭的和睦。他在西方自由民权思想的影响下，主张还给妇女应有的尊严与地位。在具体的家庭关系中，主张男女平等："人生于父母，犹戴日月光。同是鞠育恩，谁能忍分张？"① 他在考察日本民俗时，注意到明治维新后女子地位的提高与政治上的重视有关，具体表现夫妻之间的相亲相爱，使旧俗消亡，新俗产生。黄遵宪的思想是开放的，胸怀国邦，放眼世界，不再局限于本乡本土。他虽然羡慕西方世界的道德习俗，但仍多有保留。黄遵宪毕竟是土生土长生活在长达几千年的中国封建社会，他毕竟是从封建氛围中脱胎而来的中国的维新改良者，仍有自己的思想防线。他要打破男尊女卑的封建思想，把中国妇女从封建的精神枷锁中解放出来，但他仍然不能超越自己思想深层的中国传统道德规范。他要求提高妇女的社会地位，使她们不再受奴役、受压迫，可是又不希望完全打破伦常纲纪对妇女的约束。封建的伦常纲纪给黄遵宪这种新观念笼罩上一层灰暗的色彩，这也表现黄遵宪思想上的一定局限性。他的妇女观也正是在这两种思想矛盾的激烈斗争下不断形成发展，这是动态平衡下中西两种文化在其妇女解放思想斗争中的激烈交锋。另一方面也反映中国妇女解放斗争的艰难与坎坷的历程。然而，黄遵宪提倡"男女平权"的思想影响非常深远，当"五四"运动时期"女性的解放"作为一个重要的问题来展开讨论时，黄遵宪已

---

① 吴振清、徐勇、王家祥编校整理：《黄遵宪集》（上），天津人民出版社2003年版，第212页。

经开风气之先了。

第四，黄遵宪对妇女的辛苦劳作、勤俭持家、贤惠温顺予以高度的褒扬。赞扬劳动美，提倡贤德的心灵之美，认为这是妇女应该坚持与发扬的传统品格。

笔者仅以客家人为例，对上述观点展开论述。客家人所居之地在粤东北，这里大都山区，土地贫瘠。《嘉应州志·礼俗卷》载："州俗土瘠民贫，山多田少，男子谋生，各抱四方之志，而家事多任之妇女。故乡村妇女，耕田、采樵、织麻、缝纫、中馈之事，无不为之。诘之于吉，盖女工男工皆兼之矣……古乐府所谡'健妇持门户，亦盛一丈夫'，不啻为吾州之言也。"客家女性最突出的特点就是勤劳贤淑。黄遵宪在诗中多次提及这一美德，发出由衷的赞赏。生活在过去的客家人，物质严重匮乏，十室九空，故男子多出外谋生，四处漂泊，远者漂洋过海，不得不向外发展。女子则留守家园，担负起抚养全家老幼的重担，伺候公婆，教育子女，她们是劳动的好把式。即使出洋谋生的丈夫也不见得一定能够发财，运气不好的甚至在异国他乡遇难而死。十年八载或许几十年杳无音信，但只要家中有三两亩薄田，客家妇女就能克勤克俭维持整个家庭。这种山居文化的特殊性，使客家地区形成了与中国其他地区不同的家庭结构与性别分工。这一点黄遵宪在他描写家乡客家妇女生活的作品中表现得尤为集中。《送女弟》云："俭啬唐魏风，盖犹三代民。就中妇女劳，尤见风俗纯。鸡鸣起汲水，日落犹负薪。盛装始脂粉，常饰维綦巾。汝我张黄家，颇亦家不贫。上溯及太母，劬劳无不亲。客民例操作，女子多苦辛。送汝转念汝，恨不男儿身。"① "太母持门户，人言胜丈夫，靡密计米盐，辛勤种瓜壶。一门多秀才，各自夸巾

① 吴振清、徐勇、王家祥编校整理：《黄遵宪集》（上），天津人民出版社2003年版，第86页。

裾。粥粥扰群雌，申申言女嫛。”[①] 对于客家妇女的辛劳，字里行间洋溢着赞美、夸誉，表达了诗人的同情、理解与支持。在《拜曾祖母李太夫人墓》长诗中，诗人主要缅怀祖母老人对儿孙的慈爱与殷切希望之情，但字里行间刻画了李太夫人的勤劳质朴。她是客家勤劳妇女的典型代表。其盛赞客家妇女的勤劳节俭，借送长妹珍玉出嫁的时机，对客家女子的艰辛劳作、自然朴素的生活习惯进行了深情的描绘。她们不但要承揽家里的一切家务，而且也和男子一样干室外的重活。客家女性没有闲暇去“缠足”、“束腰”，只能用天然自成的一双大脚板去劳动去生活。客家女子最苦，因而面色无华，体态瘦削，与“媚妾”无缘。黄遵宪赞扬客家女性的天足之美，寄托了他的人道主义思想和人文关怀。

值得说明的是，客家女子的地位在家庭中并不低下。在封建社会，中国妇女的地位为什么如此“卑贱”？除了外在的原因外，一个主要的原因就是她们在生活中缺乏自立自强，过分地赖于男人，她们的实际劳动能力没有很好地充分发挥出来。客家女子却不同，在家庭中能够独立自主，甚至能够独当一面，因而就会赢得尊重。无论婚前婚后都有自己的尊严，一是婚前的女子能够受到父母疼爱，快乐而自在地生活；二是婚后的女子能够得到家人的维护，主宰家庭。比如客家地区女子出嫁时，有唱“哭嫁歌”的习俗。这种“哭嫁歌”更多的就是表达客家女子不舍娘家、不舍父母对己恩爱的依依惜别感情。她们在家中的地位都相对较高。“阿母性慈爱，爱汝如珍珠。一日三摩挲。未尝离须臾。”[②] 反映对子女的关爱。许多地方视女子为

① 黄遵宪：《人镜庐诗草》卷1，商务印书馆1931年版，第6页。

② 吴振清、徐勇、王家祥编校整理：《黄遵宪集》（上），天津人民出版社2003年版，第86页。

“赔钱货”，“嫁出去的女儿泼出去的水”等顺口溜，真实地反映了女子不为男人所看重，女子的地位低下。比如“纺花车，钻子莲，养活闺女不赚钱。一瓶醋，一壶酒，打发闺女上轿走。爹跺脚，娘拍手，谁再要闺女谁是狗”，这首河南歌谣就典型地反映了对女子身份认同的卑贱观念。与这种思想不同，客家人嫁女时，她们的父母要精心装扮自己的女儿，出嫁礼仪、嫁妆都置办得非常贵重而体面。母亲从不考虑嫁女儿会“折本”，而是担心女儿“嫌嫁衣希”，并亲手穿针引线、缝制嫁衣，“行行手中线，离离五色丝。一丝一泪痕，线短力即疲”①，把千般嘱咐、万般叮咛的话语编织于嫁衣的丝缕之间。美国传教士罗伯特·史密斯在其著作《中国的客家》一书中说：“客家妇女真是我所见到的任何一族妇女中最值得赞叹的了，因为你将看到市镇上做买卖的，车站、码头做苦力的，在乡村中耕田种地的，上深山去砍柴的，乃至建筑屋宇的粗工、灰窑瓦窑里做粗重工作的，几乎全都是女人……”

黄遵宪视野十分宽广。每到一地，他都会亲自考察当地的风土人情。有比较才有鉴别，在游历四大洲之后，黄遵宪对客家女性的生存状态更有深刻的认识：“……其性温文，其俗简朴，其妇女之贤劳，竟甲于天下各种之所未有。”“吾行天下者多矣，五洲游其四，二十二行省历其九，未见其有妇女劳动如此者。”②客家女性的美德表现为勤劳与坚韧，闻名于世，独一无二，这是任何其他民族的女性都无法比拟的。黄遵宪涉足海内外，到过许多国家，了解了他们的风土民情，所以对于客家女子的评判最有发言权、最具代表性。这种美德，无论贫富之家，客家女子都是

---

① 吴振清、徐勇、王家祥编校整理：《黄遵宪集》（上），天津人民出版社2003年版，第86页。

② 同上书，第141页。

如此。“汝我张黄家，颇亦家不贫。上溯及太母，劬劳无不亲。”[①] 诗云：“世守先姑《德象》篇”，其注：“妇女皆勤劳，纪家巨室，亦无不操井臼、议酒食、亲缝纫者，则无役不从，甚至务农、业商、持家、教书，一切与与等。盖客人家法，世传如此。五部洲中，最为贤劳矣。”[②] 客家人的勤劳，不论是国人，还是外国人都十分敬仰与震撼。

如果说劳动美是客家女性的外在美的要求，那么，孝顺公婆，相夫教子，则是客家女性内心修养的希望。从一个人的整体而言，任何单一方面的美都是有缺陷的，只有内外结合的美才算完美统一。客家妇女的出色就是表现为劳动外在之美与心灵美德的和谐统一。客家妇女“里外一把手”，即所谓“家头窖（又作‘教’）尾”、“灶头锅尾”、“针头线尾”、“田头地尾”，样样皆能[③]。作为客家之子的黄遵宪，他身上流淌的是客家人的血液，挥之不去的是客家人的情结。当然，黄遵宪对妇女内在之美是有要求的，在《送女弟》诗中对其妹妹提出希望说：“所重德功言，上报慈母慈。”又说：“汝须婉以顺，朝夕承欢娱。欢娱一以承，我心一以愉。”[④]《为同年吴德潇寿其母夫人》中云：“作父甘卑屈，为亲宜显扬，显扬万分一，恩义终难祥。盘龙恭人诰，雕螭节孝坊。持谢有母人，念彼永毋忘！”[⑤] 这种内在要求表现为温柔贤惠、知书达理、诚信挚爱，等等。同时，他也主张

---

① 吴振清、徐勇、王家祥编校整理：《黄遵宪集》（上），天津人民出版社 2003 年版，第 86 页。

② 同上书，第 240 页。

③ 参见胡希张、莫日芬、董励、张维耿《客家风华》，广东人民出版社 1997 年版，第 231 页。

④ 黄遵宪：《人境庐诗草》卷 1，商务印书馆 1931 年版，第 6 页。

⑤ 吴振清、徐勇、王家祥等编校整理：《黄遵宪集》（上），天津人民出版社 2003 年版，第 212 页。

妇女要保持贞洁，要求妇女遵守恭俭让之类的规范，这表现为黄遵宪女性观的思想有待进一步发展。

黄遵宪对中国女性（主要是客家女性）做了最全面的考察，既讴歌了她们的美德，又对丧尽天良、残害女性的封建道德伦理进行了无情的批判。黄遵宪追求妇女解放的真理，倡导向西方文明学习，主张男女平等，并从人权的高度加以认识，这很有眼光，也难能可贵。但又与封建社会对妇女的要求相联系、相杂糅，也体现了其妇女观的庞杂性。黄遵宪在妇女解放的道路上能够走到这一步，已是大大超越前人所为，这成为后人继续前进的起点。而他留下的遗憾，也是后人继续探索的借鉴。黄遵宪和他的同伴没有完成的历史使命，留给了“五四”以后致力于妇女解放的人们去探索、去实现①。

黄遵宪强烈的女性意识与对妇女权利的重视，无不闪烁着他的人权平等的理想之光，这与客家文化对其思想的深厚浸染不无关系。

那么，客家文化是如何形成的？在客家文化视野下，客家妇女生存地位是如何构成与演变的？

客家文化和客家民系的形成有着密切的关系，它的基本性质是客家人在迁移和变化中形成的。在中华民族群星璀璨的地域文化中，客家文化犹如一枝奇葩，既有自身的地域特色，又有中华文化的一般共性。客家文化是经过漫长历史过程积淀蒸馏而成的，其形成过程的独特性往往造就了其文化品格的独特性，正是其形成过程中的多元性因素和动态特征，为客家文化的内在品质及精神内核的形成创造了契机。它一经产生就与客家历史、客家劳动人民结下不解之缘，并在某种程度上指导与支配着客家人的

① 参见左鹏军《黄遵宪与岭南近代文学丛论》，中山大学出版社 2007 年版，第 73—85 页。

生存与生活方式，它是伴随着客家民系的发生、发展而不断变化、发展的。

客家文化在中国文化中占据着既是边缘文化又代表中心文化的独特位置，它是南方文化的典型代表，具有丰富性与变化多样性。它是客家人对先住地文化和后住地文化加以调和的结果。客家人拥有自己原初的文化，但为适应迁移地，又必须对当地文化加以吸收进而融合。因此它是一种以中原文化为核心对南方文化加以吸收的边缘文化。客家地区以边缘文化为特征，具有极大的受容性。由于缺乏内核文化那种强大辐射传递力，所以变异性强，对他文化的移植有较大的宽容性。俗话说“一方水土养育一方人”。这除了说明人们生活对经济的依赖之外，生存的环境对于人类的气质、素养、观念、习俗都有重要的影响。它们决定了客家民系的群体心态与性格特征，并在客家文化的支配下求得生存与递进①。

客家妇女生存地位的构成既有传承又有变异，她们主要是受到社会政治与客家的历史、经济诸方面以及由此派生出来的客家婚姻制度、婚嫁习俗的深刻影响。

客家乃是大汉民族的一个民系。早期的客家先民其社会结构简单，一家之中以母为首，并无一位固定的父亲共住。她甚至可以集氏族的权力于一身。因此客家民系也有信奉女性的祖先之神，象征早期女性也被视为拥有超自然力量的神明而被敬重。客家民系由女性权力社会演化为男性权力社会之后，家中便以男性为主，所有产业均以男性所有，故子女也随夫姓，以示他们至终属父亲体系，男权遂为至上。尽管如此，客家妇女的社会地位还不至于低下，比如在选择配偶权利上却仍得保存个人的权利。主

① 参见徐肖南《走向世界的客家文化》，华南理工大学出版社 2001 年版，第 37—38 页。

要是父母不能干预她们择偶的自由，父权未至产生拦阻女儿出嫁的作用，同时也由于是自由选择配偶，男女双方在平等的基础上论婚嫁，对婚后两性地位也有平衡的作用，故夫权的力量相对而言，应未至绝对压倒女性。

客家人有自己传统的风俗习惯、风土民情。黄遵宪的“乡情长卷”之诗有详细的表述。

《新嫁娘诗》（组诗）、《拜曾祖母李太夫人墓》等诗被誉为黄遵宪诗歌创作的“乡情长卷”之诗。这些诗描写了客家地区的人情世故、民俗风情，是一幅幅客家人的风俗画卷。《新嫁娘诗》通过写女方从接到联姻定帖，到出阁、闹洞房、合卺、归家直到喜获麟儿的全部过程，真实细腻地再现了在当时客家少女出嫁后的心理情绪的心路历程，她们在每个过程中的喜怒哀乐都有所表现，也客观地描绘了客家人的婚姻习俗；《拜曾祖母李太夫人墓》长篇叙事诗，则对其在清明、冬至节日的祭祀、扫墓的礼仪做了形象生动的表述。客家人清明、冬至的祭祀、扫墓是充满一种节日喜庆的气氛，它与“清明时节雨纷纷，路上行人欲断魂”的悲哀情景产生巨大的反差。这些风俗说明客家地区的节日与其他乡村习俗相比，有自己的特色。“乡情长卷”之诗更多地表现了客家妇女历史地位的深层构成。

正如所述，客家民系形成以来，直至明、清年代，客家男女的地位相对平等。平日合作耕耘、恋爱、婚姻自由，可通过赛歌、对歌而择偶结合，这种作风，却不为汉族的其他民系的官家认同。事实上，客家青年男女的婚姻，并非无媒苟合，他们还是须征得家族长老的同意与证婚，方能正式订婚成亲。在这个过程中并不会索取对方贵重的财物，只是在婚嫁期间表示尚可。

客家的婚嫁礼仪大致是“相亲”、“送庚帖”、“合婚”、“过聘”、“报日子”、“完婚”六项程式，与古代婚礼的“六礼”大体相同。《礼记》记载道：

> 是以昏礼纳采、问名、纳吉、纳征、请期……父亲醮子而命之迎，男陷于女也，子承命以迎。主人延几于庙，而拜迎于门外，壻（婿）腐入，揖让升堂，再拜奠鴈，盖亲授之于父母也。降，出御轮之周，先俟于门外，妇至，壻揖妇以入。共牢而食，合卺而胤。所以合体同尊卑以亲之也。敬慎重而后亲之，礼之大体。①

《礼记》中所言“纳采”、“问名”、“纳吉”、“纳征”、“请期”及后来的“亲迎”就是周代所传下来的“六礼”。因其程序繁杂冗长，客家民间加以简化、嬗变，使之操作起来容易些。

在客家的婚俗中，“送庚帖”与“合婚”与古代的“问名”与“纳吉”大同小异。“庚帖”指女方的生辰八字，男方把他置于祖宗的牌位灵前，如果三天之内万事顺当，说明得到了祖宗之灵的首肯，方能进一步测算男女双方的生辰八字是否合算，相合则成，反之则告吹。不过，这种婚姻陋习致使许多有情男女不能成为百年之好，生吞活剥地被双双拆散。诗作中对这种客家陋习则是以不屑的方式轻笔带过，而非从重着墨。婚姻之初，诗人通过偷看定帖这一细微的举动，描绘了一个天真活泼的少女。“前生注定好姻缘，彩盒欣将定帖传。私看鸾庚偷一笑，个人与我是同年。”② 客家女子做姑娘时一般留长头发，梳单辫。订婚之后要开始梳髻子，称“上笄”，也叫“上头”，象征已有相好，将

① 《礼记·昏义》，载《十三经注疏本》，清代阮元合校训，中华书局1980年版，第1680页。

② 吴振清、徐勇、王家祥编校整理：《黄遵宪集》（上），天津人民出版社2003年版，第8页。

要“行嫁”（客家女子出嫁称“行嫁”）了。黄遵宪在诗中叙述了女子上头之后的仪态转变：“金钗金髻新装束，私喜阿侬今上头。姊妹旧时嬉戏惯，相看霞脸转生羞。”① 将要做新娘的欣喜和装束转变引起的羞涩，使上头的场面显得绘声绘色，充满了祥和。

客家人继承了古代人就有的夜里迎亲之俗，因为夜里迎亲，时辰最好，进进出出方便、吉祥。② “烛影花光耀数行，香车宝马陌头忙，红裙一路人争看，问是谁家新嫁娘？”③ 烛光摇曳，映红了姑娘的脸庞，香车宝马，引来了路人的注目，夜空也飘满了温馨幸福的气息。“一家女儿做新娘，十家女儿看镜光，街头铜鼓声声打，打着中心只说郎。”④ 一家新人出嫁，左右邻舍的人前来观望这个热闹而新奇的场面，十分自然。尤其是那些待闺而嫁的姑娘看到这一情景，联想到他日同样的情景，别是一番滋味在心头。在客家地区，长期以来流传着一种“哭嫁”的习俗。出嫁女子出嫁期的前三天，女家邀集平日感情相投的女伴，所谓“金兰姐妹”，到女家谈笑，忽然转喜为悲，继而高声恸哭，且哭且歌。其间随口编造，漫无格式，也无标准。开始是千篇一律的责备男家，甚至连及媒人。把在娘家做闺女的逸乐，出嫁后为人媳妇的苦况，两相对比而咏为哀歌，迭相和唱，俗语叫“开叹情”。女伴所唱者，又叫作“送嫁歌”。连续歌哭，一直到花轿进门时，仍然惺惺作态，故意不肯理妆。这些歌哭的人一并哭骂，甚至迁怒其余。直到媒婆进来，小心翼翼，嘘寒问暖，好话相劝，生怕得罪新娘。及待阿娘、姐妹等入室外擦眼泪，新娘才

---

① 吴振清、徐勇、王家祥编校整理：《黄遵宪集》（上），天津人民出版社2003年版，第8页。

② 参见刘善群《客家礼俗》，福建教育出版社1995年版，第67页。

③ 吴振清、徐勇、王家祥编校整理：《黄遵宪集》（上），天津人民出版社2003年版，第8页。

④ 同上书，第93页。

含泪修饰上头，女伴们则依依不舍地送之至门外，一部分女伴则伴送新娘到男家，并在婚礼完成时始返。为新娘做的彩轿，两边窗口均镶上花镜或玻璃，凑热闹的人可以从花镜或玻璃中看到新娘的花色容貌和着装打扮。诗人在铺写这些情节时，以其感同身受的体验窥探复杂的人性。①

另外，诗歌还提到新嫁娘入门后的拜堂情景，如“青毡花席踏金莲，女使扶来拜案前”。在客家民俗中还有闹洞房一项内容。客家人在新婚三日可不分辈分地闹洞房。据说闹洞房有几种说法：一是可以驱鬼辟邪，因为洞房花烛嬉戏打闹，人气之旺，把一些邪气驱跑；二是姑娘新来乍到，四面陌生，这种热闹的气氛，使男女双方融洽而不见外，毕竟是第一次面临如此场合；三是通过嬉闹，可与亲朋好友加深印象，增进了解，婚后相处变得和谐。《新嫁娘诗》的“洞房四壁沸笙歌，伯姊诸姑笑语多。都道一声‘恭喜也，明年先抱小哥哥’”②。“谁家少年看新娘？戏语诙词闹一房。恼煞总来捉人臂，要将香盒朋槟榔。”③“槟榔”是一个双关语的名词，意为“贵宾”、“新郎”，它连同花生、桂圆、瓜子等果子是客家人新婚宴席上、闹洞房必备的食物。客家人很好客，无论新老朋友，村族中的男女老少、左邻右舍都来看新娘的，见者有份。这时屋前屋后，欢声笑语，吹口哨的、扮鬼脸的煞是热闹。前前后后都来祝福新人。新娘捧献一盘大大的槟榔，好像天女散花，她抓着一把一把地向着人群抛洒。大家争先恐后，即使抢到一颗槟榔也兴奋得手舞足蹈。认为品尝到新娘献给的槟榔是一种福气。夜深临近，洞房也闹得差不多了。但是大

---

① 参见周晓平《客家民间文学与客家妇女历史地位的深层构成——以客家哭嫁歌为研究新视角》，《嘉应学院学报》（哲学社科版）2010 年第 1 期，第 6 页。

② 吴振清、徐勇、王家祥编校整理：《黄遵宪集》（上），天津人民出版社 2003 年版，第 29 页。

③ 同上书，第 298 页。

家似乎意犹未尽，偷偷地跑到新娘新郎的墙外窗前，偷听新娘新郎卿卿我我的窃窃私语。诗人对这一情景也有铺描："个人催促那人看，此时思量正两难。毕竟惊鸿飞去好，管他窗外没遮阑。"在今天看来这种行为确乎不道德、不明智的一种行为，但在客家却是习以为常，即使新娘新郎知道了也是一笑了之。当一刻千金的"洞房春宵"之后，新娘早早起床，面对在婆家崭新的一天，新娘不敢怠慢。诗歌写道："香糯霏屑软于绵，纤手搓来个个圆；玉碗金瓯分送后，大家齐结好姻缘。"① 按照客家人的习俗，新娘过门后的第二天，要亲自下厨做糯米汤圆分送亲戚，表示互相往来，和谐相处。亲戚也乐意接受，向新人寒暄问好，以表敬意。

《新嫁娘诗》51 首作于青年时期。这部七绝组诗以第一人称的口吻，生动而逼真地描述了一位青年女子从定亲、结婚到生子过程，心理刻画细腻，语言清晰流转。诗人对新嫁娘形象的描写可谓不落俗套，他不是着力描写她的容貌如何美丽动人，而是主要描写她的神态与在不同环境中心理的变化，从而把新嫁娘的娇艳柔美又羞涩无比的形象特征传神地刻画出来。《新嫁娘诗》是黄遵宪诗歌捕捉到的客家婚俗中一幅幅"春宫画"、"秘戏图"的真实写照。

《新嫁娘诗》有不少描写了其乐融融的夫妻生活。从洞房花烛夜的"云鬓低拥髻斜倚，此是千金一时刻。又是推辞又怜爱，桃花着雨漫支持"②；到几天以后的"暗中摸索任伊人，到处香肌领略真。两腋用来生怕痒，故将玉臂曲还伸"③，不知不觉一

---

① 吴振清、徐勇、王家祥编校整理：《黄遵宪集》（上），天津人民出版社 2003 年版，第 299 页。

② 同上书，第 298 页。

③ 同上书，第 299 页。

对新人已经是充满柔情蜜意，以后的“生怕隔墙人有耳。嘱郎私语要昵昵”、“鸳矜春暖久勾留，红日三竿已上楼”、“零星细事米同盐，刚要当家未尽谙。夜尽共郎详细述，鸳帷深处语喃喃”[①] 等，无不充满夫妻之情。新嫁娘偶回娘家，便尝到恋人别后的滋味，“平生从不识相思，今日才知此事奇”，“买梨莫买蜂咬梨，心中有病没人知。因为分离更亲切，谁知亲切转伤离”[②]。小别重逢后，方知“一般滋味两人知”，于是夫妻俩更是“低笑轻伶情意投”，更感到“此乡真个是温柔”，“美满恩情值万金”。诗歌里有不少是描写新嫁娘与夫婿和谐愉悦之情，这场婚姻可谓“先结婚，后恋爱”的传统美满婚姻[③]。在重男轻女之俗依然风行中国的年代，诗人对男女平等的婚姻庆贺和祝愿，相当程度地表现了他的民主思想。

在客家女性文化中，黄遵宪注意到童养媳的风俗：“反哺难期妇乳姑，系缨竟占女从夫。双双锦褓鸳鸯小，绝好朱陈嫁娶图。”[④] 自注：“多养童养媳，有弥月即抱去，食其姑乳者。”[⑤] 但是拜堂却在十三年后：“嫁郎已嫁十三年，今日梳头依自怜。记得初来同食乳，同在阿婆怀里眠。”[⑥]

客家人信守礼仪，非常重视尊祖敬宗。黄遵宪谈到客家人重谱牒、设祠堂的传统：“宰相表行多谱牒，大宗法废变祠堂，犹

---

① 吴振清、徐勇、王家祥编校整理：《黄遵宪集》（上），天津人民出版社 2003 年版，第 300 页。

② 同上书，第 92 页。

③ 赖婉琴：《一幅美好的客家婚俗画——黄遵宪长篇叙事诗〈新嫁娘诗〉简析》，《广东外语外贸大学学报》2002 年第 3 期，第 91 页。

④ 吴振清、徐勇、王家祥编校整理：《黄遵宪集》（上），天津人民出版社 2003 年版，第 241 页。

⑤ 同上。

⑥ 钱仲联：《人境庐诗草笺注》，上海古籍出版社 1981 年版，第 59 页。

存九两系民意，宗约家家法几章。”① “各姓皆聚族而居，皆有祠堂。”② 在谈到祭祖时，他特意指出客家人扫墓时喜食螺、用铜箫的土俗：“螺壳漫山纸碟飞，携雏扶老话依依。红罗伞影铜箫响，知是谁家扫墓归。”③ 客家的田螺味儿极美，是甜、辣、鲜的美食一绝，但吃田螺需要慢慢品尝，动作烦琐，只能悠着来。把清明扫墓与津津有味吃田螺的享受结合起来，既为祖宗扫了墓，祭祀与安慰了祖灵，获得了子孙众多的吉兆；又在水色山光中美食了新鲜的田螺。青山绿水，美食美味中，还有铜箫悠扬，扫墓充满了诗情画意。黄遵宪有诗写道：“前行张罗伞，后行鸣鼓箫。猪鸡与花果，一一分肩挑。爆竹响墓背，墓前纸钱烧。手捧紫泥封，云是夫人诰。子孙相罗拜，焚香向神告。”④ 扫墓队伍浩浩荡荡，前面撑着雨伞，后面敲锣打鼓，肉类食物、水果、鲜花加以分开，并一一用箩筐、篮子挑上。到了墓地则按照年龄大小秩序，焚香跪拜，烧纸鸣炮，作揖打拱。真是“大父在前跪，诸孙跪在后，森森排竹笋，一一伏杨柳”。显然，作者在这里描绘的是一派庄严而又不失热闹的祭祀场面，寓伤感于喜庆。黄遵宪并非局限于客观描绘，而是借景抒情，夹叙夹议。一方面对故乡的风土人情加以赞美，另一方面对乡人的陋习在诗中又加以反思与批判。宗教信仰关联着人的精神与前景。它也容易把人们引向迷信的邪道。黄遵宪在其诗歌中揭示了这种弊端。如“枯骨如龟识吉凶，狐埋鸠占不相容。一年讼牒如积山，不为疑

---

① 吴振清、徐勇、王家祥编校整理：《黄遵宪集》（上），天津人民出版社2003年版，第240页。

② 钱仲联：《人境庐诗草笺注》，上海古籍出版社1981年版，第813—814页。

③ 吴振清、徐勇、王家祥编校整理：《黄遵宪集》（上），天津人民出版社2003年版，第242页。

④ 同上书，第167页。

龙即撼龙。"① 自注："溺于风水祸福之说，讼狱极多。"② 黄遵宪诗中描写的迷信活动侧重于占卜求福带来的纠纷与诉讼。本来出发点是想祈福发财，但结果却祸起枯骨，得不偿失，事与愿违。黄遵宪对客家对宗教迷信做了反思，其批判的态度是相当明显的。③

客家人所聚居之地贫困，在海禁开放以后，去南洋如新加坡、马来西亚、印度尼西亚等东南亚各国谋生的人越来越多，他们与南洋各国有着千丝万缕的联系。因此，梅州客家，又称"华侨之乡"。黄遵宪在诗歌中也有所反映："海国能医山国贫，万无荷锸转金轮。"④《番客篇》则以很大的篇幅描述了客家人去南阳后创业、生活的情景，堪称南洋华侨历史的缩写。同时，在诗中也描写了华侨在异国他乡创业的艰难。黄遵宪在出任新加坡总领事时，亲自考察侨民疾苦。在《番客篇》一诗中，他叙述了参加华侨商人婚礼时一个头发花白的老华侨有家不能归的痛苦之情："岂不念家山，无奈乡人礴。一日蕃客归，探囊直启钥。西人方责言，东市又相斫。亲戚恣欺凌，鬼神助咀嚼。"⑤ 老华侨倾诉了对祖国河山和生于斯长于斯的故乡的无限怀念，表达了在异国他乡受到的压榨和盘剥的愤激之情。读之潸然泪下。正如20世纪初，郁达夫在日本所受到的残酷境遇一样，郁达夫撕心裂肺地叫喊："祖国啊！祖国！你为什么还不强盛起来呢？你的儿女还在外面受苦呢！"黄遵宪所要表达的强烈愿望就是渴望祖

① 吴振清、徐勇、王家祥编校整理：《黄遵宪集》（上），天津人民出版社2003年版，第242页。

② 同上。

③ 张应斌：《黄遵宪的客家民俗研究》，《民俗研究》2002年2月，第126页。

④ 钱仲联：《人境庐诗草笺注》，上海古籍出版社1981年版，第817页。

⑤ 参见黄增章、陈志雄《杰出的诗人外交家：黄遵宪》，广东人民出版社2006年版，第80页。

国富强。当然，郁达夫是不能与黄遵宪相比的。后来，他在《新加坡杂事诗》中写道："华离不成国，黔首尚遗黎。家蓄獠奴段，官尊鸭姓奚。"其将华侨背井离乡，思念故土，禀告薛福成，上奏朝廷，要求开放海禁，保护侨归。黄遵宪认为，广大华侨是爱国爱乡的，即使身披洋装，其心仍旧是华夏心。当祖国困难的时候，他们纷纷捐出巨额款项、物资支援祖国建设。

三 异域风光——《人境庐诗草》与《日本杂事诗》的奇特与新颖

黄遵宪是一个颇具世界眼光的外交家，多年的外交经历为他考察、收集、整理世界各地的民俗资料提供了极大可能。他对世界各地民俗活动的考察、搜集与整理还表现在用独特的诗歌形式记录、咏评异国的风俗。在他长期出使亚、欧、美许多国家的岁月里，每到一处，目睹异国风光、社会习俗的生活仪礼、婚丧嫁娶，都产生浓厚的兴趣。这些都大量地记录在诗歌里，且夹叙夹议。

有比较才有鉴别。为了探求日本明治维新成功的原因，他从基层开始，有意识地了解日本的风土人情。小到歌舞，大到祭祀，他的50万字的《日本国志》和200首《日本杂事诗》都有详细记载。《日本国志》中对民俗于国家之作用给予了很高的评价，"欲治国化民，必须研究通晓民俗"。《人境庐诗草》、《日本杂事诗》无不展示了人性美、人情美、风物美等一幅幅奇特而新颖的风俗画与生活画，读后有身临其境之感。诗歌虽然写的是日本事、日本物，但它是用来对照国人的，其诗无不洋溢着一颗激越爱国爱乡的赤子之心，怀古伤今、感时伤事、扬善惩恶、褒美贬丑，都大量呈现在他的诗歌里。

例如在日本当参赞期间写的《都踊歌》，记录了日本歌舞的有关民风民情。黄遵宪认为，日本与我国相邻，自古以来中日文化交流频繁，中日文化彼此融合、发展。日本歌舞是由我国唐代的乐歌和日本当地民俗加以融合而成的。“都踊歌”的这种形式，与我国许多少数民族地区的歌舞也很接近，它也说明了中日文化的交流源远流长。《都踊歌》是日本京都地区的民间歌舞曲词：

西京旧俗，七月十五日至晦日，每夜亘索街上，悬灯数百。儿女艳妆靓服为队，舞蹈达旦，名曰都踊。所唱皆男女猥亵之词。有歌以为之节者，谓之音头。译而录之，其风俗犹之唐人《合生歌》，其音节则汉人《董逃行》也。其歌词写道：“长袖飘飘兮髻峨峨，荷荷！裙紧束兮带斜拖，荷荷！分行逐队兮舞傞傞，荷荷！往复还兮如掷梭，荷荷！回黄转绿兮挼莎，荷荷！中有人兮通微波，荷荷！贻我钗鸾兮馈我翠螺，荷荷！呼我娃娃兮我哥哥，荷荷！柳梢月兮镜新磨，荷荷！鸡眠猫睡兮犬不呵，荷荷！待来不来兮欢奈何，荷荷！一绳隔兮阻银河，荷荷！双灯照兮晕红涡，荷荷！千人万人兮妾心无他，荷荷！君不知兮弃则那，荷荷！今日夫妇兮他日公婆，荷荷！百千万亿化身菩萨兮受此花，荷荷！三千三百三十二座大神兮听我歌，荷荷！天长地久兮无差讹，荷荷！”①

对于黄遵宪把《都踊歌》翻译成汉文，郭延礼说：

音节自然流利，声情并茂，倘若诗人没有对民歌的极大兴趣和对日本文化、民俗如此深刻的了解，是翻译不出

① 钱仲联：《人境庐诗草笺注》，上海古籍出版社1983年版，第249—250页。

这样动人而悠扬的民歌的。歌词中的“荷荷”，为句末尾声，即所谓民歌中的“和声”，这和中国民歌的“每一辞毕，辄简以无辞之声”是相同的。沈括在《梦溪笔谈》卷五《乐律一》中云：“诗之外又有和声，则所谓曲也。古乐府皆有声有词，连属书之，如曰贺贺贺、何何何之类，皆和声也。”汉乐府中的《董逃行》，其每句就均有尾声“董逃”。由此可见，民歌中句尾的“和声”中外是共通的。[①]

黄遵宪有多首诗吟咏樱花，如：“朝曦看到夕阳斜，流水游龙斗宝车。宴罢红云歌绛雪，东皇第一爱樱花。”[②] 对看樱花，作者兴致勃勃，从早到晚没有停歇，与载歌载舞的日本人民一起欢庆，沉浸在赏花的欢乐中。“墨江左右有数百树，如雪如霞，如锦如荼。余一夕月明，再游其地，真如置身蓬莱中矣。”[③] 描绘了墨江两岸樱花争奇斗艳开放的盛况，似“雪霞”、似“锦荼”。但是好景不长，樱花总是要凋谢的，诗人又不免要为“樱花落泪”而伤感了：“殿春花事到将离，云似人愁水似思。一尺落花和泪水，手添乡土吊梅儿。”[④] 物极必反，让人觉得落花流水的无情。他对樱花如此的依恋，那是因为樱花承载着日本文化的精神气质，是中日文化友好的精神象征，《樱花歌》是这方面的代表作，墨江泼绿，举国狂欢。简直是一片欢天喜地的景象，实在脍炙人口。日本友人龟谷省轩就惊叹道：“阁下之书，叙樱

① 郭延礼：《中国文学的变革——由古代走向现代》，齐鲁书社 2007 年版，第 274—275 页。

② 吴振清、徐勇、王家祥编校整理：《黄遵宪集》（上），天津人民出版社 2003 年版，第 49 页。

③ 同上。

④ 同上书，第 50 页。

花之美，儿女之妍，使读者艳想。”他在《游箱根》里也记述日本“相扑”演出的诗作，流露出应加强中日友好的感情。《樱花歌》民间气息相当之浓，生动活泼，通俗易懂。《万叶集》对它就称之为“歌仙圣歌”，内廷还有竞歌之会。花朝节竟达到“十日之游举国狂”的程度[①]。这里使人想起黄遵宪涉足南洋的时候，在太平洋旅途的海船上，记叙太平洋岛屿的奇花异草的繁华景观，居民生活情况，字里行间充满了浓郁的东南亚岛国的乡土生活气息。

黄遵宪诗作对日本服饰的描绘比较真挚。比如他描写了自己参加日本的新年朝会大典的盛况：“肘挟毡冠插锦貂，肩盘金缕系红绡。前趋客座争携手，俯拜君前小折腰。”[②] 自注：

> 朝会皆大礼服，以免冠为礼。冠或肘挟，或手执。冠制狭长，前后锐而中尖，以白黑羽为饰。皆毡衣革履。有勋爵者蹙金线于袖，自肩至腰斜披以红缘白绫，以系勋章。武臣皆佩剑。新年朝贺，邻国公使皆在列。见客趋而前，皆握手通殷勤。入朝进退皆三鞠躬，无拜跪礼矣。明治六年始易服色，然官长居家，无不易旧衣者。

如写日本女子的衣着装束，栩栩如生。“六尺湘裙贴地拖，折腰相对舞回波。偶然风漾中单露，酒晕无端上颊涡。”[③] 此前，日本的礼仪、服装效法中国，其款式、形状与唐代服装十分相

① 张振犁：《晚清卓越的民俗学者黄遵宪》，《河南师大学报》1983年第2期，第37页。

② 吴振清、徐勇、王家祥编校整理：《黄遵宪集》（上），天津人民出版社2003年版，第19页。

③ 同上。

似。那时中日文化交流十分密切，关系良好。

明治维新以后，日本风俗习惯迥异，旧俗陋习遭到禁令。如文身、礼仪、服饰均已效法西方发达国家，奇装异服引发了不少论争，一切照搬西方也不尽适合国情。并非西方所有民俗都讲文明，也不是所有的日本国人都能够生吞活剥地接受。如蓄须，在明治维新以前，日本人是不留胡须的，不分高低贵贱，脸色溜光，不留胡须。他们把留胡须当作是肮脏邋遢的形象而加以排斥。“近学西俗，以髯为贵，年三四十，唇上颌下，离离若竹，辄摩弄自喜，或零星不出，则设法艺之。其形如八字，以手揽之，使其未向上作掀腾之势。”[①] 出使日本，黄遵宪亲眼看到，日本人学习普鲁士人留八字胡须而称其为新俗。他对这种盲目崇洋媚外的行为持一种否定的态度。在《日本杂事诗》中，其宗教文化也有所反映。如远古图腾崇拜、中古佛教神道、现代天主教等，都有表现。对于这些宗教，黄遵宪是取保留态度的。《锡兰岛卧佛》、《南汉修慧寺千佛塔》等诗作中有充分的体现。学习西俗，要结合本国的国情，黄遵宪也主张“拿来主义”。最突出反映的是日本明治维新后文明新俗的变化，即妇女社会地位的提高。“维新以来，有倡男女同权之说者”、“食则并案，行则同车”、“剑客作礼，举止无羞涩态，然不狎昵”[②]。女子社会地位的提高，有除旧布新的作用，促使新文明、新风俗的产生。黄遵宪在湖南推行新政，提高妇女地位，反对妇女缠足的陋习，显然与他在日本的经历不无密切联系。

诗中反映日本人的婚姻：“得宝无须聘妇钱，新弦唱彻《想

① 郑子瑜等编：《黄遵宪与日本友人笔记遗稿》，早稻田大学东洋文学研究会1968年版，第223页。

② 同上书，第182页。

夫怜》；同牵白发三千丈，共结红丝一百年。"[①] 其婚姻制度似乎比中国要开明一些，婚仪相对简单，礼节上少些繁文缛节："婚嫁及时，媒周旋二姓间，使两小相识。既诺，乃诣官告婚。遂用红定，谓之结纳。""红珊簪子青罗伞，黑油镜台黄竹箱；姊妹两行携手送，一双新屐是新娘。"[②] 没有吹吹打打，只有姐妹相送。新娘嫁到婆家之后，"三千大神监誓词，万亿菩萨坐盟司。君看壶头双蛱蝶，夫夫妇妇不相离"[③]。夫妇恩爱让人羡慕不已。新婚夫妇用餐也十分讲究。其诗自注：

> 新妇入门就席，南面坐，胥北面坐，媒行酌。肴必用干乌贼，羹用蛤。壶饰以雄雌蝴蝶，以金银纸为之。既饮交杯媒唱《高砂曲》。相传高砂有松，化为翁媪，千岁不死，故合卺必唱此曲。曲有曰"三千三百三十二座大神兮，百千万亿身菩萨兮，为我盟司"。[④]

日本人朴素大方、淳朴和美，在此可见一斑。

黄遵宪对日本下层老百姓的生活也曾经进行过考察。如写妓女的痛苦："花阴月亮羊车过，供鬼揶揄作鬼妻。"写仆役的文身："刺画其身，光怪陆离，不可逼视"；人力车夫汗流浃背的奔跑，如"滚滚黄尘掣电过，万车毂击复竿摩；白藤轿子葱灵闭，尚有人歌《踏踏歌》"[⑤]。人力车夫，多为壮年男性，上有老下有小，家庭负担重，故干活特别卖力。在狂风暴雨与炎炎的烈

---

① 吴振清、徐勇、王家祥编校整理：《黄遵宪集》（上），天津人民出版社2003年版，第41页。

② 同上。

③ 同上。

④ 同上书，第42页。

⑤ 同上书，第69页。

日之下东奔西窜，日晒雨淋，痛苦不堪。而坐在轿子中的洋人，则上有车帘遮日挡风，下面伴着车夫的脚踏拍子击手唱歌。真是人情冷暖跃然纸上。从某种角度来看，对于开阔国人的视野，打破陈腐的观念，自有其特殊意义。[①] 诗人还注意把民间传说和历史故事融合在诗中，带给读者无尽的联想空间，启迪心智，极大地丰富了诗作的意蕴。

黄遵宪在日本整整度过了四个春秋，从南到北，走遍了日本许多名胜古迹和名山大川，迷人风光尽收眼底。因而，奋笔挥毫"耳目所历，皆笔而书之"，展示了丰富的异域奇景。《日本杂事诗》凡 200 首，该书用"风俗书"的形式全面地介绍了日本历史传说和民俗风情。涉及历史、地理、政治、历法、文学艺术、民俗风情、新闻出版、学校教育与宗教等，蔚为大观，向人们展示了一幅幅斑斓多彩的日本"民俗画"[②]。诗中特别重视明治维新后出现的新事物、新风尚、新变化，对新闻报纸、博物馆、博览会、统计表、西式医院、电报等等，都做了概述，涉及范围之广。它典型地表现了日本社会生活方式和文化特征，是描写日本民俗的百科全书，也开辟了中国民俗学研究的新领域，其民俗文化价值弥足珍贵。

诚如当代著名诗论家谢冕先生所说：

> 黄遵宪是率先把西方世界升腾起来的工业革命光芒投射在中国诗歌黑暗天空的第一人，他把当日世界那些最新的观念和信息，以及他所亲历而又为国人所陌生的异域风光展现在中国那些封闭的耳目之前，他使中国诗歌甚至使中国社会

① 吴振清、徐勇、王家祥编校整理：《黄遵宪集》（上），天津人民出版社 2003 年版，第 54 页。

② 钱仲联：《人境庐诗草笺注》，上海古籍出版社 1981 年版，第 1274 页。

着实地经受了一次强刺激。①

第四节　对民俗、民间文学的重视为"五四"新文学运动打开思路

概而言之，民俗学是搜集、整理和研究流传于各民族地区的风俗、习惯、技术、文艺等文化事象的一门人文学科。作为一个具有五千年文明的大国，悠久而厚重的历史文化更凸显了它的民俗学历史价值。中国古典文献如《诗经》、《离骚》、《山海经》等等，就有大量民俗资料的记载，但这只不过是一些散失的、零星的材料，它们的科学性有待查证，系统性有待进一步完善。作为一门学科，我国的民俗学是在"五四"新文化运动中才发展起来的。

那么，"五四"文学收集"歌谣"的意图何在呢？"五四"运动后，1920年冬成立的北大歌谣研究会和1922年12月《歌谣周刊》的创立，是作为中国现代民间文艺学的第一个流派而登上历史舞台的。周作人执笔的《歌谣·发刊词》宣布其目的是为学术与文艺的。②

胡适、沈伊默、刘半农、钱玄同都纷纷响应，北大歌谣研究会和《歌谣周刊》主要征集和研究流传于下层老百姓中间口头文学如民歌、民谣、方言、俚语、神话、故事、民间传说等，搜集与整理它们可以作为一种学术研究，把这些向来不登大雅之堂不为圣贤文化所承认的歌谣、谚语、俚语等口碑文学推向发展。这对于文化启蒙非常及时，也很有必要。

---

① 谢冕：《19世纪中国最后一位伟大诗人》，《嘉应学院学报》1991年第2期，第14—20页。

② 参见《民间文化论坛》2004年第3期。

回眸历史，“歌谣学运动”是“以求得‘白话文学之历史根据’为出发点的”①。作为“五四”民俗运动的发展阶段，倡导者大多数是文学家，主要也是从文学领域阐述其理论观点的。其兴起的原因原本就在于深入民众、把握民情、开启民智，当然离不开民风、民俗的范围。于是，首先注重在歌谣、故事等文艺方面。比如鲁迅先生是第一个提出搜集和研究歌谣的，虽然他并未着手进行，却象征了一定的意义。民间文学艺术材料的收集整理，在文学上具备弥足珍贵的价值。

中国民间文学的研究起始于民俗学，民间文学与民俗学关系密切。黄遵宪对中国民间文学的研究，与他对民俗的深刻理解分不开。随着“五四”民俗学运动的深入发展，黄遵宪的民间文学、民俗学观才被“五四”学人逐步发现并得到启发。他对客家山歌的辑录，首开风气之先。当然，在评价黄遵宪时，也主要从“白话文”的角度来进行评价。胡适说：

> 康梁的一班朋友中……确有几个人在诗界上放一点光彩。黄遵宪与康有为的成绩最大……我常想黄遵宪那么早的时代何以能有那种大胆的“我手写我口”的主张……可以说，他早年受了本乡山歌的感化力，故能赏识民间白话的好处；因为他能赏识民间白话文学，故他能说：“即今流俗语，我若登简篇。五千年后人，惊为古斓斑！”②

黄遵宪关于民俗学与民间文学的理论对“五四”民俗歌谣的运动产生了不同一般的影响。如北大歌谣学会的创始人周作人

---

① 《民俗复刊号——兼评我国民俗学运动》，民俗季刊复刊号，1938 年第 1 卷。

② 杨宏海：《黄遵宪与民俗研究》，广东语文学会近代文学研究会等编《黄遵宪研究》，广东梅州市印刷厂 1982 年印刷，第 342 页。

等，认为不能仅仅从“白话文学”评价黄遵宪，应该从“学术”的角度评价之。他说：“《日本杂事诗》一编，当作诗看是第二著，我觉得重要的还是作者的思想。”1927年中山大学民俗学会成立以后，创立了《民俗周刊》，中国民俗学会的研究得到新的契机，中国民间文学的挖掘、搜集、整理，盛况空前。随着研究的深入展开，人们觉察到歌谣自身的限制，提出了由“风”到“俗”的扩展。于是，在经过了“文学革命”的一番提升与激励之后，又回到了最初的“民智”与“治民”的起点。

在“五四”歌谣运动之前，黄遵宪就着手于民俗方面的工作，他积极地辑录歌谣，即从山歌中吸取精妙语言，并赞美山歌的艺术性：“每以方言设喻，或以作韵。苟不谙土俗，即不知其妙，笔之于书，殊不易耳。”其提出“复兴古人比兴之体”，这种“比兴”主要是来自民间诗歌的修辞。这既得益于黄遵宪在少时受到客家民歌的熏陶，又在于诗人对中国古时民歌的自觉学习与传承。虽然这种精神与传统“诗教”观念有相通之处，但其着眼点在“含新意境”，这是对“比兴”的新解。这种做法在当时未必得到非常重视，但是在20世纪上半叶新诗的歌谣化运动，却部分地贯彻了黄遵宪的思路。“‘五四’以后，在对传统文学研究领域的开拓和价值重估上，比如对《诗经》的整理，就把它当作古代的民间歌谣来看待。从古代歌谣、《诗经》的‘国风’，《楚辞》中的‘九歌’乐府诗，六朝民歌，直至后来的俗文学，或被重新发掘，或给以新的阐释和评价，都成为当时文学研究的‘热点’。”① 在晚清，对民间文学、民间语言的重视，黄遵宪可谓首著先鞭，无论在理论方面的阐释，还是在创作的实践方面，无人能与其相比，而且至今还后无来者。在谈到晚

① 陈丽虹：《赋、比、兴的现代阐释》，中国美术学院出版社2002年版，第50页。

清粤东客籍诗人群体的成员时，有学者说：

> 以黄遵宪为首的诗人群体非但不排斥平民文学，反而能真心欣赏，借鉴民间文学，这种意识是难能可贵的，他们在诗歌平民化的道路上作出了可贵的探索，使通俗的民间文学变得更典雅，进入高雅文学的殿堂，使正统的台阁文学走下了神坛，贴近了民间，他们的贡献，是值得我们珍视的。①

无疑，这一学术观点是中肯而准确的。但应该进一步看到，以黄遵宪为代表的客籍诗人群体共同致力于诗歌的通俗化，走民间文学之路；黄遵宪提出的“我手写我口”与“言文一致”等理论，这实际上为晚清“白话文”运动到“五四”革命文学进行了艰难而卓有成效的铺垫。以至于新文学运动的白话歌谣、民俗思想与民俗文学的兴起与此不无密切渊源，它开创了中国新文化运动之先声。

民间文学在多种层面给新文学带来了巨大的活力。民间文学与作家文学是中国文化孕育的一对双胞胎，其关系紧密。在晚清至现代之间，这种弥足珍贵的文化，只有在黄遵宪的诗作中得到更加重视和强化，并能够有机地把它们糅合在一起，使之生机蓬勃地向前发展。他以耳熟能详的客家民间文学为研究契机，把中外民间文学中的创作理念和民间文学创作中美的形式结合起来，进行再创作并使文学作品雅俗共赏。他为中国新文学的发展，扎扎实实地提供了一个成功的范例，乃开新路之先。胡适在不同时间、不同的场合反复强调：“文学的新形式都是出于民间”，民

① 郭真义：《晚清粤东客籍诗人群体研究》，当代中国出版社 2004 年版，第 127—128 页。

间文学是孕育新文学发展的源泉。1926年9月，胡适以民间文学的作用总结了文学发展的规律：

> 文学史上有一个逃脱不了的公式。文学的方式都是出自民间的。久而久之，文人学士受了民间文学的影响，采用这种新题材来做他们的文艺作品。文人的参加自有他的好处：浅薄的内容变丰富了，幼稚的技术变高明了，平凡的意境变高超了。但文人把这种新题材学到手之后，劣等的文人便来模仿；模仿的结果，往往学到了形式上的技术，而丢掉了创作精神。天才堕落为匠手，创作堕落而为机械。生气剥丧完了，只剩下一点小技巧，一堆烂书袋，一套烂调子！于是这套文学方式的命运便完结了，文学的生命又须另向民间去找新方向发展了。①

正因此，胡适把征集歌谣活动当作新文学运动的一个组成部分，认为建设新文学就必须研究歌谣。他看中歌谣对于新文学的“扩大范围”、“增添范本”的重要作用。在胡适看来：“中国新诗的范本，有两个来源：一个是外国的文学，一个就是我们的民间歌唱。二十年来的新诗运动，似乎是太偏重了前者而太忽视了后者。”民间文化是本土文化，民间文学是民间文化中一枝鲜艳的奇葩，永远也不会凋谢。中国“新文学”的建构如果不充分利用本土资源，一味地舍近求远，“新文学”建构的大厦就会成为空中楼阁，随时都有倒塌的危险。所以，胡适在考察中国20年代新诗的时候，从技术上、音节上甚至语言上，指出其存在的缺陷，而肯定民间文学作品中灵巧的技

---

① 胡适：《中国文学过去与未来》（1931年12月30日在北京大学文学系的讲演记录），《天津大公报》1932年1月5日。

术、美丽的音节、流利漂亮的语言，认为它值得新诗效法。胡适的这个“新文学”新诗建设的基本观点与1922年歌谣运动的精神实质基本一致。①

黄遵宪身体力行走向民间，是有他政治上的考量。这一事实在上述有关章节中进行了详细的论证。在文学革新领域，黄遵宪走民间之路，自觉利用民间资源，主要是取法民间语言与艺术。追求诗歌语言的通俗化、口语化，是其诗歌理论的一个重要的特征。然而，“五四”文学运动，当年的主要当事人之一钱玄同却指出，若要追溯“新文学”由来的话，梁启超实为真正的创造之人，“论现代文学之革新，必数梁君”。钱玄同的理由是，梁启超的功劳之一就在能“以俗语入文”，并且敢于将戏曲小说的地位提升，也就是能够重视民间、关注俗文。② 不难看出，钱玄同是以梁启超重视“民间”的程度来肯定梁启超作为“新文学”的“真正创造之人”。笔者认为，钱玄同的说法有一定的道理，但并不能令人信服。梁启超对“新文学”的建立曾经起到一定的作用，在他的文集里有不少谈及“新文学”的理论建设，这是事实。然而，就因此无限夸大梁启超在“新文学”建构中的能量，显然有失偏颇。在晚清，黄遵宪是先知先觉者，无论是文学创作的理论高度，还是诗歌创作的实际业绩，都是一座高高耸立的雄峰，梁启超难以企及。梁启超虽说在诗歌领域有一定的建树，也提出过不少的理论，但对于诗歌的创作并不如黄遵宪。正如梁启超自己所言：“吾虽不能诗，惟将竭力输入欧洲之精神思想，以供来者之诗料，可乎？要之。支那非有诗界革命，则诗运

---

① 《歌谣》周刊的《复刊词》指出歌谣研究兼有“文艺的”和“学术的”两种目的，见《歌谣》周刊第1号，1922年12月17日。

② 钱玄同：《寄陈独秀》，载北京大学等编《文学运动史料选》第1册，上海教育出版社1979年版，第31页。

殆将绝。"① 他对于民间文学、民俗文学的重视，明显要晚于黄遵宪，而且涉及的范围与程度也比黄遵宪逊色得多，更为重要的是，黄遵宪对民间的重视深刻地影响了梁启超；就"诗界革命"而言，谢冕先生曾说，"诗界革命"是先有业绩，后才有招牌。如果没有黄遵宪之前的实际诗歌理论与创作，梁启超提出的"诗界革命"就显得略微空洞了。所以，梁启超把黄遵宪推举为"诗界革命"的一面旗帜，一点都不过分。由此可见，黄遵宪对民间文学、民俗文学的重视是开风气之先。"五四"时期胡适等人倡导"白话"、提倡新文学，显然是对此的延伸和发展。

1915 年，当时年轻的激进主义分子胡适提出了"文学革命"的口号。认为："文学革命当从民间文学入手"，并且预言此举必引起文坛论战："骤言俚俗文学，必为旧派文学所讪笑。"② 同样，胡适是从文学革新的角度，找到"文学革命"与民间文学的关系，并把对重视民间文学的程度，当成是衡量"死文学"与"活文学"的标杆。鲁迅先生也认为，民谣、山歌、渔歌到处都有，有它的好处，这是当今"不识字的诗人的作品"。这类作品虽不及文人的细腻，却显得"刚健、清新"。它们的存在，使得新旧文学的交替，能有不可缺少的转变动力.③ 但是在实际的创作中，如果以一个"新文学"的主要建构人物之一进行衡量，鲁迅做得还是不够。正如胡适说："假如鲁迅先生的《阿 Q 正传》是用绍兴土语写的，那篇小说要添多少生气啊！可惜近年来的作者都不管向这条大路上走，连苏州的文人如叶圣陶也只

---

① 梁启超：《饮冰室文集点校》第 3 集，云南教育出版社 2001 年版，第 1826 页。

② 胡适：《逼上梁山——文学革命的开始》，载《中国新闻学大系（建设理论集）》，上海良友图书公司 1935 年版，第 123 页。

③ 鲁迅：《门外文谈》，载《鲁迅全集》(6)，人民文学出版社 1981 年版，第 80—113 页。

肯学欧化的白话而不肯用他本乡的方言。”[1]

当然，真正促使“五四”文学革命成为学界运动的却是《新青年》主编陈独秀。1917年1月1日，陈独秀在其主编的杂志上刊登了胡适的《文学改良刍议》；后来又发表了他自己的《文学革命论》一文，举起了以“革命”为口号的新文学大旗，陈独秀的观点比胡适更激进，他提出了可以说是与民歌研究密切相关的文学“三大主义”[2]。陈独秀声称，这里的“革命”是欧式的除旧换新，并非本土的改朝鼎新，不是改良而是取代，是以“新”替“旧”，它的特点，就包括了“国民的”和“通俗的”在内。显然，与维新改良派相比，陈独秀的文学思想更激进、革命，但这种激进、革命是有现实基础的。

由“新政治”引出的“新文学”，作为一个由知识界“革命派”发起的广泛运动，自然就包含了对民歌的关注和向民间倾斜。这个时候，“到民间去”、“向民间学习”、“为民众服务”成为时髦的口号与实践的方式。

在“五四”歌谣运动中，历史不能忘记刘半农。他是一个有力支持者与倡导者。他既倡导征集歌谣，同时又亲自实践，以民间为师，出版了一组以“瓦釜集”为名的“拟民歌”。“瓦釜”的含义与“黄钟”相对。刘半农是要用一己之力，“把数千年来受尽侮辱与蔑视”的民间“瓦釜”之声表现出来。[3] 刘半农坦率地说，当初的无韵诗、散文诗，以及后来的“拟民歌”、“拟曲”，都是他文学创作的民间化的尝试。他强调“新文学”创作应该与民间文学结合起来。因为民间语言是与现实生活结合

① 胡适：《答黄觉曾吕“折中的文学革命论”》，《新青年》第5卷第3号，1918年9月15日。

② 陈独秀：《文学革命论》，《新青年》第2卷第6号，1917年2月。

③ 刘复：《刘半农诗选》，人民文学出版社1958年版，第76页。

最紧密的，它对“新文学语言的大众化、平民化和丰富多彩都有着不可低估的作用……即使到了今天仍然有着鞭策作用”。

如果说刘半农诗歌创作的民间化主要还是为了满足自己诗歌写作的“体式”的翻新，以顺应“新文学”发展的历史潮流，那么黄遵宪关于诗歌理论与创作的民间化要求则比刘半农想得更多，走得更远。黄遵宪从政治理想到文学革新，甚至于文学革命，试图从体制之内来解决文学的根本问题。他的“我手写我口”、“新派诗”的理论建设与创作，代表了对旧传统的旧诗的结束，也代表“现代新诗”的起兴。“五四”运动对民间文学在传统文学中地位和作用的“重估”，其实是黄遵宪民间文学创作及其理论的延伸，“民间歌谣”论成为当时的主流观点，而当时收集民间歌谣的运动，以及与此相关的对“新诗歌谣化”的探索则为白话诗歌发展开拓了一条新路。

其实，从晚清黄遵宪倡导的“白话文”运动以及积极推动和参与的“三界革命”开始，晚清至现代的文学变革就不只包含语言的变革，也包含思想的变革。黄遵宪的晚清白话文运动及其“三界革命”，无论是他本人语言文学变革、“三界革命”的辐射效果，无一例外地投射出他文学革命、教育革命乃至文化革命的真诚愿望。“五四”白话文学的推演，无疑继承了以黄遵宪为首的白话文学运动的衣钵，从内容到形式，白话文推动的方式方法，都有惊人的相似。黄遵宪及其同人为“五四”白话文运动及其文学革命进行了艰难的铺垫、打下了坚实的基础。

胡适在《新文学大系》中认为，白话的语体地位确立起来，文学革命的使命便完成了。很显然，胡适把文字语言的革命放到了“五四”新文学运动的首要位置，并把它视为运动能否取得胜利的根本保证。胡适在著作《文学改良刍议》、《建设的文学革命论》中，强烈地反映了他们欲以白话文代替文言文的主张。在当时特定的历史条件下，有着相当的进步意义，表现出一位文学革命运动发难者的远见卓识与务实精神。其后，陈独秀在《文学革命论》中对封建旧文学毫不留情地宣战。他提出了著名的“三大主义”[①]。它的宗旨是“反旧文学，提倡新文学”。反对旧文学，既包括反对其思想内容，也包括反对其“正宗”用语的文言。提倡新文学则包含人道主义在内的各种“宏深的思想”与“博大”的新型文学，也包括提倡用白话做文学的正宗用语。胡适在《文学改良刍议》中倡导的“八点主张”，在《建设的文学革命论》中所认为的建设新文学的唯一宗旨——“国语的文学，文学的国语”，都强烈地反映了他欲以白话文代替文言文的主张。尤其是鲁迅先生，接连发表了《狂人日记》、《药》等许多重要小说，显示了文学革命的实绩。不仅在作品内容上把批判锋芒直指几千年的封建制度，而且在形式上也运用了现代文学的体式、手法和白话语言，显示出“白话文”的勃勃生机。

研究者试图对“五四”时期白话取得成功的原因做出阐释，有人认为是受惠于当时强烈的反传统意识，或者认为是受西方文体演进的参照影响。笔者认为应该追溯到以黄遵宪首先倡导的“言文一致”的晚清“白话文”运动，它是源头之一。郭沫若指出屈原高明的地方“就是他在文学史上，成就了一大革命”，他利用民歌创造并完成了中国的一种诗体，“他把民间文学扩大起来，成为与生活配合的新文学。以活鲜的新文学来代替了古板的贵族文学”[②]。而黄遵宪既借助民间文学题材、体式和语言上的多重活力激活萎靡不振的古典诗歌，又利用其通俗性和普及性来弘扬他的维新思想，把诗歌作为开发民智的有力工具。他向民间文学学习的审美尝试，同样引起了后人的注意。“正由于他能重

① “三大主义”的内容上文提及，在此略去。

② 郭沫若：《屈原的艺术与思想》，载《郭沫若全集》第19卷，人民文学出版社1992年版，第127页。

视民间文学，从那里吸取营养，所以他的诗能摆脱因袭模拟，而有着一定的清新泼辣的气息。”黄遵宪的诗歌已是“五四”白话文的雏形。没有黄遵宪打起的晚清诗歌革新的这面旗帜与随之而来的继承者所展开的一系列的“白话文”的变革运动，中国“白话文”在取得最后胜利的道路上，可能要摸索更长的时间。

第五章　对晚清文学改良运动的积极倡导和参与

第一节　诗界呼号有旗手

作为启蒙运动的先驱，以黄遵宪等为首的维新人物希望通过走政治的道路，逐步实现社会的全面改革。但是这条道路充满了坎坷，有相当的冒险性。他们的实际行动立即遭到顽固派的炮轰，因为“君主立宪”触及了顽固派的根本利益，百日维新遭到流产。变法之路到底能否走通？痛定思痛，他们便意识到了“新民”的重要性——“欲新民必新学，欲新学必新心”。“诗界革命”是维新派人物政治上的“新民”思想在文学上的一种反映，因为文学是“人心所构之史，而今日人心之营构，即为他日人身之所作”①，所以，文学的改良便是一条重要的途径。

那么，“诗界革命”有何深刻的社会背景？它为什么能够进行？在“诗界革命”中，黄遵宪扮演了一种怎样的角色、发挥了哪些作用？

一　与“诗界”的革命、思想的启蒙

在晚清，统治阶级采取高压政策，整个社会陷于崩溃。在思想文化领域则利用愚民政策，加强对“文字”的控制。而且文

---

①　任访秋：《中国近代文学史》，河南大学出版社 1984 年版，第 176 页。

字网络的布局十分严密，其恐怖之森严，令人不寒而栗。为防止和镇压知识分子的反抗，对于文人的言行与著作实行严密的监视，大兴“文字狱”，比如“清风不识字，何故乱翻书”之类的文字，就足以给你扣上罪名。大兴“文字狱”，知识分子死于牢灾。高压之下，知识分子退避三舍，两耳不闻窗外之事，埋头只读圣贤之书，逃避政治，逃避现实。所谓“避席畏闻文字狱，著书都为稻粱谋”，把自己的才华埋没在故纸堆里，醉心于义理、考据与训诂，皓首穷经。兴盛一时的乾嘉汉学就是这一大气候的产物，只有在鸦片战争之后，中国社会才发生了激烈的社会变化，社会文化思潮也逐渐由沉迷于考据训诂而向“经世致用”思潮转化，但诗歌领域却在相当长的时间内依然笼罩在复古主义的氛围中。

黄遵宪所处的时代，中国诗坛基本上为复古派所统治。大体上有几个流派。一是标榜唐人风格，以张之洞为首，他的门人樊增祥、易顺鼎属此一派。主要推崇“香奁体”，即以大量引用典故、讲究对仗、玩弄艳词丽句为能事，如没有大量的注解便难于读懂。其诗着意于“避熟避俗，力求生涩”，“爱艰涩、薄平易”，虽然也标榜求新求变，但却是刻意在冷僻的典故字句中求新。“同光体”则在当时文学流派中占主流地位。该流派诗人又分为闽派、赣派和浙派，虽然文学主张略有不同，而推崇复古，脱离现实的倾向惊人相似①。诗歌创作了无新意，或者陈陈相因古人的材料，成天埋在故纸堆中，专心于义理、辞章与考据；或者在诗歌创作的形式上生搬硬套古诗的结构。他们不问世事，极少有人参加维新运动，政治思想偏于保守，对于文学的革新几乎不抱希望。或者为封建统治集团中的高级官僚和御用文人，其诗

① 黄增章、陈志雄：《杰出的诗人外交家：黄遵宪》，广东人民出版社 2006 年版，第 114 页。

歌在当时影响较大，而且形成了一定的顽固势力。鉴于此，维新派诗人应运而生，其中最杰出的代表就是黄遵宪。此外，还有康有为、梁启超和谭嗣同，但就实际的业绩与影响而言，他们的成就都不及黄遵宪。

了解黄遵宪所处在时代的中国诗坛的大致情况，就可以明白“诗歌革命”的真实意图。

因为晚清诗歌的模拟之风，其创作已经越来越不符合新的社会潮流的发展。此时，诗歌革新的时代倾向业已明朗。在谈到黄遵宪“诗歌革命”的时候，人们称赞最多的就是他著名的口号“我手写我口，古岂能拘牵”。胡适说：“他（按指黄遵宪）对于诗界革命的动机，似乎起得很早。他二十多岁时作的诗之中，有《杂感》五篇；其二云：（按即‘我手写我口’一首，诗略）这种话很可以算是诗界革命的一种宣言。末六句竟是主张用俗语作诗了。”①

其实，“诗界革命”应该从广泛意义上去解读它的作用。人们一般理解为它是一股文学改良思潮，但通盘了解黄遵宪全部的思想轨辙之后，仔细地研读黄遵宪的作品，我们可以发现“诗界革命”包含了黄遵宪思想中多层面的含义，这里的“革命”二字不能仅仅针对“文学”而言。如果“诗界革命”仅仅解读为他思想启蒙、教育革命的工具或切口，那只是言中了一个重要方面，因为黄遵宪的思想是多元的、面相是多重的、身份也是多样的，如诗人、教育家、外交家等。“诗界革命”或许被当作黄遵宪人生中较为重要的阶段，并在这个阶段中发挥了建设性的作用，跟随而来的文学革新者揭竿而起，但这不足以囊括黄遵宪在晚清文学史和“五四”新文化运动史上的

① 胡适：《五十年来中国之文学》，载《胡适古典文学研究论集》上册，上海古籍出版社1988年版，第116页。

建构价值①。他极具政治思想的维度，作为梁启超的“恩师与益友”对初倡“君主立宪”时的他，其作用有如拨乱反正的路标。

“诗界革命”的同仁们以天下兴亡，匹夫有责为己任，把新思想的传播作为肩负的重托。他们把诗歌的创作与国家的利益、民族的前途、历史的责任感结合起来。以诗歌振奋民族的精神，以达到“新民”救国的目的。黄遵宪高歌猛进，有舍我其谁的民族气概。他的诗歌区别于传统文学的“载道论”。表现为两个方面：一是在于诗歌的创作者方面，充分发挥创作主体的主观能动性，强调了表情的个性化与社会化的统一。康有为在评价黄遵宪的诗歌创作的时候，从国家民族的高度，对黄遵宪的诗歌倍加推崇。说道：“上感国变，中伤种族，下哀生民，博以环球之游历，浩渺恣肆，感激豪宕，情绪而意远，益动于自然，而华严随现矣。”② 梁启超为《人境庐诗草》作跋，说得更加明白，“国之存亡，种之主奴，教之绝续，视此焉”。又说：“并世忧天下之士必有用子之诗以存吾国，主吾种，续吾教者。”“此言其理想之深邃宏远也”③。二是重视了诗歌对人的教育作用。黄遵宪说：“吾论诗以言志为体，以感人为用。孔子所谓兴于诗，伯牙所谓移情，即吸力之说也。”④ 黄遵宪提出了“吸力”作用，并把它同中国传统文论中“兴”与“移情”的说法联系了起来，晓之以理，动之以情，充分发挥诗歌文学的感染功能，达到“开启民智”的目的。

---

① 参见柯玲《五四新文化运动的“预演”——“诗界革命”与黄遵宪之本心》，《华东师范大学学报》2003 年第 2 期。

② 康有为：《人境庐诗草·序》，载《人境庐诗草笺注》，上海古籍出版社 1981 年版，第 2 页。

③ 梁启超：《饮冰室诗话》，人民文学出版社 1982 年版，第 30 页。

④ 钱仲联：《人境庐诗草笺注》，《人境庐诗草·自序》，上海古籍出版社 1981 年版，第 4 页。

以胡适为代表，“五四”时期的“白话”运动，并非无源之水，无本之木，他是站在戊戌前后的启蒙主义者的肩膀上提出的。当初胡适还是孩童时代，他在天津升学考试，碰到有关白话题目的时候，正是一筹莫展。而那个时候，黄遵宪在晚清就掀起了轰轰烈烈的白话文学运动了。就“诗界革命”的目的来说，有两个基本的特征：一方面是用来推动文学的；另一方面是用来为政治服务的。它是借为文学之机，行为政治之实。借诗歌“革命”促进政治“革命”，这是黄遵宪预期的目标。“革命”不单单是对文学自身的革命，从诗歌的文字、语言到文体的改革的一系列问题，更重要的是还包括了对国民灵魂的改造以及对为政者治国方略的改革。后来，胡适等进行的文学改良运动，其精神、方法、渠道和措施都与黄遵宪晚清的白话文运动十分类似，从这种紧密的承上启下的关系中，可以看到黄遵宪对胡适影响之深。黄遵宪比他们觉悟得更早，认识还更辩证。要探寻“诗界革命”精神的源头，对黄遵宪不能视而不见。有人另辟蹊径，把黄遵宪的诗歌理论归结为他的文化哲学的一部分，这是有道理的。其实这是黄遵宪站在时代的前列，是对“诗界革命”的通盘考量。对诗歌进行“革命”的目的用意何在？黄遵宪心知肚明。而且，对它的艰难曲折的过程也早有思想准备，黄遵宪的诗歌革新是与他的政治理想紧密一致的。他的思想一开始就代表维新变革的新兴要求，摇旗呐喊，披荆斩棘，企图开出一条诗歌革新的光明之路。因此，站在启蒙的哲学高度看待黄遵宪的诗歌理论，才能体现其诗歌理论与实践创作的珍贵价值。

张应斌说：

> 在公度看来“诗界”革命不能孤立进行，他必须以社会革命和文化革命为前提，他从语言、诗体、科举制度到封建的意识形态对封建文化思想进行了全面的批判，他的诗论

是全面变革封建文化思想的文化革命论，这充分表现出公度“诗界革命”思想的系统性和深刻性……①

二　与“诗界革命”的理想与目标的追求

“诗界革命”的发生是历史的必然。在酝酿“诗界革命”的历史过程中，中国并不是哪一个人在思考“诗界革命”，也不仅仅是哪一个人的功绩，它是一个综合的力量推演而走向成功的。

然而，就对“诗界革命”的实质贡献来说，黄遵宪无疑是一个佼佼者。在梁启超提出这个口号之前数十年，黄遵宪早就有了自己诗歌革新的理论体系和创作实绩。“诗界革命”是“先有实绩，后有招牌”，换句话说，在“诗界革命”之前，黄遵宪就做起了“诗界革命”的工作了，从黄遵宪的“我手写我口”的口号开始，它就预示了“诗界革命”的迟早发生，表现出“诗界革命”的历史必然性，也表现出在这个历史必然中黄遵宪的历史推动作用。然而，“初生牛犊不畏虎”的黄遵宪即使很早地提出了那些理论，但是由于远离政治中心，其影响不免边缘化。比如像“我手写我口”这样重要的理论，甚至有人歪曲认为，它是年轻黄遵宪一时的感性之作。只是到了后来，黄遵宪名气大了，其诗歌理论及创作才有了影响。而梁启超在提出“诗界革命”的口号时，黄遵宪已是功成名就了，“居高声自远”。梁启超提出的口号虽然迟，但也不碍黄遵宪诗歌的影响和传播。

“诗界革命”作为文学领域的一个重要运动，对它的推行，“不能光打雷不下雨”，梁启超的口号固然重要，至少文学领域知道事情的发生，但是“诗界革命”不能光有口号，不能没有实际内容，梁启超们似乎缺乏的就是这些。理论与实际一旦结

① 张应斌：《嘉应诗人与诗界革命》（上），《嘉应大学学报》（哲学社会科学版）2001年第4期，第105页。

合，就可以产生无穷的威力。梁启超在现成的基础上，当他认真阅读黄遵宪的诗作时，这种赞美和推崇是由衷的。进而在黄遵宪创作的实践上，提出了他的有关理论。比如，梁启超根据黄遵宪的诗歌理论和创作实践，整理并提出了“旧瓶装新酒”、“以旧风格含新意境”等一套理论，作为“诗界革命”的目标追求。梁启超认为，文学先注重救国，后注重诗歌审美，一可改良群治，二可有益人生。黄遵宪与梁启超的相合，是历史潮流的汇流，“诗界革命”让他们走到了一起，两者建立了“恩师与益友”的良好关系。他们很快将自个的理论和创作汇入到“诗界革命”的洪流之中。但是应该认识到，黄诗对“诗界革命”的影响当然与梁启超的极力推崇有关，而梁启超之所以推崇黄诗，是因为梁启超本人深受黄的诗歌影响——不是梁启超将黄遵宪的诗作拉进了“诗界革命”，而是黄遵宪的诗作通过梁启超对“诗界革命”起了积极的推动作用。这是一种“船”与“水”的相互依赖关系。

人们把梁启超也看成是“诗界革命”的重要推手，可是相对于黄遵宪，梁启超还有一定的差距。梁启超是个政治家、社会活动家，写诗不过作为风雅政客的点缀，并没有下过大的功夫。对此，他直言不讳：“丙申、丁酉间，其《人境庐诗》稿本，留余家者两月余，余读之数日，然当时不解诗，故缘法浅薄。”[①]“余向不能为诗，自戊戌东徂以来始强学耳。”[②] 既“不解诗”，又“不能为诗”，当然不会潜心研究诗歌的历史和现状，更不要说深厚的理论修养。他的诗歌革新理论主要是从别人的创作中提出，自己切身的创作体会并不多。实际上，他是从变法前对诗歌的不重视，转为变法后热情的改革倡导的，不免带有某种程度的

① 梁启超：《饮冰室诗话》，人民文学出版社 1982 年版，第 4 页。
② 同上书，第 66 页。

粗糙而显得随心所欲，这其中的契机主要是政治活动的变化在发生作用。而黄遵宪就不一样，一方面是社会变革与诗歌变革有机的融合；另一方面又是顺应诗歌自身发展的规律。这样黄遵宪与“诗界革命”的诗歌理论就具有厚实的历史性建构。

也是在《新民丛报》时期，“诗界革命”再进一步发展起来，黄遵宪的诗歌不断向前发展，名声日隆，在理论上和创作的实践上均已达到完全的成熟。这时他的诗作被梁启超明确推为“诗界革命”的理想目标，他的“别创诗界”的理论实际上已经成为“诗界革命”的纲领。黄遵宪身体力行直接在“诗界潮音集”不断发表诗作。于此，他与梁启超的关系十分密切。

《夏威夷游记》标志着“诗界革命”的真正开始，或者说标志着“诗界革命”进入了一个崭新的自觉的发展阶段。“诗界革命”完全成熟的标志，是梁启超在“饮冰室诗话”专栏提出“以旧风格含新意境”的创作主张，作为“诗界革命”的理想追求，蕴含了一种古今诗歌的继承关系。与当初梁启超所提出的所谓“新诗”——“以挦扯新名词以表自异”相比较，这时他的诗歌理论成熟了。从字面的意义来说，“旧的风格”就是古诗的风格，所谓“新意境”就是诗歌创作要有新思想、新内容、新材料。这一目标，比“三长具备”① 的要求又近了一步，已不再强调“新语句”的有无。黄诗自然备受推崇：“近世诗人能熔铸新理想以入旧风格者，当推黄公度；吾重公度诗，谓其意境无一袭昔贤，其风格又无一让昔贤也。”“要之，公度之诗，独辟境界，卓然自立于二十世纪诗界中，群推为大家，公论不诬也。”②

① 所谓三长，即“第一要新意境，第二要新语句，而又须以古人之风入之，然后成其为诗”。

② 参见张永芳《诗界革命与文学转型》，中国社会科学出版社 2004 年版，第 37 页。

有人对于“旧风格含新意境”的理论含义提出了质疑，认为它并不能代表“诗界革命”的方向，认为这是变内容而不变形式的一个范例。诗歌变革，虽然是内容决定形式，但诗歌的形式同样可以反作用于内容，如果按照梁启超的思路，内容与形式“终必会出现牴牾”的现象，并运用“五四”新文化运动中勃兴的“新诗”，试图证明之。当然，这代表了一种较高的要求。其实梁启超的“旧风格含新意境”的理论，强调的是诗歌的继承。过渡时期的诗歌，必有其发展规律，不必揠苗助长。早在同治七年（1868 年），黄遵宪认为，俗儒的陈腐观念已经束缚了人们的思想，窒息了人们的创作灵感，吟诗作对陈陈相因，拾人余唾，六经无所，不敢写诗。为此，年轻的黄遵宪对复古派的古典诗给予了嘲笑，而提出了“我手写我口，古岂能拘牵”的诗歌主张。黄遵宪在《人境庐诗草·自序》中从诗歌的语言、形式、风格等方面具体地阐述自己的理论。光绪二十二年（1896 年），他直接称自己创作的诗歌为“新派诗”。与黄遵宪随行的“诗界革命”的早期倡导者，还有夏曾佑、谭嗣同、梁启超等人。但谭嗣同的《金陵听说法》，成为失败新派诗的代名词；夏曾佑的《绝句》诗，以冰期、巴别塔地质学名词及《旧约》中的神话入诗，完全是呓语。他们的试验之所以失败，就是好高骛远，缺乏诗歌创新的扎实的根基。在此，可以形象地用一个典故加以说明。刘义庆《世说新语·排调》：郝隆为桓公南蛮参军，一次诗会，饮酒，他提笔作一句诗：“娵隅跃清池。”桓公问：“娵隅”为何物？答曰：蛮名“鱼”为“娵隅”。后因称少数民族语言为蛮语[①]。如果说，以新名词入诗“亦犹参军蛮语”或“用佛典梵语之结习”，这种情况在“诗界革命”初期夏曾佑、谭嗣同的所谓“新诗”中是可以找到不少的。所以梁启超《饮冰室诗话》

① 刘义庆：《世说新语·排调》，第 35 条。

说："革命者，当革其精神，非革其形式。吾党近好言诗界革命，虽然，若以堆积满纸新名词为革命，是又满洲政府变法维新之类也。能以旧风格含新意境，斯可以举革命之实矣。"只有黄遵宪的诗，才是真正的"新派诗"，他对于诗歌的创新，建立在前人发展的基础之上，对旧式的诗歌内容与形式进行"扬弃"。黄诗之精神雄壮活泼，沉浑深远，其文藻为两千年所未有，誉为"诗界革命之能事至斯而极"，黄遵宪被推为"诗界革命"的一面旗帜是名副其实的。

从 1877 年起，黄遵宪出使国外十多年，在这漫长的岁月里，除了中间的偶尔回国之外，他一直生活在海外，其视野极为宏阔。欧风美雨的影响包括西方的政治、经济、哲学、文化对他触动颇深，感慨良多。他以无比的好奇与崭新的眼光看待西方的世界。观山赏水，表现为性溢于山，情溢于水，抚今追昔，更加激起对祖国大好河山的热爱；评判古今，表现为站在时代的前列，不同一般文人的高瞻远瞩；对待新事物的热烈赞颂与支持；反映国内外政治事件，以国家、民族的高度，表现出忧国忧民和变法图强的主张。因此，诗歌的生活题材得到巨大的拓展，新风格、新意境不断得到铸造。诗歌创作在黄遵宪的笔下成为无所不能表达的新鲜艺术。应该说，梁启超诗歌改革的理论"旧风格含新意境"的"新意境"，黄遵宪落实下来了。更为重要的是，黄遵宪在诗歌理论上还主张思想内容的创新。他认为"新派诗"应有"古人未有之物，未辟之境"①。这种所谓的"物"与"境"，在黄遵宪看来，首先要取材、叙事十分广泛；其次，更重要的是要"采近事"，特别是要引进西方的观念。世人论诗，皆言黄遵宪为"诗史"，这就是他"采近事"之功，并对西方的思想观念

① 吴振清、徐勇、王家祥编校整理：《黄遵宪集》（上），天津人民出版社 2003 年版，第 79 页。

有明确的认识。而且，黄遵宪把"旧风格含新意境"的诗歌主张推向了发展。他着手诗歌形式的"革命"。在诗歌的形体上，一般来说以黄遵宪为首的"诗界革命"的诗人们还只是"旧瓶装新酒"，沿用了古典诗歌的传统形式——五、七言的古诗和律诗、绝句。但诗的内容与形式的关系，毕竟不像酒和瓶子的关系那样简单。黄遵宪毕竟不是梁启超，长期的诗歌创作经验，他探索了一条诗歌发展的自身规律。黄遵宪认为，诗歌内容发展了，诗歌的形式不可避免地受到制约，诗歌形式的问题亟待解决。他身体力行地在诗歌的形式上进行了卓有成效的革新。即主张诗歌创作形式的"散文化"，"以文为诗"，追求诗歌表达的形式自由。例如《旋军歌》①："金瓯既缺玩复完，全收掌管权。胭脂失色还复还，一扫势力圈。海又东环天右旋，旋旋旋！""辇金如山铜作池，债台高巍巍。青蚨子母今归来，偿我民膏脂。民膏民脂天鉴兹，师师师！"等长句、短句参差互用，主要表现为七五、七五、七三句型，读来非常顺口流畅，很有气势，很能体现"诗界革命"的发展要求。

然而考察还不能到此为止，只要梳理和考察一下自鸦片战争以来的晚清到现代以来的历史，尤其是梳理和考察一下自1898年以来的中国历史，梳理和考察一下以黄遵宪、梁启超的从封建士大夫阶层中分化出来并转变为晚清到现代知识分子集团的全部历史活动，可以显而易见地看到，"诗界革命"绝不是一个孤立出现和孤立存在的事物，而是黄遵宪、梁启超们以改造社会文化为终极目标、以改造中国文学为实施步骤的一个带有阶段性与全局性计划的组成部分之一。更明确地说，"诗界革命"是和他们相继发动的"文界革命"、"曲界革命"、"小说界革命"构成一

① 吴振清、徐勇、王家祥编校整理：《黄遵宪集》（下），天津人民出版社2003年版，第351页。

个相互联系、相互影响、相互推动、相互促进的有机整体。这实际上已经涉及中国文学的几乎全部领域。因此中国旧文学的改造和中国新文学的创立，不是从“五四”而是从此时就奏响了声震寰宇的序曲。“以旧风格含新意境”当然是过渡时代的一种过渡形式，“诗界革命”以这样的诗风作为理想目标，意味着它终归是一场改良运动，但它是“五四”新文学运动的预演。因此，黄遵宪的诗歌主张与“诗界革命”运动的理想目标也完全相契合。

第二节　与“文界革命”：不单纯的影响和接受

“文界革命”是梁启超针对当时的“八股文”和“桐城派”的古文而提出的。这是梁启超在“欧西文思”的启发下提出的又一文学主张。

“文界革命”涉及一个重大的问题，即书面语体系转换的历史处境问题。晚清“言”与“文”分离的现象非常严重，“文界革命”也就是从“文言文”过渡到“白话文”。这种过渡性，使当时的书面语的表达，出现了许多半文言半白话的文章。从当初书面语的写作情况来看，当时的白话文发展，更多的为继承传统的古白话资源的俗语。

黄遵宪对中国语言、文字相离的现实相当不满，为此要下大决心改变这种情形。为了适应改革的要求，引入新观念、新名词，也着手进行文体革新。

黄遵宪早在驻日期间，就对日本的“言文一致”运动做过深入的考察研究，并提出了文体革新的主张。他的文体革新主张得到维新派人士的积极响应。其最为完备的表白是：

> 文字者，语言之所从出也。虽然，语言有随地而异者

焉，有随时而异者焉；而文字不能随时而增益，画地而施行；言有万变而文止有一种，则语言与文字合矣。盖语言与文字离，则通文者少；语言与文字合，则通文者多，其势然也。周、秦以下，文体屡变，遗夫近世，章疏移檄，告谕批判，明白晓畅，务期达意，其文体绝为古人所无。①

1898 年，裘廷梁发表《论白话为维新之本》一文，认为："有文字为智国，无文字为愚国；识字为智民，不识字为愚民。"他列举古今中外语言文字发展与国家兴衰的实例，反复论述"文言之害"与"白话之益"，最后提出："愚天下之具，莫如文言；智天下之具，莫如白话……文言兴而后实学废，白话行而后实学兴。实学不兴，是谓无民。"② 呼吁文字改革，推行白话文，振兴实学，从而达到智国智民的目的。1899 年，陈荣衮在《论报章应改用浅说》一文中提出："大抵今日变法，以开民智为先。开民智莫如改文言。"③ 倡导兴办报章，改用通俗易懂的白话文，普及新知识，提高国民素质。梁启超则发表了《沈氏音书序》等文，剖析了"言文合"之利与"言文分"之弊，认为黄遵宪的"言文合一"是开民智的首要条件，是提高民族文明程度的必由之路，对文体革新问题予以高度关注。

黄遵宪创办《时务报》具有较强的功利性，旨在利用这一

---

① 黄遵宪：《日本国志·学术志·文学》，载《中国近代文学大系·文学理集》，上海古籍书店 1994 年版，第 561 页。

② 裘廷梁：《论白话为维新之本》，转引自翦成文辑《晚清白话文运动资料》，载中国科学院近代史研究所近代史资料编辑组《近代史资料》1963 年第 2 期，中华书局 1963 年版，第 120—123 页。

③ 陈荣衮：《论报章应改用浅说》，转引自翦成文辑《晚清白话文运动资料》，载中国科学院近代史研究所近代史资料编辑组《近代史资料》1963 年第 2 期，中华书局 1963 年版，第 125 页。

新闻媒介，宣传自己的维新思想，同时也宣传个人的文学主张，于是亲自物色梁启超担任主笔。梁启超不负众望，他在担任《时务报》主笔时发表了一系列观点鲜明、笔锋犀利的政论文，积极鼓吹变法，耸动全国舆论，号称“时务文体”。于此可见一斑，黄遵宪在“文界”革命中所表现的作用是不可替代的。戊戌变法失败后，梁启超不仅高唱“诗界革命”，而且还擎起“文界革命”的旗帜，大力倡导“俗语文学”，认为这是传播文明思想的起点，是整个社会变革的主要组成部分。[①] 他根据亲自所见的欧、亚、美等国与世界各先进国家的关系状况，认为“文界革命”是一个不容否定的必然趋势，并紧扣“文界革命”的旋律，主张语言与文学的复合，从而“变一文体为适用于今，通行于俗者”。

中国的白话文运动主要有两次高潮：一次是在戊戌变法维新之后；一次是在“五四”时期。作为变法维新的合理要求，一些维新派人士认为，开通民智是国家富强的重要手段，而要达到开通民智的目的则又必须大大提高普通民众的阅读能力，改行白话。不过晚清推动白话文的目的，其针对性非常强，即把“白话文”视为开通民智的工具。然而，很大程度上放弃了对文学性的追求，因此也就较大地影响到这次白话文运动的深度与效果。只有黄遵宪的文学思想比较辩证，在这方面走得较远。

梁启超以《清议报》、《新民丛报》为阵地，以输入“欧西文思”即欧洲资产阶级文化思想为己任，继续开展维新变法的理论宣传。他说：“德富氏，为日本三大新闻主笔之一，其文雄放隽快，善以欧西文思入日本文，实为文明别开一生面者，余甚

① 李华兴、吴嘉勋编：《梁启超选集》，上海人民出版社 1984 年版，第 236—237 页。

爱之。中国若有文界革命，当不可不起点于此。”① 梁启超倡导提出了文体革新的要求，实际上就是要求从当时以桐城派为主流的古文体的束缚中解放出来，努力创造出一种明白晓畅、通俗浅显的“新文体”。其鲜明特点就是“务为平易畅达，时杂以俚语、韵语及外国语法，纵笔所至不检束，学者竟效之”，它有力地推动了“文界革命”的发展。黄遵宪极为欣赏《新民丛报》，赞叹梁启超的新文体：“惊心动魄，一字千金。人人笔下所无，却人人意中所有，虽铁石人亦应感动。从古至今，文字之力大。”② 当然，黄遵宪也是从新文体有利于思想传播、有利于国民教育为着眼点，而对其推崇备至的。

在晚清输入西方思想文化方面，梁启超和严复无疑是两位具有影响力的人物。严复直接从“西学”拿来，其翻译的《天演论》、《原富》等名著，风靡全国；梁启超则通过“东学”进行转手，仿效日本，执言论界牛耳。但在使用何种文体更利于输入西方思想文化的问题上，梁启超和严复发生了严重的分歧。严复在翻译中恪守“信”、“达”、“雅”的原则，以桐城派古文为其作文准则，认为“实则精理微言，用汉以前字法、句法，则为大易；用近世利俗文字，则求达难”③。

梁启超一方面对严复在输入西学方面的伟绩表示由衷的赞叹：“严氏于西学中学，皆为我国第一流人物，此书（《原富》）复经数年之心力，屡易其稿，然后出世，其精善更合待言”；另一方面，则又对其做了严厉的批评：

---

① 梁启超：《夏威夷游记》，载钟叔河主编《走向世界丛书》，转引自《新大陆游记及其他》，岳麓书社 1985 年版，第 598 页。

② 陈铮编：《黄遵宪全集》（上），《致梁启超函》（光绪二十八年四月，1902 年 5 月），国家清史编纂委员会文献丛刊，中华书局 2005 年版，第 429 页。

③ 严复：《天演论·译例言》，转引自欧阳哲生编校《中国现代学术经典·严复卷》，河北教育出版社 1996 年版，第 9 页。

吾辈所犹有憾者，其文笔太务渊雅，刻意摹仿先秦文体，非多读古书之人，一翻殆难索解。夫文界之宜革命久矣。欧、美、日本诸国文体之变化，常与其文明程度成正比例……况此等学理邃赜之书，非以流畅锐达之笔行之，安能使其学童受益乎？著译之业，将以播文明于国民也，非为藏山不朽之名誉也。文人结习，吾不能为贤者讳矣。①

严复则不断地为自己辩解："若徒为近俗之辞，以便市井乡僻之不学，此与文界，仍所谓陵迟，非革命也。"并且表示："不佞之所从事者，学理邃赜之书也，非以饷学童而望其受益也，吾译正以待中国多读古书之人。"② 事实证明，虽然严复翻译水平很高，文笔"高雅"，但其影响却在梁启超创作的"新文体"之下。

对于梁严之争，黄遵宪自有鲜明的立场。1902 年，他致函严复，与其讨论了文体与翻译的问题，他称赞严复翻译的《天演论》、《原富》等西学名著"隽永渊雅"，但也同意梁启超对严复翻译风格所作的评论，认为这些著作由于是用古文笔法来翻译，"文笔太高，非多读古书之人，殆难索解"，不利于西学的传播，倒不如用明白晓畅的文笔来翻译更容易使人接受。同时，对严复"文界复何革命之与有"的观点进行了质疑：

公以为文界无革命，弟以为无革命而有维新。如《四十二章经》旧体也，自鸠摩罗什辈出，而内典别成文体，

① 梁启超：《绍介新著〈原富〉》，《新民丛报》第 1 号（光绪二十八年元月一日，1902 年 2 月 8 日）。

② 严复：《与〈新民丛报〉论所译〈原富〉》，载王栻主编《严复集》第 3 册，中华书局 1986 年版，第 516—517 页。

佛教益行矣。本朝之文书，元明以后之演义，皆旧体所无也，而人人遵用之而乐观之。文字一道，之于人人遵用之乐观之，足矣。凡仆所言，皆公所优为，但未知公肯降心以从、降格以求之否?①

并提出了变革主张：

《天演论》供养案头，今三年矣。本年五月获读《原富》，近日又得读《名学》，隽永渊雅，疑出北魏人手。于古人书求其可以比拟者，略如王仲任之《论衡》，而精深博则远胜之。此书不足观。然汉以前辨学而能成家者，只此书耳。又如陆宜公之奏议，以体貌论，全不相似。然切理压心，则相同也。《新民丛报》以为文笔太高，非多读古书之人，殆难索解。公又以为不然。弟妄参末议，以谓《名学》一书，苟欲以通俗之文，阐正名之义，诚不足以发挥其蕴。其审名度义，句斟字酌，并非以艰深之文也，势不得不然也。观于李之藻所谓之《名理探》，索解更难，然后知译者费尽苦心矣。至于《原富》之篇，或者以流畅锐达之笔行之，能使人人同喻，亦未可定。此则弟居于局外中立，未敢于三说者遽分左右袒矣。公谓正名定义，非亲治其学，通彻首尾，其甘苦未由共知，此真得失心知之言也。公又谓每译一名，当求一深浅广狭之相副者，其陈义甚高。然弟窃谓悬此格以求是，恐求之不可得也。以四千余岁以前创造之古文，所谓六书，又无衍声之变，孳生之法。即以之书写中国中古以来之物之事之学，以不能敷用，况泰西各科学乎？华

① 参见杨站军《游移在激情与保守之间——诗界革命研究》，博士学位论文，上海大学，2007年，第72页。

文之用，出于假借者十之八九，无通行之文，亦无一定之义。即如《郑风》之忌，《齐诗》之止，《楚辞》之些，此因方言而异者也。《墨子》之才，《荀子》之案，此随述作人而异者也。乃至人人共读，如《论语》之仁，《中庸》之诚，皆无对待字，无并行字，与他书之仁与义并诚与伪者，其深浅广狭已绝不相侔，况与之比较西学字乎？今日已为二十世纪之世界矣，东西文明两相结合。而译书一事以通彼我之怀，阐新旧之学，实为要务。公于学界中，又为第一流人物，一言而为天下法则，实众人所归望者也。仆不自揣量，窃亦有所求于公……①

黄遵宪具体提出了造新字、变文体的基本设想：

第一为造新字，次则假借、次则附会、次则涟语、次则还音，又次则两合……第二为变文体，一曰跳行、一曰括弧、一曰最数、一曰夹注、一曰倒装语、一曰自问自答、一曰附表附图。

他坚持认为："文字之道，至于人人遵用之乐观之，足矣。"② 并不赞成严复隽永幽深的译笔，认为中国已经进入新的世纪，国际国内形势都发生了崭新的变化，文学的发展应随新潮而动。生当世纪新人，要用20世纪的新文字表现20世纪的新思想、新内容。他希望严复能够识时务者为俊杰，切非固执

① 参见杨站军《游移在激情与保守之间——诗界革命研究》，博士学位论文，上海大学，2007年，第72—73页。

② 陈铮编：《黄遵宪全集》（上），国家清史编纂委员会文献丛刊，中华书局2005年版，第435—436页。

己见的从古顺古，一味追求“高雅”。而代之以新的面貌出现在文坛，创造新字，变革新的文体，写出世人需要的文章。后来胡适在《文学改良刍议》中提倡“话怎么说，就怎么写”，诗从话说，有感而发的白话文主张，与之相比有诸多相似之处。正是从这个意义上说，黄遵宪是承前启后、继往开来的先行者。人们称赞黄遵宪对中国传统旧体诗的革新，更赞美他对中国新文学的开拓。正是从这个角度，朱自清在《中国新文学大系·集导言》中对黄遵宪的评价更切中肯綮。黄遵宪的见解无疑具有开创性，以致严复后来在回信中称之为“妙义环生”。凡此，均可见黄遵宪在“文界革命”中发挥了重要的推动作用。

黄遵宪、梁启超等维新派把“文界革命”与思想启蒙联系在一起，正是所有变革的基础，实际上指示了中国现代“白话文”运动的发展方向。黄遵宪是晚清“白话文”运动的主要倡导者，其诗作自然视为“五四”白话文运动的先声。

在“文界革命”中，黄遵宪的“口语化”的主张和追求，后来成为初期白话新诗建设的一个重要启示。作为长期流传在民间的口语，这种口头语言的确是中国文学用来改革的一笔相当大的财富。其能够注意、重视它的价值，实在了不起，折射出黄遵宪闪耀的文学改革之光芒。在“五四”初期的新诗建设中，能否白话入诗，即能否使诗歌口语化，由此形成了变革中国诗歌文学最为重要的敏感点与突破口，这仍然是其文学思想的延伸。他看到了以文言文为代表的旧语言文字必然导致中国人在思维上的含混与模糊的弊端，即与以概念的精确为前提的科学语言相违背。对这种弊端必须加以否决。同时，新诗人效法黄遵宪的“我手写我口”，认为“文以代语而已，达意状物，为其本义”①，所以，他

---

① 《陈独秀书信集》，新华出版社1998年版，第124页。

们要“努力造成一种近于说话的文体”①。“以文入诗”原是宋诗一个极为重要的特点。以致后来，胡适在“五四”白话文中所发挥的中流砥柱的作用，正部分地贯彻了黄遵宪文学革新的思路，它使诗歌的表达范围扩大了，加强了诗文之间的合作程度。对于黄遵宪的诗歌创作实践，胡适说：“那是用做文章的法子来做的。”② 从黄遵宪的“言文一致”到胡适的“作诗如作文”，二者的因缘关系十分清楚，白话新诗本质上是一种“散文化”的诗，形散而神不散，形式上看似一种散，一种“文”的感觉，但它能广阔地自由自在表现诗歌的内容，这是古诗难以企及的。黄遵宪转益多师，取法“宋诗”的散文化的特点，最大限度地把这种诗歌推向发展，目的就是“欲令天下之农工商贾妇女幼稚皆能通文字之用”，达到“语言文字几乎复合”，文体变而“通行于俗者”。为此，他自觉利用民间资源，化用民间歌谣体，打造新诗的变革。

在现实生活中，什么样的语言最好？当然是最能表达情感、最通俗易懂的语言。什么样的语言最能表达情感、最通俗易懂？当然是民众的口语。也只有这样的作品才能起到唤起民心开启民智的作用。时代在发展，语言也必然会跟着变化。事实证明最适合文学创作、具有生命活力的语言往往正是生动活泼的民间口语！后来胡适在“五四”白话文运动中，成了积极的“尝试者”。在1916年10月，寄《新青年》编者的信中，提出“文学革命”须从八事入手，即不用典，不用陈套语，不讲对仗，不避俗字俗语，须讲求文法之结构，不作无病之呻吟，不模仿古人，须言之有物等。胡适认为“文学革命”，不仅仅拘于内容，也在文体形式上的改革，它要打造的是“国语的文学，文学的国语”。有了国语的文

---

① 康白情：《新诗底我见》，载《中国现代诗导论》第1集，花城出版社1998年版，第145页。

② 同上。

学，方可有文学的国语。由此看来，胡适的“文学革命”，以另外一种激进的形式，实现“白话文”的新生。

“文界革命”出现后，19世纪末20世纪初，中国逐步掀起了白话文热潮，白话报刊如雨后春笋般涌现，白话已成为一种重要的文学手段和传播媒介，以白话报刊为例，据方汉奇先生统计，仅1902年至1905年间，主要白话报刊（包括国内、外）将近60种，分布于全国各地20多个省市，还有国外些许城市。这些报刊一般以普通百姓为服务对象，文字力求通俗易懂而又引人入胜，做到“一句一句说出来，明明白白，要好玩些，又要叫人容易懂些”。在文体上已经不断地突破“文白”交杂的语言文体形式，而更接近以老百姓所喜闻乐见的口语形式为表达方式。

第三节 小说理念与“小说界革命”

“诗界革命”、“文界革命”是以黄遵宪为首的维新者们在游移古典与现代之间而做出的艰难抉择。相比较而言，19世纪末20世纪初新出现的文体——小说，在形式与内容方面却显得比较“自由”。“小说界革命”，是19世纪末，与中国新闻传播事业的发展同时发生的。广大的普通民众能够接受白话文诗，因为白话文诗的日常生活语言，听得懂，能交流；而小说的兴起，是因为通俗的书面语的产生，人们看得明白。并且这种新的文学观念的兴起，较大地冲破了古典的重负，它呼应着时代启蒙的诉求。

正如黄遵宪所说，撰著《日本国志》之目的就是希望找出一条适合中国国情的道路，寄予统治阶级的重视。他提倡小说的目标所在，就是把这种通俗的文体广泛地运用到现实之中去，从而表现生活，反映社会。小说是作为他主张“语言文字合”的论据之一，也是实现其学术目的乃至变法革新的政治目的手段或工具的重要因素。作为不登大雅之堂的小说“小道”时代，由于文人士大夫对这种新兴文体的鄙视，黄遵宪要想进一步提高小说在文学、生活中的地位，是有相当难度的，需要做更多的努力。他在《日本国志》中谈及小说的运用，并且在上之朝廷以期生效的带有政治色彩的学术著作中论及，必将促进当时思想界、学术界、文学界对小说的重视，这对提高小说的地位、改变中国传统杂文的内部结构、建立现代纯文学结构模式必将产生积极的影响[①]。黄遵宪极具胆识，其眼光一是来自他对文学革新的通盘理解；二是来自对中国国情的精确洞察。提倡文学作为社会发展变革的动因，势必引起社会对文学的重视。况且，20 世纪的来临，新思想的产生，从现实出发提高新兴文学体裁小说的历史地位，在中国文坛已成为一种必然。

对于小说的重视，最早见于黄遵宪出使日本之后留下的一些资料中，如他与日本友人源桂阁、石川英笔谈。

在晚清，小说文体地位处于边缘，被社会风气所鄙视，文人创作白话小说被当成是穷途末路的象征，即使像《红楼梦》、《金瓶梅》这样的小说巨著，作者也只能隐姓埋名，生怕招来各种非议与打击[②]。黄遵宪却兴致勃勃地谈到《红楼梦》在中国文学史上的重要地位，高度评价了《红楼梦》在相当程度上的“排满”情绪及其在民间的流播情况。在异国他乡，日本人对《红楼梦》不甚了解。黄遵宪及时在日本加以推介：“《红楼梦》乃开天辟地、从古到今第一部好小说，当与日月争光，万古不磨

① 参见左鹏军《黄遵宪与岭南近代文学丛论》，中山大学出版社 2007 年版，第 88 页。

② 参见袁进《中国小说的近代变革》，广西师范大学出版社 2009 年版，第 136 页。

者。恨贵帮人不通中语，不能尽得其妙也。”① 又评论道：“论其文章，直与《左转》、《国语》、《史记》、《汉书》并妙。”② 表现了黄遵宪对小说的深刻理解和他的敏锐眼光。黄遵宪也介绍了《三国演义》的一些故事情节，神话创作的生动有趣，作为神话的文学审美等等问题。他向日本友人介绍了罗贯中生平与著述情况。石川英则说：“民间小说传敝帮者新鲜，《水浒传》、《三国志》、《金瓶梅》、《西游记》、《肉蒲团》数种而已”③，日本友人源桂阁、石川英向黄遵宪介绍日本古典小说名著《源氏物语》，它揭露了人性，反映了宫中的复杂矛盾和斗争，表达了日本妇女既无权也无地位的悲惨生活。相互之间还讨论了史书《三国志》与小说《三国演义》的关系，从成书的体例到人物的特点，谈及了中国小说在日本流布传播的情况，从形式和内容上将中国小说《红楼梦》与《源氏物语》进行了联系与比较④。源桂阁介绍说：“敝帮呼《源氏物语》者，其作意能相似。”石川英也说道：“此文古语，虽国内解之者甚少。”黄遵宪回答：“《源氏物语》，亦很不懂日本语，未能读之。今坊间流行小说，女儿首执一本者，仆谓亦必有妙处。”

金圣叹对于中国古典小说的评点为文学批评开辟了新的疆土，成为古典小说评点的山峰。⑤ 在清末民初，对于小说的评论起步较晚，黄遵宪则首当其冲。他对《三国演义》、《红楼梦》

① 郑子瑜、实藤惠秀编校：《黄遵宪与日本友人笔谈遗稿》，早稻田大学东洋文学研究会 1968 年版，第 182 页。

② 同上。

③ 同上书，第 181 页。

④ 参见左鹏军《黄遵宪与岭南近代文学丛论》，中山大学出版社 2007 年版，第 85 页。

⑤ 参见丁利荣《古典小说评点的终结与衍生》，《中国社会科学报》（B01）2013 年 1 月 25 日。

等小说进行重视和评论，拓宽了金圣叹等人有关小说的评论视野，开启了19世纪末20世纪初兴起的“小说界革命”中国小说史研究的先声。比如《三国演义》，“是通俗的历史，不是真正的小说”，“但却是用作小说的笔墨来作历史，因此颇有文学的意味”，“又是演义，自然不免要讲简单的事实增饰铺张，改变原来的面目，并且还有虚构的成分”①。他以史学家的眼光，将小说与史书相提并论，并将此前的李贽、袁宏道、金圣叹等人的思想方式向前推进。他对《红楼梦》的评论影响很大，引起了国际红学界的关注。在与日本友人的多次交流中，得知日本友人苦于书籍的缺乏，多方搜求不得，黄遵宪把自己亲自携带的一部《红楼梦》赠送其阅读。《红楼梦》这部书得到国际的公认，这是与黄遵宪的功劳分不开的。②

黄遵宪出使日本期间，看到欣欣向荣的日本与每况愈下的中国之间于经济、人文诸方面的巨大反差而引起强烈的震撼。他开始探究日本迅速强大起来的原因。首先从文化这个突破口寻找答案，认为日本的发达，来源于文化的普及。黄遵宪在日本就开始觉察到小说对社会的功用，这为他开始重视小说找到了依据。《日本国志》论述：

> 若稗官小说，如古之《荣华物语》、《源氏物语》之类，已传播众口，而小说家簧鼓其说，更设为神仙佛鬼奇诞之辞，狐犬物异怪异之辞，男女思恋媟亵之辞，以耸人耳目。故日本小说家言充溢于世，而士大夫间亦用其体，以述往之

---

① 钱玄同：《三国演义·序》，载《三国演义》，文化艺术出版社1991年版，第9页。

② 左鹏军：《黄遵宪与岭南近代文学丛论》，中山大学出版社2007年版，第86页。

迹，纪异闻……读书人或鄙为俚俗，斥为谚文，然而人人习用，数岁小儿，学语之后，能读假字，即能看小说作家书，甚便也……盖语言与文字合而为一，绝无障碍，是以用之便而行之广也。①

在《日本杂事诗》中，几次提及小说《荣华物语》："翠华驰道草萧萧，深苑无人锁寂寥。多少荣华留物语，白头宫女说先朝。"② 自注云"《荣华物语》出才嫔赤染门手，皆纪藤原道长骄奢之事。道长三女为后，故多叙宫壶。"③

诗歌描写了"白头宫女"对《荣华物语》的津津乐道，即使深锁宫中，也无处不谈"荣华留物语"之事。这说明《荣华物语》流播之广，读者之多，即使宫中白发老妇也可絮絮叨叨谈来，由此可见一斑。诗歌传递了两个信息：一是日本小说《荣华物语》普及面的广泛性；二是日本小说《荣华物语》的通俗性。这种情形让初出国门的黄遵宪叹为观止，难道不会引起他的深思吗？

黄遵宪在学术著作中对小说的多次提及，其出发点一是关注文学本身的发展；二是重视小说的社会功用。后来梁启超也强调小说对整个社会的能动性，鲁迅先生利用小说对落后国民性的改造，其思想的发展可谓一脉相承。人们不得不承认黄遵宪对中国社会的透彻了解和小说发展的精确把握。

晚清时代依旧是诗文盛行的时代，小说并非占主流，小说的流播仅仅是后来之事。黄遵宪从文学思想研究的角度对小说提出

---

① 黄遵宪：《日本国志·学术志二》卷33，光绪十六年（1890年）羊城富文斋刊本，第3—4页。

② 吴振清、徐勇、王家祥编校整理：《黄遵宪集》（上），天津人民出版社2003年版，第14页。

③ 同上。

过一些建设性的理论主张。这些理论主张，即使在今天看来，仍然弥足珍贵。

梁启超认为小说有四种神力，即“熏”、“浸”、“刺”、“提”。“熏”是指感情的潜移默化，“浸”是指感人至深，“刺”是指人的感情突然受到刺激，“提”是指提高人的情感世界。1902年11月，梁启超在日本创办了中国第一种文学报刊《新小说》，明确提出：“本报宗旨，专在借小说家言，以发起国民政治思想，激励其爱国精神。”他在小说出版的第一号上发表了《论小说与群治之关系》，正式提出“小说界革命”的理论纲领：

> 欲新一国之民，不可不先新一国之小说。故欲新道德，必新小说；欲新宗教，必新小说；欲新政治，必新小说；欲新风俗，必新小说；欲新学艺，必新小说；乃至欲新人心，欲新人格，必新小说。何以故？小说有不可思议之力支配人道故。①

《新小说》杂志其宗旨是把小说当作群治之工具，大力倡导政治小说、科幻小说、侦探小说等新的小说类型。因此，它可能带来更广泛的群众基础。

在晚清，打破语言的古奥等壁垒以适应启蒙的要求变得非常强烈，重新评估小说的地位与功用变得很时髦。甚至像在译文中追求雅驯而遭到黄遵宪、梁启超批评的严复，也一度表现了对小说的热衷。不过，严复的此种表现则体现了一种“分裂”，因为他究竟没有把小说作为一种独立的文类来看待，仅仅看重小说开

---

① 梁启超：《论小说与群治之关系》，《新小说》第1号（1902年11月14日）。

通民智的作用。且主张从政治领域来谈小说的功能。[①] 梁启超则打破传统偏见，大胆提出“小说为文学之最上乘也”[②]，充分肯定小说的社会属性。他从“新一国之民”即国民性改造的政治要求出发，攻击旧小说为“吾中国群治腐败的总根源”，把革新小说与“新道德”、“新宗教”、“新政治”、“新风尚”、“新学艺”、“新人心”、“新人格”结合起来，实际上就是想通过开展“小说界革命”来促进思想文化的启蒙，推进国民改造和社会性进步。鉴于小说的“俗语”特征，梁启超给它进行正名，断言“俗语”是文学发展大势所趋。“文学之进化有一大关键，即由古语之文学变为俗语之文学，各国文学史之开展靡不循此轨道。”[③] 从思想来源看，梁启超的这种文学革新思想深受日本现代文学观念的影响。在《变法通议论·幼学》、《〈蒙学报〉〈演义报〉合叙》、《译印政治小说序》等文中，一再肯定小说有益于改良社会。并特别重视翻译西欧和日本的“政治小说”。认为欧洲各国变革和日本明治维新都有赖于小说之功，其《译印政治小说序》：

> 在昔欧洲各国变革之始，其魁儒硕学，仁人志士，往往以其身之所经历，及胸中所怀政治之议论，一寄之于小说……往往每一书出，而全国之议论为之一变，彼美、英、

---

① 严复在《本馆附印说部缘起》中看重小说使用了接近于“口说之语言”：“即此语言文字为本种所通行矣，而今世之俗，出于口之语言，与载之纸之语言，其语言大不同。若其书之所陈，与口说之语言相近者，则其书易传；若其书与口说之语言相远者，则其书不传。故书传之界之大小，即以其与口之语言相去之远近为比例。”因而断言，“夫说部之兴，其人入之深，行世之远，几出于经史上，而天下之人心风俗，遂不免为说部之所持”。

② 梁启超：《论小说和群治之关系》，《新小说》1902 年 1 月，第 9—14 页。

③ 梁启超：《小说丛话》，《新小说》1903 年 7 月，第 67—71 页。

德、法、奥、意、日本各国政界之日进，则政治小说为功最高焉。英名士某君曰："小说为国民之魂。"岂不然哉！①

对政治小说在社会变革中的巨大作用予以高度评价。

梁启超翻译了柴四郎的政治小说《佳人奇遇》，而且其首先创作的也是"政治小说"。这些小说大体模仿《佳人奇遇》、《经国美谈》、《雪中梅》之类的日本政治小说，而与我国传统小说写法完全不同。其中最有代表性的要属梁启超发表于1898年12月的在《清议报》上创作的一部"专欲发表区区政见"的政治小说《新中国未来记》。② 这部小说从《新小说》创刊号上即开始刊出，可以看作是他对小说理论的一次实践。其中大量引用新式政治名词、术语，与中国传统小说的确截然不同。

在读过《新小说》上发表的《新中国未来记》后，黄遵宪有一段集中而详尽谈论小说理论和创作实践问题的文字：

《新小说报》初八日已见之，果然大佳，其感人处竟越《新民丛报》而上之矣。仆所最欣赏者，为公之《关系群治论》及《世界末日记》。读至"爱之花尚开"一语，如闻海上琴声，叹先生之移我情也。《新中国未来记》表明政见，与我同者十之六七，他日再细评之，与公往复。此卷所短者，小说中之神采、之趣味耳。俟陆续见书，乃能言之，刻未能枉测也。③

---

① 梁启超：《译印政治小说序》，载《饮冰室合集》文集之3，中华书局1936年版，第34—35页。

② 丁文江、赵丰田：《年谱长编》，上海人民出版社1983年版，第295页。

③ 吴振清、徐勇、王家祥编校整理：《黄遵宪集》（下），天津人民出版社2003年版。

也因为看到小说文体将来教育普及之广，黄遵宪对“小说界革命”给予热情的关注和支持，他盛赞《新小说》：

怪哉！怪哉！快哉！快哉！雄哉！大哉！崔嵬哉！滂沛哉！何其神通，何其狡狯哉！彼中国唯一之文学之《新小说报》，从何而来哉？东游之孙行者，拔一毫毛，千变万态，吾固信之。此新小说，此新题目，遽陈于吾前，实非吾思议之所能及。未见其书，既使人目摇而神核矣。吾辈钝根，即分一派出一话，已有举鼎绝膑之态。公乃竟有千手千眼，运此广长舌于中国学海中哉！具此本领，真可以造华严界矣。生平论文，以此为最难，故亟欲先睹为快。①

为了替其提供新的内容，注入新鲜的血液，要求《新小说》刊登民歌民谣和杂歌谣的创作，并建议开辟有关专栏。并郑重其事地对梁启超说：

报中有韵之文，自不可少。然吾以为不必仿白香山之《新乐府》、尤西堂之《明史乐府》。当斟酌于弹词粤讴之间，或三、或九、或七、或五，或长短句，或壮如陇上陈安，或丽如河中莫愁，或浓至如《焦仲卿妻》，或古如《成相篇》，或俳如俳枝辞。易乐府之名而曰杂歌谣；弃史籍而采近事。至其题目，如梁园客之得官，京兆尹之禁报，大宰相之求婚，奄人子之纳职，侯选道之贡物，皆绝好题也。此固非仆之所能为，公试与能者商之。吾意海内名流，必有迭

① 吴振清、徐勇、王家祥编校整理：《黄遵宪集》（下），天津人民出版社2003年版，第431—432页。

起而投稿者矣。①

它反映了黄遵宪对“小说界革命”的理论主张及创作实践也是充分肯定的。“与我同者十之六七。”

但是，《新小说》在《新民丛报》上为该刊所作的“政治小说”广告称：“政治小说者，著者欲借以吐露其所怀抱之政治态度也。”② 既然作者的目的就是为了“借”小说以表示政治态度，那么他所关心的当然首先是达到政治上表态的目的而不是艺术效果。平心论之，梁启超的《新中国未来记》的确太过注重政治宣传。“专欲发表区区政见”③，以至于影响艺术效果等明显缺陷。因为过分强调其思想内容和政治作用，忽视了艺术性，使一些作品丢失了本身特征。

黄遵宪则能够辩证地对待对小说这一文学体裁的出现。他早在《日本国志》中就把小说举证为“语言与文字合”的范例。但是针对过分强调小说的社会功能，而忽视了文学自身的发展规律，是有所警觉与担心的。他有的放矢并及时提出许多有关小说创作的建设性意见。在一定程度上也探讨了小说的技法。他认为，小说中的神采，以透彻为佳，小说的趣味以曲折为好。小说如果没有了“神采”与“趣味”，那它还有什么艺术性可言呢？他说：

此卷所短者，小说中之神采、之趣味耳。俟陆续见书，乃能言之，刻未能妄测也。仆意小说所以难作者，非举今日

① 吴振清等编：《黄遵宪集》（下），天津人民出版社2003年版，第494页。

② 《新民丛报》第14号，转引自刘纳《嬗变》，中国社会科学出版社1998年版，第61页。

③ 梁启超：《绪言》，《新中国未来记》卷首，载阿英编《晚清文学丛钞·小说一卷》，中华书局1960年版，第1页。

社会中所有情态一一饱尝烂熟，出于纸上，而又将方言俚语一一驱遣，无不如意，未足以称绝妙之文。前者须富阅历，后者须积材料。阅历不能袭而取之，若材料则分属一人，将《水浒》、《石头记》、《醒世姻缘》以及泰西小说，至于通行俗谚，所有比喻语、形容语、解颐语，分别抄出，以供驱使，亦一法也。公谓何如？《东欧女豪杰》，笔墨极为优胜，于体裁最合。总之，努力为之，空前绝构之评，必受制无愧色。①

黄遵宪对小说理论的阐述有关键的两个方面：一是小说所反映的题材必须来源于社会，来源于生活。小说的根本功能也在于社会生活的现实，要求作家有丰富的社会阅历，切忌生搬硬套，也就是说不能凭空臆造，脱离社会生活，这样才能写出好的作品。实际上，黄遵宪提出了一个高深的文学理论问题，即文学来源于生活，社会生活是文学创作的唯一源泉。无论是从事文学活动的主体，还是文学活动的过程，都具有一定的时代与社会属性。它是与整个体系的生产关系、政治经济、伦理道德、价值观念、文本化趣味、社会心理等等即“社会中所有情态”联系在一起的。二是小说创作的一些必要的方法，包括借鉴前人和外国作品以及语言的运用。他列举了《水浒传》、《石头记》、《醒世姻缘传》三部优秀白话小说，以及西方的小说作为小说创作的学习典范。

那么小说怎样才能反映广阔的现实生活呢？黄遵宪认为，第一，要注意生活实践。要“论当世事”，而且要“识时”、“通情”，要“知今”、“阅世”，也就是说要到社会的大熔炉中去，

① 吴振清、徐勇、王家祥编校整理：《黄遵宪集》（下），天津人民出版社2003年版。

了解生活、体验生活，掌握生活的第一手材料，才能谈得上“救世弊”。黄遵宪特别强调“阅历不能袭而取之”。小说创作和诗歌创作当然有区别，但对于生活的实践的要求二者是一致的。正因此，黄遵宪对于那些“不出门”的“儒生”，是竭尽嘲笑的，在《感怀》中写道：“世儒诵诗书，往往矜爪咀。昂头道皇古，抵掌说平治。中言今日乱，痛哭继流涕。摹写车战图，胼胝过百纸；手持井田谱，画地期一试。古人岂我欺，今昔奈势异。”[①] 他鄙视那些“寻章摘句，于字句求生活”的人“是无用人耳”[②]。第二，要多读书，以广其识，游名山大川以壮其气。黄遵宪和日本友人龟谷省轩、石川鸿斋论及日本当时的诗文。龟谷省轩说：“敝土诗近来纤靡成风，识者愧之。与栗香（按：宫岛栗香）辈谈，亦概之。与有志之士二三辈约，欲矫之以宋唐；愿得阁下提撕，一振颓风，以扶大雅。”黄遵宪回答：

> 仆不肖，何感当此？愿得随诸君子后，力著一鞭耳。诗之纤靡，一由于性，一由于习，习之弊又深于性。欲挽救之，仍不外老生常谈，曰：多读书，以广其识，以壮其气；多读杜韩大家，以观其如何耳。

黄遵宪为改变“诗之纤靡”论及了读书的重要性及其方法论的问题[③]。黄遵宪强调小说创作应具备“富阅历”和“积材料”。所谓“富阅历”就是要求小说家要体察、熟悉社会生活，

① 吴振清、徐勇、王家祥编校整理：《黄遵宪集》（下），天津人民出版社2003年版，第80页。

② 郑子瑜等编：《黄遵宪与日本友人笔谈遗稿》第7卷，第四十七话，早稻田大学东洋文学研究会1968年版。

③ 张正吾：《人境庐诗简议》，载广东语文学会近代文学研究会编：《黄遵宪研究》，广东梅州市印刷厂印刷1982年版，第98页。

即“举今日社会生活中所有情态一一饱尝烂熟”；所谓“积材料”，主要是强调语言材料的丰富性，强调要注意吸取优秀古典小说、外国小说以及民间艺术中各种语料，以供创作中随意“驱遣”。他强调小说的神采，小说的趣味，小说的语言锤炼，并提出学习经典小说的艺术与创作方法，可以说是准确地把握了小说的独特艺术特色和文体规律，是对当时小说政论化、说教化的针砭。黄遵宪目光敏锐，见解深刻，艺术修养精湛。这对后来小说的发展，对“五四”新文学艺术的建构，乃至对当下的文学理论建设都是有启迪的。

黄遵宪有丰富的社会阅历和深厚的文学创作经验，艺术鉴赏评论水平非常之高。在诗歌创作中也能妥当处理思想性与艺术性的关系，他曾致梁启超信：“吾论诗以言志为体，以感人为用。”① 及时地指出了梁启超文学理论与小说创作上的偏颇，有助于纠正以梁启超为代表的一大批文学家由于太重政治宣传、政治鼓动而忽视艺术追求的理论偏向。

总而言之，“诗界革命”、“文界革命”、“小说界革命”都是由晚清到现代文学革新诗潮的重要组成部分，就其依凭的思想资源而言，明显受到日本社会思潮的影响。在那“三千年未有之变局”中，在中华民族生死抉择的关头，出现这样的理论倾向和文学运动、文化现象也是历史的必然，时势的需求。比如小说，他们在客观上提高了小说的地位，使小说逐渐引起了人们的重视，这对中国小说的现代化，对中国小说走向文坛中心，促进文学结构模式的变革，均起到了历史性的作用。梁启超是其中重要的一员，而黄遵宪的作用更是关键性的、不容忽视的。尤其是作为“诗界革命”的旗帜，其作用和影响源远流长。

---

① 北京图书馆善本整理组：《黄遵宪致梁启超书》，载《中国哲学》第 8 辑，三联书店 1982 年版，第 383 页。

余论　对中国新文化建构的阐释

——由对中国新文学建构所引发的思考

本书就黄遵宪的文学思想及对新文学建构，全局性地把黄遵宪置于中国文学现代性转型的历史时期进行探讨。笔者试图从典型个案探讨特殊人物在中国新文学建构中所发挥的作用，企图为中国文学的现代性转型研究另辟一条蹊径，即就中国新文学的建立来说，它既是综合力量的作用，但它更离不开关键人物的历史作用，是他们进行了巨大的努力与艰难的铺垫，使得中国新文学运动不断向前推进。黄遵宪对中国新文学建构的历史贡献是难以估价的；于此，对于黄遵宪历史人物本身的研究来说，笔者同样寄予希望，以期弥补对黄遵宪这一历史人物研究的缺憾，于中国新文学，乃至中国新文化的研究都有意义。

黄遵宪走向世界的过程，也是他由封建士大夫转变为资产阶级改良派的过程。这是一个痛苦、艰难而又震荡、飞跃的过程，他的诗尖锐、集中而深刻地反映了一代知识分子上下求索、刻骨铭心的思想变革，反映了中国知识分子开始从世界的视野观察整个中国。黄遵宪的诗歌内容扩展、诗风革新、新意熔铸的过程，是伴随着他走向世界的过程而产生的。

黄遵宪诗歌内容的突破和扩展，主要在于他政治思想上的突破和发展，以新思想评判古今得失，观察新异景物，歌颂现代文明，体现为古典诗歌审美表现范围的不断扩大。对于黄遵宪，诗是一个可以盛装任意事物的容器，一切都可以从诗人的眼光加以变化而入诗，异乡异景、工业文明、国内外政治事件诸如此类，他扩大了题材范围。变革思想则深化了对所有古今事物的认识，表现了超越一般封建文人的远见卓识。

黄遵宪先后出任清政府驻日、美、英和新加坡的外交官，使他有机会广泛接触西方文化和民主思想，从而逐步确立了他的维新政治改革思想。黄遵宪在诗中前无古人地抒写了从未有过的政治和社会理想，讴歌了西方的民主制度，积极向西方寻找救国救民的道路，把西方社会的发展和资本主义兴起的历史描绘表现在诗歌中，并作为中国政治改革的一种楷模，使以“五千年文明”为标榜俯视他国的封建帝国心态产生严重倾斜。梁启超推崇史诗，正是由于受西方思潮的影响，他把史诗涵容为更为广阔的社会政治内容、丰富的现实生活。是否有鲜明的政治性与现实客观性成为其衡量诗论优劣的标杆①。当梁启超读到黄遵宪的长诗《锡兰岛卧佛》时，不无狂喜：“若在震旦，吾敢谓有诗以来所未有也……有诗如此，中国文学界足豪矣。”②

作为以文化立意境、以载道为本质的中国文化和诗学传统培养起来的黄遵宪，他首先是一个知识精英，其次才是诗人。而中国的文化与诗原是一体化的。黄遵宪的诗明确地贯穿着中国文学传统的载道意识与诗学审美，他的诗力图将自己想到的都表达出来，他在《与任公论诗》中说：“吾论诗以言志为主体。”他在动乱频仍的社会大变革时代，重视诗歌的社会作用，以诗歌鼓吹文明，宣扬变革，抒发抱负，所以他的诗往往从世界的角度看中国，反映中国政事、变动和国外见闻，这些诗外的功夫，使他的诗内容沉厚丰富，充实新颖。

---

① 参见魏中林《清代诗学与中国化》，巴蜀书社 2000 年版，第 195 页。

② 梁启超：《饮冰室诗话》（八），又参见魏中林《清代诗学与中国化》，巴蜀书社 2000 年版，第 195 页。

黄遵宪的诗歌构成了中国文化哲学的一部分。从中国小农经济的客家社会走出来的黄遵宪，在他的诗歌美学中浸染了客家人“天人合一”的美学思想。这种“天人合一”美学思想既是客家的，更是中华民族的。他的诗歌理论与创作已不单纯对中国新文学的建构有特殊意义，更重要的是它已渗透到文化转型时期的政治、经济、历史、民俗诸领域，对中国新文化的建立也有特殊价值。

第一节 诗歌美学思想有待研究的难题及其现代阐释

黄遵宪进入世人的视野，首推其作为戊戌变法的思想之源泉者、领袖者在中国晚清政治史上的重要影响。但是另一方面，作为19、20世纪之交的伟大诗人与文化巨匠之一；作为中西古今文化大撞击大交融时代，中华民族文化由古典向现代转型的重要推进者与奠基人之一；作为一个政治家型的思想家和思想家型的学者，黄遵宪对于中国现代思想文化的发展演化亦做出了不容忽视的突出功绩，黄遵宪的美学思想对中国现代美学思想的发展也是有贡献的。

黄遵宪的诗歌美学的研究是本书研究之外的另一难题。黄遵宪美学思想研究长期以来未能引起应有的关注，与只见树木不见森林的研究方式有很大的关系——具体的细部的内容观点整理多，整体理论的概括少。研究者或避重就轻，其美学思想只是零星地散见在一些论文的提法之中，尚无系统地做出有效的梳理和归纳。对于黄遵宪的美学思想的认识，抑或是模糊的，甚至出现莫衷一是的窘境。笔者认为其原因有：第一，研究意识的局限性：研究者更多地偏重黄遵宪的政治思想与社会思想研究，在学术思想上则侧重于哲学与史学的研究。简单地说，以政治倾向代替学术、美学的研究，抑或简单地贴标签。第二，研究范围的狭窄。黄遵宪的美学思想，不仅仅局限于诗歌美学，他对现代小说、散文都有独到的审美倾向。黄遵宪对中国客家民俗与日本民俗、对中国民间文学的客家山歌与客家女性意识的审美，其见解都十分独到。第三，研究者始终未能真正从审美的角度来探讨黄遵宪的诗歌。对于黄遵宪诗歌的研究，人们只是从社会政治的角度来看待它，其诗歌在他们眼光里始终未能成为自觉的艺术。这一价值观的肤浅与偏颇，使黄遵宪的诗歌创作在艺术上只停留在审美价值研究的第一层面，即“实际呈现出的事物上”，而对于审美价值的深层含义，“即所暗示的事物，更深远的思想、感情或被唤起的形象，被表现的东西”，则有待进一步挖掘。抒发新理想、描写新事物、创造新意境，是黄遵宪着力追求的审美取向。“足遍五洲多异想”、“吟到中华以外天”的黄遵宪见多识广，而且对西方自然科学的神往，给他的创作带来了五彩缤纷的思想新内容①。

事实上，在当时的氛围下，诗歌创作确实存在缺陷，即诗歌的艺术审美在作者的笔下并未“超越自我”，由“物境”升华为真正的诗境。而常因诗之过于简单粗率，沦为标语口号之类。梁启超、蒋智由的某些诗，其表现更为突出。因此，黄遵宪诗歌中所达到的这种在中国古典文论中被称为“言外之意”、“味外之旨”的审美之境界，一直以来并未得到足够重视。如《今别离》四首是这一文学审美的最为突出的诗篇。它用的是汉乐府诗集，杂曲歌辞中的传统主题，写的却是现代科学的新成就。以轮船、火车、电报、照相和东西半球昼夜相反这一自然现象来抒写男女离情，新颖别致，是“以旧风格含新意境”的绝

① 参见郭延礼《中国前现代文学的转型》，山东大学出版社2005年版，第263页。

好之作。[1] 又如黄遵宪提出要“复古人比兴之体”与“取《离骚》乐府之神理而不袭其貌”[2]，但这种呼吁，在那个“维新救国”政治色彩过分强烈的氛围中被淹没了。对于黄遵宪的诗歌阐释，没有把他新的诗歌美学加以研究，更谈不上对其文艺美学的广度与深度达到某种程度的研究。

黄遵宪以民族的欣赏习惯、审美价值尺度为标准。他在诗歌中擅长于描绘地域风光、世态人情、乡野风俗，客家女性的勤劳与厚实的老人、天真的孩童……就连鸡鸣犬吠的声音都无不浸透了浓浓的乡村情致与生活气息。

心理学家告诉我们：

> 在某种意义上，没有陈旧的心理，就没有任何东西能够真正地、肯定地消亡……谁要抗拒新的和陌生的东西而回复到过去，谁就会陷入神经病的状况；同样，与新的事物取得一致而弃绝过去的人，也必将陷入相似的状况中。期间唯一的差别在于，一类人疏远了过去，而一类人疏远了未来。原则上他们在做着相同的事情，都在抢救一种意识的狭隘状态。可供我们选择的道路是，打破这种两极对立中的紧张，从而建立一个更广阔更高级的意识状态。[3]

心理学家的这种洞悉不仅深刻地揭示了人类文化发展所普遍具有的承续性，而且又为我们分析和理解中国诗人，特别像黄遵宪这样的在继承中力求创新诗歌美学的诗人文化心理的内在基

① 参见郭延礼《中国前现代文学的转型》，山东大学出版社 2005 年版，第 264 页。

② 钱仲联：《人境庐诗草笺注》，上海古籍出版社 1981 年版，第 4 页。

③ 荣格：《寻求灵魂的现代人》，贵州人民出版社 1987 年版，第 68 页。

因，找到了重新可能和重新认识的尺度。

在长期漂泊中形成的客家文化，一直秉承着浓厚的“寻根意识”和强烈的祖灵崇拜传统，在陌生的异地坚守着自己文化的同一性，拒绝被同化和消融，保留着浓厚的中原遗风。崇尚“正统”与“正义”，追求超越是其思想性格的主导。这种传统在黄遵宪身上则体现为变法改良的政治实践以及“感人为用”的功利主义的诗歌美学的追求。黄遵宪的这种价值取向，印证了客家文化在晚清到现代严峻的现实挑战面前所爆发的生命力。在中国古代审美关系长期的发展过程中，主体的审美心理形成了与现实功利自然趋同的倾向性和审美定式。这种价值取向或审美定式有两种表现方式：对于外部现实，它再现为对实践精神和道德观念的推崇。社会功利价值与主体实践精神相对应，偏重外部利益的追求；社会伦理规范与主体的道德观念相对应，偏重人格的修养。实现外部功利需要激发主体的意志欲求，内在人格的修养则关注人的情操风貌。前者的目标是客观的善，后者的目标是主观的善；前者强调意志实践，后者强调道德实践①。黄遵宪表现审美探索上，保留了中原遗风的客家民间文化对黄遵宪的诗歌创作产生了重大的影响，尤其是《诗经》、南北朝民歌、竹枝词的民间优良传统的客家诗风对他影响不小。被称为中原“活化石”的客家方言在其诗歌创作中烙下了深深的印痕。其诗歌审美取法民间，放眼中外，这就使诗歌的创造产生了无穷的生命力和巨大的创作源泉。“新派诗”的出现，新思想、新题材、新意境的产生，使诗歌的审美活力在中国传统诗歌的创造上得到了较大程度的扩展。“我手写我口”这一富有强烈的时代气息的诗歌理论成为新时代的宣言，这恰恰成为“五四”新文学精神之源。

黄遵宪诗歌美学思想的直接目的，是造就具有独立自由的精

① 参见邹华《20世纪中国美学研究》，复旦大学出版社2003年版，第59页。

神力量和实践要求的人格，是涉及对人或主体的理解。实践性人格的提出，是以社会改造、思想启蒙的功利为前提。正如梁启超认为：

> 吾以为不患中国不为独立之国，特患中国今天独立之民。故中国欲言独立，当先言个人之独立，乃能言全体之独立。①

思想启蒙、改造国民性，使中国民众摆脱了愚弱而形成自由独立的人格，这是现代文化赋予广大知识分子的历史使命。就"诗界革命"来说，梁启超是自觉地站在"新民"的高度提出来的。他主张用具有"古风格"、"新语句"的诗歌来描写西方文明、精神文明景观构成的"新意境"，以达到输入"欧洲之真精神真思想"的目的。无疑扩大了传统诗歌美学的表现内涵，为用诗歌传播新知识、改造国民性做出了努力。不论是对于社会实践还是对于美学思想来说，梁启超提出的问题具有重大的现代历史意义。

黄遵宪诗中在思考诗歌如何实现口语化、自由化、个性化、现代化的问题，为促进现代化新诗美学思想的诞生做了大量思想和舆论准备。而以白话文、自由体创作新诗带来的也将是民族人格精神的更新。郭延礼认为，黄遵宪的《今别离》四首表现了诗人一种新的审美取向。他为西方文明的进步感到欣喜，并把他对西方文明的人生体验诉诸诗歌。它开阔了古典诗歌的审美视野，增添了中西文化交融的时代内容，同时也给传统诗坛吹进了一股强劲的革新之风。封闭的诗歌传统被打破，西方的新思想、新事物、新理念逐渐进入中国诗人的审美范围。

---

① 梁启超：《梁启超哲学思想论文选》，北京大学出版社 1984 年版，第 49 页。

黄遵宪借助民间文学题材、体式和语言的多重活力激活了萎靡不振的古典诗歌，又利用它的通俗性和普及性来宣扬他的维新思想，把诗歌作为开发民智的有力工具。他取法民间文学的审美尝试同样引起了后人的注意，“正由于他（黄遵宪）能够重视民间文学，从那里吸取营养，所以他的诗歌能摆脱因袭模拟。而有着清晰泼辣的气息”[①]。黄遵宪诗歌，对其影响最大的客家民间文学样式就是客家山歌，其独特之处在于以民歌风味的语句阐述“诗外之诗，诗中之人”。当然，客家民间广泛流传的谣谚也使这位客家巨子受益匪浅。他的诗歌表现为清新自然的民间诗歌美学。

黄遵宪的诗歌美学对民俗精神的倚重显示着诗人鲜明的民族性理念。民俗文化构成“日常的、家庭的、习见的日常生活”。其诗歌可称之为“世俗哲学”。这就是说，只有留意民间的日常生活，沉浸在民俗的氛围之中，感受俗众的哀乐，自觉地把握民俗中积淀的民族集体无意识，才有可能实现这个民族历史和现状的深刻认识。

客家民系的民俗主要是古老生活文化不断传承的表现，即使后来产生的，也常常含有集体无意识的因子。黄遵宪的《新嫁娘诗》（组诗）、《拜曾祖母李太夫人墓》、《日本杂事诗》中蕴含在这拜寄风俗中的是灵物崇拜和万物声名统一性的原始宗教意识，民俗以其活泼新鲜的生活外貌作为民族的标志，但同时又蕴含着复杂的民族意识，世界各民族的风俗习惯千差万别，风俗里隐藏着只有本民族才有的情绪体验，在这种情况下，民俗的民族性最突出。黄遵宪在他的文学（尤其诗歌）创作实践中，给人们留下了大量内容丰富、形式多样、风格独特的文学作品，他那

① 任访秋：《中国近代文学作家论》，河南人民文学出版社 1984 年版，第 48 页。

种诗人感知世界的方式，委婉细腻的处理文字技巧和他作品中展现出来的泥土芬芳、人物的个性特点，无不显示出一种地地道道的民族性——客家民系特有的风俗审美。他的许多作品就是在粤东客家这块古老独特民俗风情的土地上展开的。是客家这一神秘的古老文化哺育了他。

黄遵宪的美学思想形成了近现代的主要话语策略，他的诗歌则为中国现代文学思潮做了一个铺垫，做了一个承接。黄遵宪美学思想是中西古今交汇时代中国近现代美学范式创新与探索的一个重要范例。在中国古代至现代美学学科的创构中，正是黄遵宪、梁启超、王国维、蔡元培等重要先驱从各自不同的重要侧面与层次，共同开拓了中国现代美学学科的研究意识、研究视角、研究领域、研究对象与研究方法，从而成为中国现代美学学科建设的第一代奠基人。

第二节　对中国新文化的建构

百年来的中国历史，是一个民族苦难与血泪交织的历程，西潮的冲击、传统文化的崩溃、社会秩序的解体，以及内忧外患的频仍，使得中国人民被凌辱的命运似乎永难止息，中国的知识分子一直随着艰难的环境而颠簸，救亡与启蒙的使命使他们在文化变迁和现代化的发展问题上不断地提出自己的看法。晚清以来，中国各方面都进入一个转型期，文化思想方面自然也不例外，晚清的思想文化，不仅受“传统的束缚”，也受到“西方的冲击”。在这百余年来的历史进程当中，关于中国文化的讨论，始终或隐或显、或明或暗地进行着：中与西、旧与新、学堂与科举、文言与白话等文化之争，说明中国由传统走向现代的曲折与艰难。

黄遵宪是19、20世纪之交中国古代到现代史上一个极富个性、激情飞扬、才华出众的传奇人物；黄遵宪的一生与时代风云、国家荣辱、民族命运紧密相连，息息相关。

在开始建构本书纲要之初，笔者想到的是黄遵宪的整个思想体系，试图把黄氏的人生品行全局性地纳入中国晚清至现代的文化转型中加以观照。黄遵宪思想体系非常庞杂，它涉及政治、军事、哲学、历史、地理、文学、民俗、法律等方方面面，因此，真正要把握它，难度很大；抑或抽取黄遵宪思想中最为闪光的部分进行本书的撰写，但这又恐会导致偏颇，所以定位在黄遵宪与中国文学的历史定位研究。但是对于黄遵宪的研究并没有就此打住，由此可以延伸为对黄遵宪研究的更为深层的课题——黄遵宪在中国新文化建构中的历史地位研究。

正如在本书绪论所提到的，王瑶关于中国文学现代性的“三个层次”的提法是很有见地的，而“三个层次”中最主要的是“思想现代性”。思想现代性，归根结底离不开人的现代性。中国文学的现代转型，它的现代性，必须建构新的人学结构，楔入民族灵魂重铸的现代人学核心，才能探索文学现代品格特征的底蕴。因为我们知道，“文学是人学”，这个命题是中国文学现代性转型中现代性含义的一个重要内容，它就是要强调文学中人的主体性，不仅是外在的行为的主体性，而且是以不同个性为基础的、体现着人性复杂深广和感情丰富多变的内在情形的主体性。由行为的主体性到深层多样的情形主体性，这正是现代文明迅猛发展情形下人类不断认识自身，丰富、完善和发展自身的结果，这也是在实现中国文学现代性的同时，实现人的现代性的结果。中国现代化特别是人的现代化历程中，中国文学由古典形态向现代形态的转变，表现为具有现代意义的人的自觉与文的自觉，而人的自觉又具有首要意义。这就是说，从中国现代性启动之时起，中国现代性的历史主题一直潜在地支配着中国文学现代性的发展。而这种对文学的支配与制约，最根本的就是要在人的现代化的基础上，在作家、作品、社会（文化）和读者的诸多维度上，建构起文学的人学核心，即要在文学活动多维度的空间里将人与自然、个性与社会、感情与理性、审美与功利等“人”的内涵中诸多关系，加以区分对峙又互补交融起来，以呈示生气灌注而又杂多丰富的精神主题。

王瑶先生从内涵上强调现代文学的现代性，进一步指出“现代文学”就是“用现代人的语言来表现现代人的思想”，“现代人的语言是白话文，现代人的思想就是民主、科学以及后来提倡的社会主义”。中国文学的现代性转型，体现了文学语言的发展方向。文学语言要通俗易懂，主张“言文合一”，“废文言崇白话”，增强语言文学的表现力，尤其重要的是从语言的层次上，肯定了文学与读者的关系。在中国文学现代性转型期，“诗界革命”对诗歌的语言变革就是要求体现诗文的白话性。黄遵宪的“我手写我口”中所包含的以通俗口语入诗的要求。《拜曾祖母李太夫人墓》以及《山歌》被认为是他这一主张的具体实践。以后在《日本国志》中又提出了“言文合一”的主张。语言的现代化要求语言的通俗化，同时输入尽可能多的现代因素，并力图给它以现代规范形式。通过语言的变革，使国人变“愚民”为“智民”，使国家变“愚国”为“智国”。不通俗，不足以开民智，而民智要靠现代意识来“开”。从维新改良到“五四”思想启蒙的先驱者们对“人”的理解，将西方近代启蒙主义思潮、浪漫主义思潮与西方20世纪初的现代派思潮融合起来，不仅接受了启蒙式的“人”的类概念，而且将个体、自我、心灵、精神放在了首要的地位，并感染了现代主义对人的怀疑以及人的孤独、焦灼、精神缺失的“世纪末”情绪。在这种对现代人的复杂概念认识的前提下，从维新时期的“诗界革命”、“文界革命”、“小说界革命”到“五四”时期的语言革命、思想革命、文学革命，促进了真正意义上新文学的诞生，为中国文学的现代性奠定了基础。[①]

对于将晚清和“五四”作为中国文学现代转型的时间跨度，基本是没有异议的。当然对于这个时限问题，学界有一个认识逐步深化和统一的过程。“谈论现代文学的转型，必定置设于‘五四’文学之前的一切文学主张与对抗的格局运思。”[②] 现代性角度的介入，在“还原”中国文学启蒙主义的性质上，当然具有重要的历史意义。

黄遵宪是晚清重要历史时期的关键人物之一，于中国文学的现代转型期表现最为典型。“黄遵宪‘诗界革命’的思想涉及到更深层次的文化思想和文化制度问题。他目光深邃、高瞻远瞩，把‘诗界革命’置于中国语言、文字、文化思想和体制革命的宏大背景上，因而他的论述不止是‘诗界革命’而是迫切需要的社会革命和文化革命的问题。”

> 黄遵宪系统地反思和批判古代思想文化制度的基础上，提出了他的诗歌革新主张。他所思考的问题，已是“五四”新文化运动的主题，改革古语的白话文运动，改革旧诗词的新诗运动，改革科举的新教育、新人才制度，反孔批孔的文化思想运动，都在此后数十年间纷至沓来，公度的思想大踏步地走在时代的前列。[③]

其诗歌涉及的思想内容之多，极少有人能与之相比，而且视野开阔，富有远见卓识。比如他很早就提出新闻传播思想，积极

① 周晓明、王又平：《现代中国文学史》，湖北教育出版社2009年版，第20页。

② 孔范今：《梁启超与中国文学的现代转型》，《文史哲》2000年第2期。

③ 张应斌：《嘉应诗人与诗界革命》（上），《嘉应大学学报》（哲学社会科学版）2001年第4期，第105页。

倡办了中国第一个报刊《时务报》，其影响之大，意义之深，它们早已涉及中国新文化的广阔的领域——中国新闻传播。笔者认为黄遵宪的文化（包括文学）思想与后来的“五四”新文化文学思想有着潜在的、一脉相承的关系；黄遵宪的文化理论成为“五四”新文化运动的先导，它开辟了中国新文化发展的新阶段，具有里程碑意义。

黄遵宪为中国新文化提供了许多想象和具体革新的空间。而这些都是需要后人着实深入研究的难题。

参考文献

一　论著

1. 罗香林：《粤东之风》，上海北新书局 1947 年版。

2. 王之正：《嘉应州志》，清乾隆十五年（1750）版。

3. 麦若鹏：《黄遵宪传》，古典文学出版社 1957 年版。

4. 刘勰著，范文澜注：《文心雕龙注》（上、下），人民文学出版社 1958 年版。

5. 梁启超：《饮冰室诗话》，人民文学出版社 1959 年版。

6. 北京大学近代诗研究小组编：《入境庐集外诗辑》，中华书局 1960 年版。

7. 陈运林：《客家人》，台湾联亚出版社 1970 年版。

8. 吴天任：《黄公度先生传稿》，香港中文大学出版社 1971 年版。

9. 杜维明：《中国近代思想人物论》，台北时报文化事业出版有限公司 1980 年版。

10. 傅乐诗：《近代中国人物思想论——保守主义》，台湾时报文化出版实业有限公司 1980 年版。

11. 黄海章：《中国文学批评简史》，广东人民出版社 1981 年版。

12. 关爱和：《从古代到现代》，河南人民出版社 1982 年版。

13. 北京图书馆善本组整理：《黄遵宪致梁启超书》，载《中国哲学》，三联书店 1982 年版。

14. 郑方泽：《中国近代文学编年》，吉林人民出版社 1983 年版。

15. 郑之瑜：《诗论与诗纪》，友谊出版公司 1983 年版。

16. 钱钟书：《谈艺录》，中华书局 1984 年版。

17. 阿英：《晚清文艺报刊述略》，上海古籍出版社 1985 年版。

18. 康来新：《晚清小说理论研究》，台北大安出版社 1986 年版。

19. 林海权：《诗词格律与章法》，海峡文艺出版社 1986 年版。

20. 《宋湘诗选》，广东人民出版社 1986 年版。

21. 钱仲联：《梦苕庵诗话》，齐鲁书社 1986 年版。

22. 陈则光：《中国近代文学史》，中山大学出版社 1987 年版。

23. 刘纳：《嬗变——辛亥革命时期至五四时期的中国文学》，中国社会科学出版社 1998 年版。

24. 宗白华：《美学与意境》，人民出版社 1987 年版。

25. 郑海麟：《黄遵宪与近代中国》，三联书店 1988 年版。

26. 林明德：《梁启超与晚清文学运动》，台湾政治大学中文研究所 1989 年版。

27. 叶易：《中国近代文艺思潮史》，高等教育出版社 1990 年版。

28. 覃召文：《中国诗歌美学概论》，花城出版社 1990 年版。

29. 黄火兴等：《客家风情志》，中华书局（香港）1991 年版。

30. 卢善庆：《中国近代美学思想史》，华东师范大学出版社 1991 年版。

31. 夏晓虹：《觉世与传世——梁启超的文学道路》，上海人民出版社 1991 年版。

32. 冯天瑜、何晓明：《张之洞评传》，南京大学出版社 1991 年版。

33. 张堂锜：《黄遵宪及其诗研究》，台湾文史哲出版社 1991 年版。

34. 张永芳：《晚清诗界革命论》，漓江出版社 1991 年版。

35. 陈良运：《中国诗学体系论》，中国社会科学出版社 1992 年版。

36. 王立兴：《中国近代文学考论》，南京大学出版社 1992 年版。

37. 陈旭麓：《近代中国社会的新陈代谢》，上海人民出版社 1992 年版。

38. 徐中玉主编：《中国近代文学大系·文学理论卷》，上海书店出版社 1992 年版。

39. 任访秋主编：《中国近代文学大系·散文卷》，上海书店 1992 年版。

40. 于天池：《明清小说研究》，北京师范大学出版社 1992 年版。

41. 郭延礼：《中国近代文学发展史》第 1—3 卷，山东教育出版社 1993 年版。

42. 唐文权：《觉醒与迷误——中国近代民族主义思潮研究》，上海人民文学出版社 1993 年版。

43. 钱仲联：《梦苕庵论集》，中华书局 1993 年版。

44. 黄马金等：《客家风情》，中国社会科学出版社 1993 年版。

45. 郑师渠：《晚清国粹派：文化思想研究》，北京师范大学出版社 1993 年版。

46. 胡希张、余耀南：《客家山歌知识大全》，花城出版社

1993 年版。

47. 赖芳伶：《清末小说与政治社会变迁》，台北大安出版社 1994 年版。

48. 黄锦珠：《晚清时期小说观念之转变》，台北文史出版社 1995 年版。

49. 邬国平、王镇远：《清代文学批评史》，上海古籍出版社 1995 年版。

50. 丁伟志、陈崧：《中西体用之间》，中国社会科学出版社 1995 年版。

51. 周作人：《中国新文学的源流》，华东师范大学出版社 1995 年版。

52. 张炜萍、何志溪、钟震东搜集整理：《客家传统情诗》，海峡文艺出版社 1995 年版。

53. 李继凯、史志谨：《中国近代诗歌史论》，载《中国诗歌史论丛书》，吉林教育出版社 1995 年版。

54. 吴淑钿：《近代宋诗派诗论研究》，台湾文津出版社 1996 年版。

55. 袁行霈：《中国诗歌艺术研究》，北京大学出版社 1996 年版。

56. 《中国现代学术经典·梁启超卷》，河北教育出版社 1996 年版。

57. 徐复观：《中国人文精神》，中国广播电视出版社 1996 年版。

58. 梁启超：《清代学术概论》，东方出版社 1996 年版。

59. 黄霖：《中国文学批评通史（近代卷）》，上海古籍出版社 1996 年版。

60. 马积高：《清代学术思想的变迁与文学》，湖南出版社 1996 年版。

61. 叶春生：《岭南俗文学简史》，广东高等教育出版社1996年版。

62. 于根元：《二十世纪的中国语言应用研究》，书海出版社1996年版。

63. 张全之：《二十世纪初期文化交流与中国文学变迁》，西北大学出版社1997年版。

64. 周发祥：《西方文论与中国文学》，江苏教育出版社1997年版。

65. 郑师渠：《晚清国粹派文化思想研究》，北京师范大学出版社1997年版。

66. 张炯、邓绍基、樊骏主编：《中华文学通史·近现代文学卷》，北京华艺出版社1997年版。

67. 杨仲义：《中国古代诗体简论》，中华书局1997年版。

68. 袁进：《中国近代复古思潮》，《学术月刊》1997年第3期。

69. 王斌：《中国文学观念研究》，中国文联出版公司1997年版。

70. 陈万雄：《五四新文化的源流》，三联书店1997年版。

71. 叶嘉莹：《清词丛论》，河北教育出版社1997年版。

72. 胡希张等：《客家风华》，广东人民出版社1997年版。

73. 谢永昌：《梅州客家风情》，香港天马图书有限公司1998年版。

74. 朱文华：《风骚余韵论——现代文学背景下的旧体诗》，复旦大学出版社1998年版。

75. 吕艽：《龚自珍诗艺发微》，山东大学出版社1998年版。

76. 李泽厚：《中国现代思想史论》，人民出版社1998年版。

77. 李如龙、周日健主编：《客家方言研究》，暨南大学出版社1998年版。

78. 关爱和：《古典主义的终结——桐城派与“五四”新文学》，上海文艺出版社 1998 年版。

79. 李泽厚：《世纪新梦》，安徽文艺出版社 1998 年版。

80. 孙玉石：《中国现代主义诗潮史论》，北京大学出版社 1999 年版。

81. 昌切：《清末民初的思想主脉》，东方出版社 1999 年版。

82. 周宪：《20 世纪西方美学》，南京大学出版社 1999 年版。

83. 丘权政：《客家与近代中国》，中国华侨出版社 1999 年版。

84. 郭健行主编：《中国诗歌与宗教》，中华书局 1999 年版。

85. 魏中林：《清代诗学与中国文化》，巴蜀书社 2000 年版。

86. 朱则杰：《清诗史》（修订本），江苏古籍出版社 2000 年版。

87. 季桂起：《文学的再生与调整》，中国文联出版社 2000 年版。

88. 陈子展：《中国近代文学之变迁：最近三十年中国文学史》，上海古籍出版社 2000 年版。

89. 石元康：《从中国文化到现代性：典范转移》，三联书店 2000 年版。

90. 张宜雷：《近代文学变革散论》，天津社会科学院出版社 2000 年版。

91. 黄仕忠：《婚变、道德与文学》，人民文学出版社 2000 年版。

92. 胡逢祥：《社会变革与文化传统》，上海人民出版社 2000 年版。

93. 陈建华：《“革命”的现代性：中国革命话语考论》，上海古籍出版社 2000 年版。

94. 程亚林：《近代诗学》，湖南人民出版社 2000 年版。

95. 钱仲联：《人境庐诗草笺注》（上、下），中国青年出版社 2000 年版。

96. 徐志啸：《近代中外文学关系》，华东师范大学出版社 2000 年版。

97. 喻大华：《晚清文化保守思想研究》，人民出版社 2001 年版。

98. 徐希燕：《墨学研究——墨学研究的现代阐释》，商务印书馆 2001 年版。

99. 袁进：《近代文学的突围》，上海人民出版社 2001 年版。

100. 李孝悌：《清末的下层社会启蒙运动（1901—1911）》，河北教育出版社 2001 年版。

101. 夏晓虹：《晚清的魅力》，百花文艺出版社 2001 年版。

102. 汪辟疆：《汪辟疆说近代诗》，上海古籍出版社 2001 年版。

103. 钱竞、王飚：《中国 20 世纪文艺学学术史》，上海文艺出版社 2001 年版。

104. 胡晓真：《世变与维新——晚明与晚清的文学艺术》，台湾“中央”研究院中国文哲研究所 2001 年版。

105. 裴效维：《中国 20 世纪文学研究·近代卷》，北京出版社 2001 年版。

106. 龙榆生：《中国韵文史》，上海古籍出版社 2002 年版。

107. 杨晓明：《梁启超文论的现代性阐释》，四川民族出版社 2002 年版。

108. 钟叔河：《从东方到西方——走向世界丛书叙论集》，岳麓书社 2002 年版。

109. 许苏民等：《王夫之评传》，载《中国思想家评传丛书》，南京大学出版社 2001 年版。

110. 张光芒：《启蒙论》，上海三联书店 2002 年版。

111. 陈天华：《猛回头·警世钟》，华夏出版社 2002 年版。

112. 蒋长栋：《中国韵文学概论》，岳麓书社 2002 年版。

113. 郑家建：《中国文学现代性的起源语境》，上海三联书店 2002 年版。

114. 王东：《社会结构与客家人教育》，湖北教育出版社 2003 年版。

115. 陈平原：《中国小说叙事模式的转变》，北京大学出版社 2003 年版。

116. 邹华：《20 世纪中国美学研究》，复旦大学出版社 2003 年版。

117. 马永强：《文化传播与现代文学》，安徽大学出版社 2003 年版。

118. 杨联芬：《晚清至五四：中国文学现代性的发生》，北京大学出版社 2003 年版。

119. 王珂：《百年新诗体建设研究》，上海三联书店 2004 年版。

120. 沙先一：《清代吴中词派研究》，人民文学出版社 2004 年版。

121. 靳明全：《中国现代文学兴起发展中的日本影响因素》，中国社会科学出版社 2004 年版。

122. 钱理群、黄子平、陈平原：《二十世纪中国文学三人谈·漫说文化》，北京大学出版社 2004 年版。

123. 钱基博：《现代中国文学史》，上海书店出版社 2004 年版。

124. 黄开发：《文学之用——从启蒙到革命》，北京十月文艺出版社 2004 年版。

125. 蒋晓丽：《中国近代文学传媒与中国近代文学》，巴蜀书社 2005 年版。

126. 季广茂：《意识形态视域中的现代话语转型与文学观念嬗变》，北京大学出版社 2005 年版。

127. 赵学勇：《沈从文与东西方文化》，兰州大学出版社 2005 年版。

128. 汪林茂：《晚清文化史》，人民出版社 2005 年版。

129. 王晓秋：《近代中国与日本——互动与影响》，昆仑出版社 2005 年版。

130. 陈平原：《触摸历史与进入五四》，北京大学出版社 2005 年版。

131. 陈铮编：《黄遵宪全集》（上、下），中华书局 2005 年版。

132. 陈平原：《中国现代小说的起点——清末民初小说研究》，北京大学出版社 2005 年版。

133. 刘勇：《中国现代文学的心理学研究》，北京大学出版社 2006 年版。

134. 樊美筠：《中国传统美学的当代阐释》，北京大学出版社 2006 年版。

135. 张光芒：《中国当代启蒙文学思潮论》，华东师范大学出版社 2006 年版。

136. 李茂民：《在激进与保守之间：梁启超五四时期的新文化思想》，社会科学文献出版社 2006 年版。

137. 王友胜：《唐宋诗史论》，上海古籍出版社 2006 年版。

138. 黄维梁：《新诗的艺术》，江西高校出版社 2006 年版。

139. 郑海麟：《黄遵宪传》，中华书局 2006 年版。

140. 黄升任：《黄遵宪评传》，南京大学出版社 2006 年版。

141. 栾梅健：《二十世纪中国文学发生论》，广西师范大学出版社 2006 年版。

142. 张牛：《“五四”运动与中国近现代历史哲学》，重庆出版社 2006 年版。

143. 陈伯海：《中国诗学之现代观》，上海古籍出版社 2006 年版。

144. 单正平：《晚清民族主义与文学转型》，人民出版社 2006 年版。

145. 洪峻峰：《思想启蒙与文化复兴——五四思想史论》，人民出版社 2006 年版。

146. 王开玺：《晚清政治新论》，商务印书馆 2006 年版。

147. 刘颖：《中国文学现代转型的民俗学语境》，安徽人民出版社 2007 年版。

148. 郭延礼：《中国文学的变革——由古代走向现代》，齐鲁书社 2007 年版。

149. 刘进才：《语言运动与中国现代文学》，中华书局 2007 年版。

150. 王济民：《清乾隆嘉庆道光时期诗学》，四川出版集团、巴蜀书社 2007 年版。

151. 王东：《那方山水那方人：客家源流新说》，华东师范大学出版社 2007 年版。

152. 王向远：《中日现代文学比较论》第 5 卷，载《王向远著作集》，宁夏人民出版社 2007 年版。

153. 左鹏军：《黄遵宪与岭南近代文学丛论》，中山大学出版社 2007 年版。

154. 萧晓阳：《湖湘诗派研究》，载《中国古典文学研究丛书》，人民文学出版社 2008 年版。

155. 钱振纲：《清末民国小说史论》，河北人民出版社 2008 年版。

156. 谢永芳：《广东近世词坛研究》，载《清词研究丛书》，上海古籍出版社 2008 年版。

157. 李怡：《日本体验与中国现代文学的发生》，北京大学出版社 2009 年版。

158. 刘勇、邹红：《中国现代文学史》，北京师范大学出版社 2010 年版。

二 论文

159. 李开军：《梁启超与中国文学的转变》，博士论文，山东大学，2001 年。

160. 吴剑青：《论旧民主主义革命时期的伟大诗人黄遵宪》，《华南师范学院学报》1957 年 2 月。

161. 陈复兴：《中日友好的先驱之歌——略论黄遵宪的〈日本杂事诗〉》，《吉林大学学报》1982 年 1 月。

162. 李明：《黄遵宪思想浅论》，《暨南学报》（哲学社会科学版）1982 年 2 月。

163. 陈铁镔：《论黄遵宪的诗》，《锦州师范学院学报》1982 年 3 月。

164. 张正吾：《人境庐诗论简议》，《中山大学学报》1982 年 3 月。

165. 曹旭：《走向世界的诗人——黄遵宪诗歌探索之一》，《上海师范学院学报》1983 年 4 月。

166. 夏晓虹：《黄遵宪的“新派诗”与民歌》，《民间文学论丛》1984 年 1 月。

167. 张永芳：《试论晚清诗界革命的发生与发展》，《社会科学辑刊（沈阳）》1984 年 2 月。

168. 魏中林：《黄遵宪、梁启超诗歌改革理论异同论》，《内蒙古大学学报》1985 年 1 月。

169. 子川：《黄遵宪的维新思想及其悲剧性结局》，《贵州文史丛刊》1986 年 1 月。

170. 张永芳：《“晚清诗史”探源——黄遵宪散论之一》，《辽宁教育学院学报》1986 年 1 月。

171. 林衡勋：《“诗外有事，诗中有人”——黄遵宪美学的纲领》，《文艺理论研究（沪）》1986 年 4 月。

172. 张海元：《黄遵宪改良主义思想的形成及时限质疑》，《中山大学学报》1987 年 3 月。

173. 刘明浩：《近代诗人黄遵宪二题》，《苏州大学学报》1987 年 3 月。

174. 陈建华：《晚清“诗界革命”盛衰史实考》，《福建论坛》1987 年 3 月。

175. 周颂喜：《关于“同光体”》，《湘潭大学学报》1987 年 4 月。

176. 陈其泰：《近代文化觉醒与人境庐诗草》，《学术研究》1987 年 5 月。

177. 王力坚：《黄遵宪的文学主张及其诗歌评价》，《中国文学研究》1988 年 1 月。

178. 周颂喜：《试论陈衍的诗学理论体系》，《福建论坛》（文史哲版）1988 年 1 月

179. 子川：《论黄遵宪新派诗的变革价值》，《安徽师大学报》（哲学社会科学版）1988 年 4 月。

180. 周颂喜：《论“诗界革命”的理论意义》，《求索》1988 年 5 月。

181. 陈正荣：《“诗界革命”研究综述》，《文史知识》1988 年 5 月。

182. 左鹏军：《黄遵宪研究评述》，《华南师范大学学报》1990 年 2 月。

183. 左鹏军：《人境庐诗又一格》，《广东社会科学》1990

年 4 月。

184. 管林：《龚自珍黄遵宪诗歌之比较》，《华南师范大学学报》1992 年 2 月。

185. 左鹏军：《穷途竟何世　余事作诗人——黄遵宪的文学价值观》，《聊城师范学院学报》1995 年 1 月。

186. 张德鸿：《吟到中华以外天——谈黄遵宪及其〈日本杂事诗〉》，《云南师范大学学报》1996 年 3 月。

187. 李廷锦：《试论黄遵宪的诗歌风格》，《中山大学学报》1996 年 5 月。

188. 王力坚：《驰域外之观　写心上之语——论黄遵宪的南洋诗》，《广东社会科学》1997 年 4 月。

189. 郭延礼：《在中西文化交汇中的中国近代文学理论》，《东岳论丛》1999 年 1 月。

190. 谢冕：《19 世纪中国最后一位伟大诗人——黄遵宪》，《嘉应大学学报》1999 年 2 月。

191. 左鹏军：《钱钟书论黄遵宪述说》，《华南师范大学学报》1999 年 3 月。

192. 王丕承：《中外文化交流下黄遵宪诗歌理》，《上海大学学报》2000 年 2 月。

三　报刊

193. 《新小说》1902 年 11 月，《新小说》在日本横滨创办，该刊附设于《新民丛报》，由梁启超、韩文举、将智由、马君武等主办，共出 24 期。

194. 《东方杂志》，由商务印书馆创办于 1904 年 3 月，为我国期刊史上首屈一指的大型综合刊物。

195. 《民报》1905 年 11 月 26 日创刊于东京，1910 年初秘密印刷两期后停刊，今据上海书店，1987 年影印本。

196.《新青年》初名《青年杂志》，第 2 期改为《新青年》，1915 年 9 月 15 日在上海创刊，月刊，陈独秀主编，群益书社发行，今据人民出版社，1954 年影印本。

197.《“万方今一概莫自大中华”——读晚清诗人黄遵宪的诗》，欧嘉年《南方日报》1980 年 2 月 3 日第 4 版。

198.《清议报》

199.《新民丛报》

200.《新小说》

201.《清议报全编》（1898—1801 年），旬刊，共出 100 期，台湾沈云龙主编，《近代中国史料丛刊三编第十辑刊本》，台湾文海出版社 1986 年版。

202.《时务报》，今据台湾沈云龙主编，《近代中国史料丛刊三编第三十三辑刊本》，台湾文海出版社 1986 版。

203.《国风》，梁启超主办，何国桢编辑发行，上海广智书局发行，今据台湾沈云龙主编，《近代中国史料丛刊》版本，《国风报》为旬刊，每逢一、十一、二十一日出版，从宣统二年正月创刊到三年六月二十一日，第二卷第 17 号停刊，共 52 期。

204.《辛亥革命时期期刊介绍》，人民出版社 1987 年版。

四　相关作品

205. 黄遵宪：《日本国志》，光绪十六年，羊城富文斋刊 1890 年版。

206. 黄遵宪：《日本杂事诗》，光绪二十四年，长沙富文堂重刊 1898 年版。

207. 梁启超：《饮冰室合集》（12 册），上海中华书局 1936 年版。

208. 北京大学中文系近代诗研究小组编：《人境庐集外诗辑》，中华书局 1960 年版。

209. 《龚自珍全集》，上海人民出版社 1975 年版。

210. 《黄遵宪致梁启超书》，载《中国哲学》第 8 辑，三联书店 1980 年版。

211. 黄遵宪著，钱仲联笺注：《人境庐诗草笺注》，上海古籍出版社 1981 年版。

212. 郑海麟、张伟雄编校：《黄遵宪文集》，（日本）中文出版社 1991 年版。

213. 黄遵宪：《日本国志》，光绪二十三年，羊城富文斋改刻本 1997 年版。

214. 《胡适文集》第 2、3、4 卷，北京大学出版社 1998 年版。

215. 王国维：《静安文集》，光绪三十一年，载《王国维文集》第 1—4 卷，中国文史出版社 1998 年版。

216. 蒋英豪编：《黄遵宪师友记》，上海书店出版社 2002 年版。

217. 吴振清、徐勇、王家祥点校整理：《黄遵宪文集》上、下卷，天津人民出版社 2003 年版。

五 国外专著与论文

218. ［日］岩井大惠：《中国史籍中所见到的日本》，岩波书店 1940 年版。

219. ［日］实藤惠秀：《近代日支文化》，大东出版社 1941 年版。

220. ［日］岛田久美子：《黄遵宪——中国诗人选集二集》，岩波书店 1963 年版。

221. ［日］伊豆公夫：《日本史学史》，东京校仓会书房 1972 年版。

222. ［日］山根幸夫：《近代中国与日本》，东京山川出版社 1976 年版。

223. 彭泽周：《中国近代化与明治维新》，东京同朋舍 1976 年版。

224. ［美］蒲地典子：《中国的改革：黄遵宪与日本模式》，哈佛大学出版社 1981 年版。

225. ［美］蒲地典子：《黄遵宪的变法论》，载《论集近代中国》，山川出版社 1981 年版。

226. ［捷克］米列娜：《从传统到现代——世纪转折时期的中国小说》，北京大学出版社 1991 年版。

227. ［美］艾恺：《世界范围内的反现代化思潮——论文化守成主义》，贵阳人民出版社 1991 年版。

228. ［新加坡］郑子瑜：《“五四”新文化运动的前驱者——黄遵宪》，中华书局 1991 年版。

229. ［日］佐藤保：《黄遵宪与宫岛诚一郎》，《御茶水女子大学中国文学会报》1991 年第 10 号。

230. ［美］伊恩·瓦特：《小说的兴起》，三联书店 1992 年版。

231. ［美］张灏：《梁启超与中国思想的过渡（1890—1907）》，江苏人民出版社 1993 年版。

232. ［日］伊原泽周：《〈日本国志〉编写的探讨》，《近代史研究》1993 年第 1 期。

233. ［美］柯文：《在传统与现代性之间——王韬与晚清改革》，江苏人民出版社 1994 年版。

234. 《人境之中：黄遵宪诗歌（1848—1905）》，英国剑桥出版社 1994 年版。

235. ［英］安东尼·吉登斯：《现代性与自我认同》，三联书店 1998 年版

236. ［美］王德威：《想像中国的方法》，三联书店 1998 年

版。

237. ［新加坡］王力坚：《黄遵宪的文学主张及其诗歌评价》，《中国文学研究》1998 年第 1 期。

238. ［法］爱弥尔·涂尔干：《孟德斯鸠与卢梭》，世纪出版集团、上海人民出版社 2000 年版。

239. 叶钟铃：《黄遵宪与南洋文学》，新加坡亚洲研究会出版社 2002 年版。

240. ［美］李欧梵：《现代性的追求》，三联书店 2002 年版。

241. ［美］本尼迪克特·安德森：《民族主义的起源与散布》，上海人民出版社 2003 年版。

242. ［日］柄谷行人：《日本现代文学的起源》，三联书店 2003 年版。

243. ［日］伊藤虎丸：《鲁迅、创造性与日本文学——中日近现代比较文学初探》，孙猛、徐江、李冬木译，北京大学出版社 2005 年版。

后　记

这本书稿是在我 2011 年博士论文的基础上几经打磨而成。

从论文撰写到即将交稿出版，经历了无数个日日夜夜，总算接近了尾声，禁不住喘了一口粗气。回忆那艰辛的一幕，恍如昨天。其中的甘苦、冷暖点点滴滴铭记在心。

五年前，临近不惑之年的我，对于念博士来说，年龄似乎偏长。这早已不是指点江山、激扬文字的岁月，于我而言，它是一个尴尬的年龄。正值立业、承担家庭责任与社会义务之际，而花费整整三年的时光，千里迢迢，扛起行李离家求学，各种矛盾导致的内心煎熬非亲历者不能体会。

我自 2002 年 7 月从江西师范大学硕士研究生毕业后，就职于广东（梅州）嘉应学院从事教学工作，一晃 12 年。广东梅州具有“世界客都”之称，梅州是客家的人文秀区，这里山居文化发达。当初之所以选择黄遵宪作为我博士论文的写作对象，因为漫长的岁月使我耳濡目染、深感客家文化的淳朴与深厚。在文学领域，尤其在近、现代时期，黄遵宪、丘逢甲、郭沫若（四川客家）、李金发、张资平、黄药眠、蒲风、钟敬文等等这些黄钟大吕式的客家文人深深地吸引了我。在南方正是“客家学”研究方兴未艾之时，我有幸多次参加了有关方面的国际性学术研讨会，并与“黄遵宪”研究结下一定的情缘；也因为写过一些相关的论文，主持或正在主持有关黄遵宪研究的多项课题。这些前期的研究成果，加上业余时间与黄遵宪诗文的有效接触，无疑，这为我撰写本书提供了可能的灵感与基本思路。

中国由传统走向现代，这个“现代性”的研究课题，既是一个热点，更是一个难点。陈平原在谈到“五四”新文化运动时说：

> 对于“五四”新文化运动这样众说纷纭的话题，确实是“横看成岭侧成峰，远近高低各不同”。作为研究者，你可以往高处看，往大处看。我采取的是后一种策略——于文本中见历史，于细节处显精神。①

中国文学的现代性产生有它自身的规律与走向，既有社会因素，又有人为因素，不同的研究者从不同的角度，对它进行过不同的阐释与论证，可谓众说纷纭，但并未形成有效的“交集”。我认为对于中国文学的现代性转型这一重要课题的研究应该还原到历史的具体人物的细节中去，从“人”的角度、从“史”的视野出发对其进行考察。尤其在中国近、现代历史时期交接的切点上，历史人物所起的关键作用。显然，选择黄遵宪作为切入点，更具合理性、典型性。他与中国现代文学转型关系之密切，影响之深远，其意义重大。

《文化先驱的矫健身姿——黄遵宪在中国新文学建构中的历史地位研究》作为论题，旨在论证：在近、现代文学转型的中国新文学的建构中，作为最突出的本土文学之源，无论在理论链条，还是文学创作的实践上，黄遵宪都做出相当程度的建构，策应了中国新文学发展的律动。从而厘清黄遵宪在中国新文学建构中的历史地位。

当然，这个论题对我来说是一种艰难的挑战。

① 陈平原：《触摸历史与进入五四》，北京大学出版社 2010 年版，第 4 页。

随着本书的顺利完成，我对多年来在学习、工作、生活中帮助过我的人表达无限的感激之情。

首先，我要感谢我的博士生导师钱振纲教授。五年前，钱老师把我招到他的门下，使我又有了一次难得的学习与提高学术水平的机会。钱老师治学严谨、学识渊博、海纳百川。他对待学术从来就是秉持一种开放的理念，对待弟子也总是保持一种循循善诱与积极鼓励的态度。但对于在学术上的问题却会单刀直入、一针见血地指出“病症”所在。“板凳甘坐十年冷，文章不写一句空”，导师要求我要坐得下，不浮躁，建议我针对性地读一些书，要勤动笔。就博士论文来说，从选题到布局谋篇，从撰写修改到最终定稿，无不悉心指导。例如我的论文提纲的撰写，前前后后修改了五次，才最终得到老师的首肯。钱老师对于论文大纲的撰写十分看重，大概是“纲举目张”的缘由吧，因为大纲写得成功与否，直接影响到论文撰写的价值取向。博士论文四易其稿，每一稿老师都提出了宝贵的意见，或亲自面授、或用红笔圈圈点点提出建设性的意见，比如在论文中，我对“康、梁”有些微词，老师就叮嘱我不要随意贬低“康、梁”，要有充分的论证；对于黄遵宪的文学史定位，不可爱屋及乌，而应恰如其分。诸如此类的问题，让我茅塞顿开。

导师因材施教。他对学生的教育是讲究方式方法的。在论文撰写的过程中，因为问题的困扰，我曾经多次因焦虑而停歇，表现出一种疲惫的精神状态。导师不断地对我进行“敲打”，他语气含蓄，声音不大，分量却重。他催人进步，使我抛弃懒惰、疲惫与悲观，这是我论文写作不断有所进展，并最后顺利完成的原因所在。多年来，也得到了师母的关心与帮助，心存感激之情。老师、师母的关心、教导，我没齿不忘！

同时，我要感谢刘勇导师、邹红导师、李怡导师，他们的教导使我铭记在心。导师们不辞辛劳，即使在百忙当中也参加了我的开题报告、论文的预答辩、毕业论文的答辩这几个重要环节的指导。并从不同的角度、较深的层次、宽广的学术领域对论文进行了多方面、全方位的学术点评。往往一语中的、点石成金。他们宽广的学术视野，精彩的学术点评，使我如沐春风，受益匪浅！论文的顺利完成，与导师们的关心指导密切相关。

光阴荏苒，岁月如梭。时至今日，我的母亲已近耄耋之年，垂垂老矣。这些年，母亲经历了病痛与住院治疗。直到现在，母亲饮食起居难以自理。这让远方的我，在笔耕的间隙抑或夜深临近之时，无不深深牵挂。俗话说“父母在，不远游”，我不是那种传统的父母之子，虽然时代不同了，但是对于一个老年多病的母亲，儿子长年不在身边，这情何以堪？令我不时感受“子欲养而亲不待”的愧疚，的确没有尽到做儿子的义务与责任！对于母亲的身体情况及其衣、食、住、行，是三个老兄轮流照料，特别是二哥、三哥的呵护，我想我的母亲也感到相当欣慰。我的姑母、姑父对待母亲的关心与照顾一如既往，胜似人间儿女。在此，非常感激他们！我唯有用拳拳之心，报答眷眷之情。也对由于在动乱岁月受到摧残而过早去世的先父有所交代，让他在九泉之下安息！

妻子王春兰善解人意，任劳任怨。前些年，尤其是我在北京求学期间，她除了工作之外，毫无怨言地承担了家庭的一切劳务。其间还经历了两次大的手术，一次是 2009 年暑假在广东省妇幼保健院做的；一次是 2010 年在梅州市妇幼保健院做的。尤其是 2009 年的那次大的手术，我那时心情特别纠结。何况毕业论文写作正在展开：资料的收集、整理与消化仍处在初始阶段；论文框架并未成熟，布局谋篇尚在打磨之中。我坐在穿梭于南来北往的火车上，买了一包香烟，狠狠地抽了起来，熬了一个通宵，第二天早上才匆匆地来到躺在病榻上的妻子身旁。做手术的皮肉之痛是难以想象的，只有当事人才能体会。而这一切都是我的岳母在悉心照料。未对妻子尽应尽之职，心里感到愧疚！我向她们表示深深的歉意！

我的儿子姗姗来迟，时至今日已满两周岁。中年得子，心灵稍稍感到慰藉。生命中有了他，也对未来人生充满了更多的期待。

北京师范大学的求学生涯，是我人生中重要的一站，三年的求学生涯早已画上了一个句号。至今回忆那温馨的一幕，历历在目。当我在北京师范大学学习生活渐入佳境，不断有所收益的时候，就要离开培养我的母校，不禁产生颇多的感慨、颇多的依恋：这里有一流水平的师资；丰富的知识藏量；浓厚而朴实的导师治学风格与同学们的学习气氛，我深深受到感染与熏陶，它将使我一生受益。孔子曰："三人行，必有我师焉。"北师大的求学生活，让我结交了不少益友。他们的友谊是我值得珍视的。他们是：朝夕相处、做事心细的王家勇同学；不喜言谈、聪明机灵的贡少辉同学；热情奔放、乐于助人的吴航同学。在我们一起走过的日子里，有那么多温馨的记忆，像涓涓细流滋润着我的心田，充盈着我的师大岁月。还有卓光平、刘江凯、杨晓宇、李红叶、李翠叶同学等，他（她）们都不同程度地帮助过我，在此一并感谢！

我要衷心地感谢参加我博士论文答辩的中国社会科学院的王保生先生，北京大学的王枫教授、李扬教授（后来才知两位还参加了博士论文的盲审工作），他们以渊博的学术知识、前沿的学术眼光对论文做了深刻的点评，提出了不少宝贵的意见。我要感谢文学院院长曾令存教授。他是一位很有学术眼光的学者型领导。他能急人所需，解人所困，关心帮助文学院的教师。千里之行，积于跬步；万里之船，成于罗盘；感谢领导平日的指点，才有我今天小小的成绩。同时，要感谢给我授课、对此之前博士论文不同程度的点拨、启发与批评的龚鹏程教授、李青春教授、陈晓明教授、张清华教授、万建中教授。感谢为本书出版付出辛勤汗水的关桐先生！

恳请各位专家学者与读者提出宝贵的批评意见！我的电子邮箱是：zhxp－88@163.com。

周晓平

2013 年 12 月 24 日晚于梅州